지은이

—

장만기 張萬基

"대한민국을 움직이는 사람들이 누구일까?"
"이분에게 물어보세요."
　우리나라의 오피니언 리더 중에서 그를 모르면 명사가 아니라고
할 정도로 영향력 있는 인물들을 꿰뚫고 있다. 43년 전에 인간개발연
구원을 설립하여 매주 목요일 새벽을 깨우며 시작한 '명사 초청 경영
자연구회'는 현재 1,954회를 기록했다.

　전남 장성군에서는 「장성아카데미」라는 이름으로 학습혁명을 일
으켜 농촌 지방자치단체를 전국적인 학습문화의 메카로 만들어 평생
학습의 불길을 전국으로 퍼지게 한 주인공이다. 지방자치아카데미,
육군본부와 공군본부의 군 지도자 아카데미, 기업체교육, 경찰교육, 한·
중·일을 중심으로 한 글로벌포럼까지 교육의 사회공헌적 모델과 인
간개발 및 리더십 교육의 새 지평을 열고 있다.

　조찬학습문화의 원조, 평생학습의 모델, 인간개발의 전도사로 알
려진 저자는 서울대학교 경영대학원을 졸업하고, 명지대학교 경영학
과 교수를 하면서 KMI코리아마케팅를 창립하여 한국기업 해외광고의 효
시가 되었다. 한국 LMI 대표이사 회장, 중국 길림대학 석좌교수, 한국
기독실업인회CBMC 총무를 역임했다. 현재 인간개발연구원 회장, 한·
러친선협회 이사장을 맡고 있다. 팔순의 나이에도 2년간 중국을 오
가며 중국 장강상학원의 MBA학위를 취득하기도 했다. 지은 책으로
는 『인간경영학』, 『대한민국 파워엘리트 101인이 들려주는 성공비결
101가지』공저가 있으며, 옮긴 책으로는 『폴 마이어와 베풂의 기술』,
『폴 마이어의 리더십 실천계획 5단계』, 『자조론/인격론』 등이 있다.

아름다운 사람,
당신이 희망입니다

초판 1쇄 발행 2017년 11월 23일

지 은 이 장만기
발 행 인 권선복
편　　집 심현우
디 자 인 서보미
전 자 책 천훈민
기록정리 한영미
발 행 처 도서출판 행복에너지
출판등록 제315-2011-000035호
주　　소 (07679) 서울특별시 강서구 화곡로 232
전　　화 0505-613-6133
팩　　스 0303-0799-1560
홈페이지 www.happybook.or.kr
이 메 일 ksbdata@daum.net

값 28,000원
ISBN 979-11-5602-543-6 (03320)

도서출판 행복에너지는 독자 여러분의 아이디어와 원고 투고를 기다립니다. 책으로 만들기를 원하는 콘텐츠가 있으신 분은 이메일이나 홈페이지를 통해 간단한 기획서와 기획의도, 연락처 등을 보내주십시오. 행복에너지의 문은 언제나 활짝 열려 있습니다.

아름다운 사람,
당신이 희망입니다

장만기 지음

대한민국의 새벽을 여는 강연

평생학습 리더공동체, 인간중심의 사회구현,
교육을 통한 사회공헌, 글로벌리더 네트워크로
인생의 지혜를 공유하는
진정한 리더 커뮤니티 '인간개발연구원'

인간개발연구원
HUMAN DEVELOPMENT INSTITUTE
도서
출판 행복에너지

좋은 사람이 좋은 세상을 만든다

"새벽을 깨우는 사람들", "공부하는 CEO모임", "인간의 향기가 나는 곳"

인간개발연구원Human Development Institute에 붙여진 자랑스러운 별칭이다. 인간개발연구원은 1975년 2월 5일 첫발을 내디뎠다. 나는 우리나라가 빈곤을 면치 못하고 있던 시절 두 가지 목표를 가지고 인간개발연구원을 설립했다. 조국 대한민국을 세계 경제대국의 반열에 올려놓을 수 있는 길은 무엇인가? 선진 문화강국으로 가려면 어떻게 해야 하는가?

이 목표를 달성하기 위해 나는 기업을 창업한 기업가 및 경영자와 함께 학습하는 모임을 만들었다.

최고경영자를 위한 '인간개발경영자연구회'를 개설하고 매주 목요일 새벽을 깨우기 시작했다. 새벽을 깨우는 의식은 1년, 10년, 20년, 30년, 40년을 지나 43년이 되어가는 오늘에 이르기까지 한 주도 거르지 않고 계속되고 있다.

나는 매일 새벽 3시 30분에 눈을 뜬다. 잠자리에서 일어나자마자

자리에 앉는다. 명상을 하면서 80세에 이르도록 살아온 나의 생애를 뒤돌아본다. 100세 시대를 맞이하여 이에 걸맞게 살아야 할 미래를 생각하며, 내가 누구인지 그리고 나는 어떠한 존재로 살아가고 있는지, 마치 화가가 생생하게 그림을 그리듯이 고요히 생각해 본다.

확연하게 떠오르는 깨달음은 '내가 지금 여기에 살아 존재하고 있다는 것은 기적 중의 기적'이라는 사실이다. 내가 살아온 80년의 과거를 되돌아보면 생로병사生老病死의 위기였고 가시밭길의 여정이었다. 그럼에도 불구하고 건강하고 행복한 삶을 살아왔음을 매 순간 감사히 여기고 있다.

돌이켜 보면 연구원이 태어나던 1975년 당시 우리 사회는 고도성장을 외치며 앞만 보며 달려가던 시절이었다. 사람보다는 수출 증대와 업적을 통한 양적 성장이 우선시되었다. 이러한 시기에 '인간개발'이라는 생소한 캐치프레이즈를 들고 나왔으니 많은 사람들이 의아해하는 것도 무리가 아니었다. 그러나 나는 "좋은 사람이 좋은 세상을 만든다"는 신념을 붙들고 인간성 회복Humanity, 세계의 평화^{Peace}, 인류의 번영^{Prosperity}, 인간의 행복^{Happiness}이라는 단어에 함축된 '인간개발'의 꿈을 이루기 위해 평생을 노력해 왔다.

1975년 2월 첫째 목요일, 30여 명이 모인 가운데 열린 제1회 '인간개발경영자조찬회'는 이후 '인간개발경영자연구회'로 발전해 한 주도 빠짐없이 한국 경영자들의 새벽을 깨우며, 수많은 인사들과 유명인들이 거쳐 간 국내 최고의 조찬연구회로 자리 잡았다. 새벽을 깨우는 감동과 기쁨이 계속되면서 연구원은 '조찬 학습문화의 원조'로서, 각 분야에 학습하는 조직들을 탄생시켜 학습열풍에 불을 붙이는 선도자 역할을 담당하였다. 2017년 10월 현재 1,954회의 조찬연구회를 통해 대한민국을 조찬 학습문화의 나라로 만들어 글로벌 코리아로 도약하는 데 일조하였다는 평가를 받고 있다.

또한 인간개발연구원은 지성과 덕망을 갖춘 학계의 석학, 경제 정책을 입안한 관계의 고위관료, 한강의 기적을 이룩한 기업가와 경영자, 올바른 정신문화 창달에 앞장선 사회·종교·문화계 지도자들이 시대적 당면 과제들에 대해 학습 및 토론하는 장을 마련함으로써 산産·학學·관官·정政 협동의 기틀을 구축했다. 동시에 회원들 상호 간의 지속적인 모임을 통해 기업인들의 경영리더십 개발 및 연구·토론 문화 정착에 기여해 왔다.

순수 민간 비영리공익법인으로 설립된 인간개발연구원은 모든 사람들이 자기 내면의 무한한 잠재능력을 개발하여, 개인과 가정, 기업과 지역사회의 성공을 도와주고 인간 중심의 사회를 구현하는 것을 목적으로 하고 있다. 인생의 지혜를 공유하는 진정한 리더 커뮤니티로서의 소명을 다하기 위해 평생학습 리더공동체, 인간 중심의 사회구현, 교육을 통한 사회공헌, 글로벌 리더 네트워크를 지향해 왔다. 이를 통해 대한민국 최고의 참 리더 그룹을 꿈꾸는 고품격 CEO프로그램을 개설함으로써 각종 세미나와 포럼은 물론, 프로젝트별 아카데미 개설을 통한 교육, 방문 교류 활성화 등 다양한 활동을 전개하고 있다.

또한 1995년 전남 장성군을 시작으로 전국 70여 개 지방자치 단체와 함께 매년 1,000회 이상의 정기교육 프로그램을 진행하고 있다. 지방자치제가 시작되면서 연구원의 지원으로 개최된 장성군의 '장성아카데미'는 이미 지자체 교육의 메카로 자리 잡았다. 장성군 역시 매주 목요일 오후에 학습하는 것을 22년 동안 한 주도 빠짐없이 진행하고 있어서 지자체에 좋은 모델이 되어 큰 영향을 미치고 있다.

연구회는 많은 분들의 도움의 있었기에 여기까지 올 수 있었다. 연구회의 개설 이래 자발적으로 참여해 주신 많은 회원들과 함께 인간개발연구원 초대회장 박동묘 박사님, 뒤이은 회장 주원 장관님, 최영섭 장관님, 이한빈 부총리님, 이규호 장관님, 최창락 장관님 그리고 명예회장을 맡아주신 조순 부총리님께 존경과 감사의 마음을 올려 드린다. 회장단으로 함께해 주신 CEO들, 많은 지도자들, 그리고 제1회부터 2,000회에 가깝도록 초청강의를 맡아주신 지혜와 경륜의 강사님들 수천 명에게도 경의와 감사를 드린다.

주위에서 오래전부터 자서전을 발간하라는 권유가 있었으나 나의 부족한 삶의 이야기를 정리한다는 게 용기가 나지 않아서 망설여 왔었다. 그러다가 지난해 7년 반 동안 인간개발연구원 원장을 지낸 양병무 박사와 한영섭 현 원장이 "어려운 여건 속에서 불혹의 연륜을 쌓아 온 인간개발연구원의 역사를 기록하지 않으면 기억될 수 없다"며 자서전 발간을 적극적으로 건의하면서, 출판위원회까지 구성하여 추진하는 바람에 책의 발간을 결심하게 되었다.

책을 집필하는 중요한 이유는 인간개발연구원의 43년 역사를 뒤돌아보고, 대한민국의 성장을 이끈 참 리더들이 보여준 인생의 지혜를 공유하며, 인생선배들이 부존자원 하나 없는 열악한 환경 속에서 어떻게 난관을 헤치고 나왔는지 그 지혜를 후손들에게 남기기 위함이다.

이 책은 크게 두 부분으로 나누어져 있다. 전반부 제1장과 제2장은 나 자신이 인간개발연구원을 설립하고, 지난 40여 년간 지나온 과정을 진솔하게 소개하여 자서전적인 경영에세이 형태로 구성했다. 후반부 제3장은 역대 강사님들 중 각 분야에서 내가 만난 한국의 대표리더 52명을 선정하여 그들의 비전을 함께 나눌 수 있도록 정리했다.

책을 쓰면서 가장 힘들었던 부분이 바로 52명의 강사를 선정하는 일이었다. 지금까지 강의를 해주신 약 2,000명의 강사 중에서 52명을 선정하는 작업은 정말 어려운 과제였다. 한 분 한 분을 소중히 여기며 강사로 모셨기 때문에 어느 분을 넣고 뺄 수가 없었기 때문이다. 결국 출판위원회에서 우리 사회에 큰 영향을 미쳤거나 현직에서 활동하고 있는 강사분들을 중심으로 결정하게 되었다. 지면 관계상 더 많은 분들을 싣지 못하여 송구스러운 마음이며 널리 양해하여 주시기를 부탁드린다.

어려운 여건 속에서도 나의 팔순八旬을 축하하기 위해서 부족한 삶의 이야기를 책으로 엮을 수 있도록 기회를 만들어 주신 은인들에게 감사의 말씀을 올린다.

이 책을 발간할 수 있도록 인간개발연구원에서 강의를 해주신 모든 강사님들과 회원분들에게 먼저 감사를 드린다. 강사님과 회원님들의 관심과 참여, 그리고 헌신이 있었기에 43년 동안 인간개발의 역사가 중단 없이 지속될 수 있었다.

이 책을 처음부터 기획하고 진행하여 준 인천재능대학교 양병무 교수와 인간개발연구원 한영섭 원장에게 감사를 전한다. 자료를 정리하고 도움을 준 장소영 이사를 비롯한 인간개발연구원 임직원들에게도 고마운 마음을 전한다. 또한 멋지고 아름다운 책을 만들어준 도서출판 행복에너지의 권선복 사장과 한영미 작가에게도 감사의 말씀을 드린다. 끝으로 항상 힘이 되어준 사랑하는 아내엄경애와 다섯 딸과 사위들에게도 고마움을 표한다.

이 책이 평생학습과 리더십에 관심이 있는 기업가와 경영자 및 이 땅의 리더들에게 도우미 역할을 할 수 있다면 더 이상의 기쁨과 영광이 없겠다. 나아가 우리의 꿈나무인 젊은이들에게도 학습을 통해 자기계발과 리더십의 참고자료로 사용될 수 있기를 바란다.

2017년 11월
아직도 꿈을 꾸는 팔순 청년
장만기

| 강국창
동국성신(주) 회장

나는 단숨에 위대한 '인간 승리의 스토리'를 읽어 내려갔다.

43년 전, 우리나라가 빈곤을 벗어나 경제대국의 반열에 서려면, '기업가와 CEO'에서 그 해법을 찾아야 한다는 신념으로 〈인간개발연구원〉을 창설하신 장만기 회장님은 '좋은 사회와 회사'를 만들기 위해서는 "먼저 사람을 바르게"라는 표어를 정하여 번영과 행복, 자유와 인간존엄을 위한 다양한 강좌를 기획하고 운영하여 지도자들에게 '사람 경영'을 잘하도록 깨달음을 주었으며, 폭넓은 식견과 애국심, 그리고 기업가정신으로 무장된 '참스승'이며 '인간문화재'라고 생각한다.

장만기 회장님은 '인생'을 '자연의 날씨'로 비유하면서 따사로운 봄날 같은 시절, 눈이 올 때처럼 궂고 우울한 시절, 천둥번개에 강풍이 휘몰아쳤던 시절을 거치며 고난과 회복, 역경과 환희를 반복하여 승리의 값진 열매를 얻어내는 '대하소설과 같은 삶'을 이 책에 그리셨다.

승리의 뒤에는 "내 인생에서 가장 잘한 선택은 하나님을 믿게 된 것"이라는 믿음이 있었으며, 아침 기상과 더불어 성경책을 읽고, 중학교 때부터 시작한 새벽기도를 통하여 시련을 극복하게 되었다고, 주저 없이 '하나님의 은혜'로 돌리는 '믿음의 사람'임을 알게 되었다.

남은 삶을 4차 산업혁명을 맞는 변혁의 시대에 젊은 미래세대를 격려하고, 지원하면서 여생을 보내겠다고 다짐하는 노^老 애국자의 인간 스토리, 책『아름다운 사람, 당신이 희망입니다』의 출간을 축하드리며 많은 이들에게 읽히도록 적극 추천한다.

| 공병호
공병호경영연구소 소장

어떻게 한평생을 살아야 하는가.

기업을 키우는 일, 나랏일을 맡은 일, 학문을 닦는 일 등 어느 것 하나 중요하지 않은 것이 없다. 그럼에도 불구하고 장만기 회장님이 해 오신 일은 어느 누가 대신할 수 있는 그런 일이 아니었다. 화려하지도 않았고, 겉으로 크게 표 나지도 않는 일이었지만 가난하고 힘들었던 그 시절을 우리가 벗어나는 데 큰 힘이 되었던 일을 해 오셨다. 그것은 바로 교육을 통해 지식과 지혜를 공유하고, 인재 육성을 통해서 나라가 일어서는 데 큰 기여를 해 온 것이다.

세상이 본디 보이는 것에 주목하는 성향이 있지만, 평생을 일관되게 한눈팔지 않고 '인재 육성을 통한 기여'라는 푯대를 높이 세우고 인간개발연구원을 꿋꿋이 이끌어 온 저력은 아무나 할 수 없는 일이었다. 세상 기준의 정년을 훌쩍 넘어 이날까지 변함없이 교육을 통한 인재 육성과 지혜 나누기에 여념이 없으신 장 회장님의 기여를 높게 평가하는 사람으로서, 건승하심을 기원함과 아울러 저서 출간을 축하하고 싶다.

| 김영희
중앙일보 국제문제 대기자

　장만기 회장을 볼 때마다 경이로움을 느껴왔다. 그 활동과 관심 영역의 넓음에 놀라고, 내가 지금까지 세 번 강사로 참여한 조찬연구모임을 보고는 그의 조직·동원력에 감탄했다. 대개 조찬모임에서는 강사의 강의가 끝나면 자리를 뜨는 사람들이 많은데 인간개발연구원의 조찬연구에는 이석자離席者가 거의 없고, 공식행사 뒤에 있는 티타임까지 성황을 이룬다. 그래서 나는 몇 번인가 그에게 직접 "참으로 놀라운 조직력입니다."라는 말을 건네기도 했다.

　그러나 나는 장만기 회장의 회고록을 읽고 혼자 얼굴을 붉혔다. 그를 보는 나의 눈이 틀렸음을 알았다. 그의 저력은 단순한 물리적 조직력이나 동원력이 아니라 80년 인생여정에서 많은 난간難艱을 겪으면서 인간에 대한 깊은 통찰, 스스로에 대한 성찰이 맺은 열매인 것을 몰랐던 것이다.

　그가 어떤 자세로 인생을 살아왔고 회고록이 전하고자 하는 메시지가 무엇인가는 회고록 서두의 다음 구절에 잘 드러난다.

　"인간 안에 잠재되어 있는 많은 것들을 포기해 버리는 사람들이 있다. 우리는 자신이 얼마나 소중한 존재인지 스스로 알아야 한다. 자신의 가능성을 믿어야 한다. 자기 자신이 자본이다.”

우리는 대부분 생각 없이 기계적인 삶을 산다. 그러다 보니 자신을 객관화할 기회를 갖지 못한다. 그 결과 많은 사람들은 자신을 과대평가하거나 과소평가하여 화를 자초한다. 나를 모르면 남을 알 수가 없다. 건전한 인간관계는 자기성찰에서 출발한다고 믿는다. 지식인의 정의도 자신을 객관화할 줄 아는 사람이다.

그런 의미에서 장만기 회장은 그 어떤 석학에도 뒤지지 않는 지식인이다. 그것도 탁상공론을 하는 지식인이 아니라 실천적 지식인이다.

장 회장의 회고록은 성경 욥기 8장 7절의 말씀을 인용하고 있다.
“네 시작은 미약하였으나 네 나중은 심히 창대하리라.”
그가 걸어온 삶의 과정과 결과를 정확히 예언한 말씀으로 들린다. 그가 바라는 대로 젊은 세대가 그의 회고록을 읽고 삶의 자세를 배우고 생각을 잃고 사는 경박한 21세기를 생각하면서 사는 동기를 부여받았으면 좋겠다.

│ 박재갑
서울대 세포주연구재단 이사장, 전 국립암센터 원장

40년 이상의 세월 속에서 "좋은 사람이 좋은 세상을 만든다."
는 신념으로 경영자들의 세상 보는 안목을 키워주시고 독서와 연
찬을 통해 건강한 산업사회를 만들어주신 장만기 회장님의 일생이,
오롯이 이 책에 담겨 있어 후배들에게 귀감이 될 것으로 보입니다.

장만기 회장님께서 주도한 매주 조찬회는 우리 각계의 훌륭한
연사들을 발굴하여 그들의 강연을 통해 그들이 체험한 사례를 듣
고 서로 소통하여 우리의 것으로 만들기도 하고, 국가가 어려울
때는 국가원로를 초청하여 바로 경영자와 사회지도층이 반성하며
사회의 중심을 세울 수 있도록 공부하는 연찬의 자리를 만들어주
어 우리 사회의 조찬문화를 선도하는 역할을 다하셨습니다.

앞으로도 우리 사회가 새롭게 도약하려면 젊은 세대가 보다 더
공부하고 창의적으로 지식사회를 리드해 나가도록 노력함과 동시에,
우리 사회의 지도층에 있는 연륜 있는 분들이 젊은 후배들에게 멘
토링을 하여 끊임없는 연구와 독서, 연찬의 중요성을 인식시키는

것이 필요하다고 봅니다.

　장 회장님이 평생 마음속에 담고 실천해 온 인간에 대한 생각과
실천 노력이 담겨 있는 이 책, 『아름다운 사람, 당신이 희망입니다』
를 젊은 후배들이 읽고 '우리 사회를 어떻게 변화시켜 갈 것인가?'
에 대한 해답을 얻으시기 바랍니다.

| 오종남
새만금위원회 민간공동위원장, 전 통계청장

한국의 산업화에 가장 크케 기여한 요소를 꼽으라면 무엇보다 '교육'이라 믿는다. 1971년 설립된 한국개발연구원KDI은 당시 풍부한 노동력을 인적자원Human Resources으로 활용한 경제개발 전략 수립에 크게 기여했다. 그로부터 4년 후인 1975년 30대의 청년 장만기는 인간을 사람Human Being으로 보고 교육하자며 인간개발연구원HDI을 시작했다.

선각자 장만기 청년이 이제 팔순을 맞으며 그동안의 발자취를 기록으로 남긴다니 이 얼마나 뜻깊고 다행한 일인가? 특히, 한때 최빈국이던 대한민국이 경제발전과 민주화를 동시에 이룬 반면 자살률 세계 1위가 된 오늘날, 40여 년 전 장만기 청년이 내걸었던 '인간개발'은 더욱 돋보인다. 지도층에게 일독을 권한다.

| 유장희
대한민국학술원 회원, 전 동반성장위원회 위원장

 80세를 우리말로 팔순이라고 쉽게 부르지만 식자들 간에는 재담을 섞어 산수傘壽라고 부르기도 한다. 인생의 경륜을 충분히 축적하여 이제 어떠한 폭우한설暴雨寒雪도 이길 수 있도록 큰 우산을 쓰고 앉아 있는 도인 같다는 뜻을 품고 있다.

 장만기 회장님이 산수를 맞이하심에 있어 그런 자세를 견지하고 계심을 본다. 요즘도 목요경영자연구회, 지혜산책, 인문향연, 역사탐방 등 수많은 모임에 거의 개근하시면서 참석하는 모든 분들께 자상한 인사를 나누시는 모습을 보면 도인이시면서 큰 우산 그 자체 같은 느낌이 든다. 이를 기념하여 장 회장님의 저서가 출간된 것을 진심으로 축하드린다.

 『아름다운 사람, 당신이 희망입니다』는 인간개발연구원을 43년간 이끌고 오시면서 겪으셨던 소중한 경험담을 소상하게 담고 있다. 뿐만 아니라 장 회장님이 평생을 신조로 삼으신 사람에 대한 존중과 인간의 존엄성에 대한 투철한 철학이 전편에 흐르고 있다. 특히 기업경영자들이 어떻게 사람을 감동시키고 또 경영해 나가야 하느냐 하는 지혜도 포함하고 있다.

이 책에서 장 회장님 스스로가 매주 열리는 인간개발경영자연구회 조찬모임에 어떤 강사를 모실까에 대해 얼마나 많은 정보와 자료를 검토하고 깊이 고심하셨는가를 읽을 때는 저절로 고개가 숙여진다. 인간개발연구원뿐만 아니고 장 회장님은 지자체 여러 곳에서 진행하고 있는 아카데미를 기획하고 출범시키시는 데에 많은 심혈을 기울이셨다. 장성아카데미가 그 대표적인 예이다. 장 회장님 필생의 노력이 여러 곳에서 성공을 거두고 있는 점에 대해 축하를 드리며 경의를 표한다.

장 회장님의 소중한 필생의 저서가 출판된 것에 대해 다시 한번 축하의 말씀을 드리며, 여러 가지 난관을 극복하시면서 기업인으로, 학자로, 기독인 리더로, 그리고 인적자원 개발의 실천자로 평생을 철저하게 살아오신 회장님의 족적이 생생히 담겨 있어 우리에게 커다란 귀감이 되리라 믿어 의심치 않는다. 특히 인적자원 개발 분야에 관심이 많은 전문가들에게 적극적으로 일독을 권해 마지않는다.

| 이만의
로하스코리아포럼 이사장, 전 환경부장관

장만기 회장님의 고백은 남다릅니다. 소박하고 진정성이 녹아 있습니다. 한평생을 사람을 찾고 엮고 닦는 데 헌신해 오셔서 사람의 향기가 짙습니다. 향기는 머나먼 시간과 거리를 뛰어넘어 연결시켜 준다는 헬렌 켈러의 말을 떠올리게 합니다.

요즈음 도처에서 속도감 있는 변화가 점점 높은 파고로 다가오는 상황에서 우리가 어찌할 바를 찾기가 힘듭니다. 이른바 융·복합과 글로벌 연대가 중요해지고 사람이 인공지능[AI] 등 인간의 문명에 밀려난다고 걱정들입니다. 4차 산업 또는 4차 산업혁명이라는 신개념에 익숙해지고 있는 때에 해법은 무엇이고 어떻게 찾을지 모두가 궁금해합니다.

향기의 근원을 추적해 보면 '사람'입니다. 사람들이 모여 문제를 만들기도 키우기도 하지만 그 답은 바로 사람인 것이지요. 장만기 회장님께선 타고난 직관과 신앙적 지혜로 사람이 종국적 '솔루션'

이라는 것을 일찍 내다보시고 이 나라에 과감하게 인간개발의 씨를 뿌리셨습니다. 팔순에 이르기까지 사람에 관한 모든 것을 다양한 앵글로 파고드는 데 식을 줄 모르는 열정을 쏟아오셨습니다.

　장 회장님의 기록은 과거에 갇혀 있지 않습니다. 안개 속 같은 불가측의 파고를 헤쳐 나가야 할 미래세대에게 깨달음과 용기를 주는 향기라고 봅니다. 향기를 샘솟아 오르게 할 소프트웨어, 이 겨레가 공유할 지혜와 가치가 초봄 꽃밭처럼 아름답기에 필독을 권합니다.

차례

Prologue - 좋은 사람이 좋은 세상을 만든다 • 4

추천사 • 12

제1장 조찬학습모임의 대부

거금도에 피어난 사랑의 손길 • 33

시련을 넘어서면 희망이 보인다 • 38

서울대 경영대학원에 진학, 대학교수가 되다 • 45

새로운 도전, KMI를 설립하다 • 50

인간개발연구원 설립의 단초, 폴 마이어 회장과의 만남 • 60

책은 나의 창조적인 협력자 • 68

제2장 인간개발연구원 Better People Better World

'인간경영'은 성경에서 출발했다 •78

잊을 수 없는 첫 인간개발경영자 조찬회 •85

또 한 번의 시련 •91

3김(김대중·김영삼·김종필)을 비롯한 잊을 수 없는 강사들 •96

인간 네트워크를 형성하다 •100

자기 자신보다 남을 위해 사는 인생길 •105

반세기를 이어가는 글로벌 네트워크 •113

창립의 주춧돌, 스승의 가르침, 역대 회장단 •122

함께 일구어낸 초창기의 회원들 •131

소그룹 리더들의 헌신 •144

협력하여 선을 이루다 •153

배워서 남 주자, 멘토대학 •164

시인들이 사랑한 인간개발연구원 •170

제3장 **장만기가 만난
한국의 대표리더 52명**

-------------- **제1편 | 정치·관료·학계·문화계 (27명)**

김대중 나의 정치, 나의 인생 •179

김영삼 5공 청문회와 역사의 교훈 •184

김종필 대전환기의 한국정치와 민주화의 과제 •189

김동길 오늘의 한국사회 진단과 미래 전망 •194

김황식 공정사회, 어떻게 이룰 것인가? •199

김흥식 주식회사 장성군의 혁신 이야기 •204

문용린 행복교육의 의미와 실천 •209

박원순 서울은 지속가능한 내일에 투자합니다 •214

반기문 21세기 국제질서와 우리의 외교과제 •219

백영훈 21세기 한민족 시대, 최고경영자의 비전과 선택 •224

손병두 이병철 삼성회장과 김수환 추기경을 생각한다 •229

오 명 새로운 국가 과학기술체제 어떻게 구축할 것인가? •234

윤석철 인의(仁義)경영학과 경영학의 진리체계 •239

이경숙 21세기 한국대학, 그리고 CEO(총장)의 역할과 리더십 •244

이명박 정주영 회장의 경영철학, 나는 이렇게 생각한다 • 249

이배용 한국역사 속의 창조적 리더십 • 254

이시형 무엇이 한국을 정상으로 달리게 하는가? • 259

이 심 사회를 책임지는 노인 • 264

이어령 창조는 문화의 인터페이스 혁명에서 나온다 • 270

이용섭 4차 산업혁명 시대, 대한민국의 일자리창출 전략 • 275

이해인 행복한 인생으로의 힐링, 다시 시작하는 기쁨으로 • 280

이현재 한국의 인력성장과 인간개발 • 285

임권택 나의 삶, 영화 이야기 • 290

장충식 그래도 강물은 흐른다 • 295

정호승 내 인생에 힘이 되어주는 시 • 300

조동성 포스트 재벌, 벤처경영 시대의 기업지배 구조와 전문경영자 • 305

조 순 내 인생에 아쉬움은 없는가? • 310

제2편 | 기업인 (25명)

구자관 신용과 사람 그리고 휴머니티 • 317

권오현 IT시대의 반도체 역할과 발전방향 • 322

김영철 기업경쟁력 강화를 위한 여성인력 개발 • 327

김재철 나의 사업과 인생 이야기 • 332

김종갑 한국의 속도와 독일의 철저함의 절묘한 만남 • 337

김흥국 차별규제 없애야 기업생태계가 살아난다 • 342

두상달 행복한 가정과 기업경쟁력 • 347

문국현 창조한국의 기회와 과제 • 352

박종규 한국기업 선진화의 길 – 나는 짝퉁이다 • 357

손경식 창의와 혁신으로 만들어가는 글로벌 경쟁력 • 362

신창재 변화혁신과 비전경영 • 367

심갑보 평생 학습하는 CEO • 372

유상옥 기업가정신과 정도경영 • 377

윤동한 기술혁신 – 사람에 대한 신뢰와 끈기로 만든다 • 382

윤석금 경쟁력이 생명이다 • 387

윤윤수 미래에 대한 끊임없는 도전, 휠라코리아 • 392

이채욱 한국기업의 세계화 전략과 GE 이멜트 회장의 경영전략 • 397

이형우 사람을 양성하는 것이 곧 경영이다 • 402

전순표 3D업종을 첨단기업으로 만든 세스코의 세계화 전략 • 407

정문술 카이스트에 300억 원을 기부한 이유 • 412

정재원 의학박사 정재원의 베지밀 인생이야기 • 417

정주영 찬스에 강한 웅변, 세계 속의 현대로 혼신의 경영 40년 • 422

조태권 가장 한국적인 것이 가장 세계적인 것이다 – 한식문화의 세계화 • 427

최규복 경영의 미래를 생각하다 – 스마트워크와 CSV를 중심으로 • 432

허진규 어제보다 더 나은 한 걸음, 도전의 43년 • 437

Epilogue – 나는 아직도 꿈을 꾸고 있다 • 442

출간후기 • 448

제1장

조찬학습모임의 대부

인간 안에 잠재되어 있는 많은 것들을
너무 쉽게 포기해 버리는 사람들이 있다.
우리는 자신이 얼마나 소중한 존재인지
스스로 알아야 한다. 자신의 가능성을 믿어야 한다.
자기 자신이 자본이다.

— 장만기 인간개발연구원 회장

거금도에 피어난
사랑의 손길

나는 천생 기독교인이 되어야 할 사람이었던 듯하다. 조그마한 섬마을에 교회가 있어 철부지 때 교회에 나갔고 이 연결고리가 자연스럽게 지금까지 이어지고 있다. 내 뜻과 무관하게 중·고교와 대학까지 모두 미션스쿨에서 수학하게 되고, 인간개발연구원을 설립하고 운영하게 된 것도 하나님의 인도하심이 아닌가 싶다.

내가 태어난 곳은 한반도 최남단 고흥반도에서도 맨 끝자락에 위치한, 한국에서 일곱 번째로 큰 '거금도'라는 섬이다. 행정구역으로는 전남 고흥군 금산면 오천리로, 바로 옆에 소록도가 있다. 나는 인동仁同 장씨의 후손으로 종손은 아니지만 종가를 지키면서 농업과 어업을 겸업한 아버지와 어머니의 희생정신을 보면서 자랐다.

내가 다닌 초등학교는 집에서 10여 리 떨어져 있었고 인근에 교회가 있었다. 그 당시 조그마한 섬마을에 교회가 있었다는 것은 지금 생각해도 신기한 일이다. 내가 1937년생이니까 적어도 1930년대 후반이나 1940년대 초반에 교회가 세워졌던 것이리라. 일제강점기에 태어나 여덟 살에 해방을 맞았는데 그때 나도 어른들과 같이 "만세!"를 부르던 기억이 난다.

교회 운영자는 '보이열'이라는 미국인 선교사였는데 전남 순천, 고흥, 여수 지역을 관할하고 있었다. 나를 무척 귀여워해 주어 나는 자연스럽게 그분에게 세례를 받고 교회를 다니게 되었다. 당장 먹고사는 것이 급한 상황이었던 당시에는 내 또래들 누구나 어느 정도 노동력을 보태야 했다. 나는 일요일이면 주일학교에 가기 위해 평일에 항상 다른 형제들보다 더 많은 일을 스스로 찾아서 해야 했는데, 학교 성적만큼은 단연 으뜸이었다.

1945년 광복과 함께 일제강점기가 끝나고 바로 초등학교에 입학할 무렵, 나에게 큰 시련이 닥쳐왔다. 이유도 모른 채 전신마비 상태가 된 것이다. 당시에는 시골마을에 의료시설이 전무했기 때문에 갖가지 민간요법을 다 써 봐도 전혀 효과가 없었고 끝내는 점쟁이까지 동원되었다. 당연히 학교는 다닐 수도 없었고 부모님의 걱정과 한숨은 더해 가면서, 어쩌면 어린 생명이 이대로 끝날지도 모른다는 공포 속에 세월만 흘러갔다. 그러던 중 부모님은 자식의 생명을 살려보겠다는 일념으로 인척이 소개해 준 점쟁이를 찾아갔다. 점쟁이 집까지 전신마비가 되어 몸을 가눌 수 없는 나를 어머니 아버지가 교대로 등에 업고 가셨다. 우리가 도착하자 마자 점쟁이는 다짜고짜 부모님께 막 소리를 지르고 화를 내면서 "조상의 무덤에 문제가 있으니 하루 속히 이장을 해야 한다."고 말했다. 덧붙여서 "작은아버지가 병사한 것도 그 탓이며, 빨리 손을 쓰지 않으면 아이의 생명이 경각에 달렸다."라고 경고했다. 당시로서는 드물게 일본으로 유학을 갔던 작은 아버지가 유학 중에 귀국하여 결혼한 지 1년 만에 결핵으로 돌아가셨었다.

점쟁이 말에 깜짝 놀란 부모님이 지푸라기라도 잡는 심정으로 실제 이장을 위해 묘를 파보니, 소나무 뿌리가 증조부의 관을 휘감고 있었다고 한다.

이후 나는 믿을 수 없게 몸이 서서히 움직여졌고 전신마비의 병세에서 벗어나 건강을 되찾게 되었다. 물론 나는 그 점쟁이의 말이 옳았다고 생각하지는 않는다.

후에 안 일이지만 그 무렵 교회 선교사님이 나를 위해 극진히 기도해주었다고 한다. 어린 마음에도 하나님이 나를 낫게 했을 것이라고 생각했고, 지금까지도 하나님의 은총으로 완쾌할 수 있었던 것이라고 믿고 있다.

이 일로 인해 나는 또래들보다 몇 년 늦게 초등학교를 졸업할 수밖에 없었다. 다른 아이들보다 나이가 많아서였는지 다행히 성적 면에서는 1등을 놓치지 않았다. 그런데 하필 그 무렵에 새로

지은 우리 집이 화재로 전소되는 불운이 닥쳤다. 이미 서울로 유학을 떠난 형은 공부에 별 취미가 없었고, 나 역시 기울기 시작한 가정형편으로 자연스럽게 중학교 진학을 포기할 수밖에 없었다. 결국 중학교를 가는 대신 동네 서당에서 한문공부를 하고 있었다.

그때 하나님께서 또 한 번의 은총을 내려주셨다. 당시 우리 마을에 초등학교 교사를 새로 짓기 시작했는데, 여관도 없었기 때문에 건축책임자가 마을에서 빈방이 있는 우리 집에 머물게 되었다. 교회를 열심히 다니는 분이었는데, 그분에게는 시골에서는 보기 드물게 아직 어린 내가 새벽에 일찍 일어나 새벽기도회에 가는 모습이 무척 인상적이었던 것 같다.

나중에 그분에게 들은 얘기지만 본인의 방은 내 방이 건너다보이는 방이었는데 항상 자기가 잘 때까지 내 방의 불이 켜져 있고, 새벽에 일어나 봐도 어느새 또 불이 켜진 채로 공부하는 내 모습을 보고는, 우리 아버지에게 "왜 저 애를 학교에 보내지 않고 있느냐?"고 물어보았다고 한다. 결국 그분은 저토록 열심히 공부하는 아이라면 좀 늦었어도 중학교에 꼭 진학시켜야 한다며 아버지를 설득하여, 내가 순천 매산중학교에 입학할 수 있도록 적극 주선해 주었다.

이른 아침 그분은 나를 데리고 순천시에 있는 매산중학교 김형모 교장선생님 댁으로 찾아가 2학년으로 편입시켜 달라고 요청했다. 그러나 시험기간도 끝난 데다 다른 학생과의 형평성에서도 맞지 않고, 학교교칙에 어긋나기 때문에 곤란하다는 입장이었다. 그럼에도 불구하고 인자하신 교장선생님의 얼굴에서 냉정하게 딱 잘라 거절하지 못하고 고심하는 표정을 읽을 수 있었다. 그 순간 나는 불현듯 아이디어가 떠올라서, "좀 늦었지만 당당하게 입학시험을 치르고 합격하여 다니도록 하겠습니다."라고 당돌하게 말씀드렸다. 잠시 머뭇거리던 교장선생님은 내 제안을 받아들이고 오히려 "열심히 공부해서 꼭 합격하라."고 격려까지 해주었다.

그때가 1월이어서 시험까지는 한 달밖에 남지 않은 상황이었다. 이후부터 나는 입시서적을 구입하여 공부에 집중했고, 다른 학생들과 함께 시험을 봐서 꽤 경쟁률이 높았음에도 불구하고 기적적으로 합격함으로써 늦은 중학교 생활을 시작하게 되었다.

나를 중학교에 보내준 고마운 분은 초등학교 교사 건설책임자인 김종선 사장이었다. 만약 내가 그때 교회에 열심히 나가지 않았더라면 그분이 나에게 그렇게 깊은 관심을 가졌을 리도 없었을 것이고, 나의 학력은 국졸로 끝나고 말았을 것이라는 생각을 하면 지금까지 나 같은 사람을 극진하게 보살피신 하나님의 무한한 사랑에 깊은 감사를 드리게 된다. 하나님의 말씀에 순종하고 믿음을 지키면 반드시 보호해 주신다는 믿음이 그때부터 내 안에 자리잡게 되었던 듯하다.

시련을 넘어서면
희망이 보인다

또래보다 두어 살 나이가 많은 나는 중학교에서도 성적이 뛰어났다. 가정형편이 어려웠지만 김종선 사장의 배려와 도움으로 중학교 1학년 때부터 가정교사를 하게 되었다. 중학생 입주 가정교사가 된 나는 그때부터 대학원 시절까지 계속 가정교사 생활을 해야만 했다. 중학교 전 학년 수석을 차지한 덕분에 이후 장학생으로 미션 스쿨인 매산고등학교에 진학할 수 있었고, 고교시절 역시 가정교사 생활을 하면서도 학교에선 기독 학생회장으로, 교회에선 성가대와 고등부 학생회장 등의 책임을 맡아 활동하면서 촉망받는 학생으로 리더십을 발휘할 수 있었다.

나는 공부를 잘했기 때문에 법대 진학을 목표로 집중적으로 공부했다. 그러나 그 무렵 아버지께서 사업에 실패하고 건강까지 악화되어 병원에 입원을 하게 되었다. 가정형편이 더욱더 어려워졌기 때문에 서울대 법대 진학을 포기할 수밖에 없었다. 게다가 남들보다 학교가 늦어져서 병역의무도 걱정이 되었고, 대학에 장학금 제도 또한 잘 되어 있지 않을 때였기 때문에, 서울에서 법대에 가서 가정교사를 하면서 대학 재학 중에 사법시험 준비를 병행하는 것은 불가능하다는 생각을 했다. 그래서 법대보다는 국비로 공부할 수 있는 육군사관학교에 지원하기로 진학계획을 변경하게 되었다.

나로선 더 이상 선택의 여지가 없었다. 그런데 육사 시험을 보려고 하니 문제가 있었다. 법대는 인문계인 데 반해 육사는 이과를 포함한 전 과목 공부를 해야 했다. 나는 곧바로 육사 입시에 필요한 이과공부를 시작했다. 밤에 2시간 정도밖에 자지 않으면서 정말로 열심히 공부했다. 그렇게 시간과 싸우면서 가정교사 생활도 병행해 나갔다.

그러나 계속 무리하다 보니 체력이 극도로 약화되었다. 육사 시험은 결국 신체검사에서 불합격 판정이 나서 실패로 끝나고 말았다. 정말 열심히 공부했는데 공부 때문도 아니고 신체검사에 불합격해서 육사에 가지 못하게 되다니…. 참으로 절망적이었다.

한동안 실의에 빠져 있던 나는 불현듯 김형모 교장선생님이 떠올랐다. 교장선생님은 내가 중학교에 다닐 때부터 각별히 관심을 가져주고 보살펴 주었던 분이다. 교장선생님은 마치 기다리고 있었다는 듯 나를 반갑게 맞아주시면서 "만기야, 지금의 네 실력으로는 서울대도 들어갈 수 있지만, 너의 형편상 대전대학교^{현재 한남대}^{학교} 입학을 권하고 싶다."며 대전대를 적극적으로 추천하였다.

당시 미국 남 장로교 선교재단이 대전에 대전대학교를 신설했는데 앞으로 좋은 학교로 발전할 것이라며, 내가 가고 싶은 학과는 없지만 영어영문학과에 입학해 수석을 유지하면 특례장학생이 될 수 있고, 미국 유학까지 갈 수 있다는 것이었다. 주위에서 가끔 나를 서울대 출신으로 오해하는 사람들이 있다. 그러나 나는 대학원 과정을 서울대 경영대학원에서 수료한 것이고 학부는 온전히 대전대에서 영문학을 공부했다.

예상대로 나는 대전대에 우수한 성적으로 합격했다. 그러나 막상 입학을 하고 보니 특례장학생은 입학성적으로 결정하지 않고 대학 1학년 첫 학기 성적으로 뽑는다고 했다. 결국 첫 학기는 중학교 때부터 해온 가정교사를 다시 하지 않을 수 없었다.

그런데 가정교사만으로는 생활이 보장되지 않았다. 이후부터는 학교 뒷산 산지기 노릇까지 했다. 우리 학교 캠퍼스 뒤편에 있던 산을 지키는 일이었다. 장학금을 지급할 목적으로 학교가 제공해준 아르바이트였던 것이다.

당시 대전대는 재단이 제시한 좋은 조건 때문에 전국에서 우수한 학생들이 구름처럼 몰려들었다. 주로 실력은 좋으나 가정형편이 어려운 학생들이었다. 특례장학생에다 미국 유학의 꿈까지 가진 두뇌들의 경쟁이 얼마나 치열했는지는 충분히 짐작할 수 있는 일이다. 나는 1학년 특례장학생이 되기 위한 경쟁에서 살아남기 위해 주야로 책과 씨름했다.

그런데 또다시 엄청난 시련이 나를 기다리고 있었다. 대전 시내에서 가정교사를 할 때였는데 아버지가 돌아가셨다는 비보를 받게 된 것이다. 아버지는 농사도 지으면서 일본에 수출하는 고흥의 특산물인 해태를 생산하였는데, 뜻대로 되지 않아 화병으로 몸져누웠다가 그만 돌아가시고 만 것이다. 어머니는 객지에서 고생하고 있는 아들이 걱정할까 봐 내게 알리지도 않은 채 아버지 장례를 치렀다고 했다.

비보를 접하고 하늘이 무너지는 것 같은 절망감과 슬픔을 달래려고 밤에 잠깐 바람을 쏘이러 나갔다. 그 바람에 나는 또 한 번 불행과 맞닥뜨려야 했다. 대형 교통사고를 당한 것이다. 차는 그대로 뺑소니를 쳤다. 불행은 한꺼번에 온다더니 너무나도 크나큰 시련이 동시에 닥쳐왔다.

나는 정신을 잃었고 곳곳의 뼈가 부러진 채 온몸이 피투성이 상태로 인근 병원에 입원하게 되었다. 다행히 주머니에 학생증이 들어 있어서 병원 측에서 신원을 파악하여 학교에 연락을 했다. 빈사상태에 빠져 있던 터라 밤에 수술도 못 하고 있었는데, 다행히 복막이 터지지는 않은 상태여서 의사가 살 수 있겠다는 판단하에 그때부터 외상 치료에 들어갈 수 있었다고 한다.

병원 측의 연락을 받은 대전대 관계자들이 달려왔고, 나는 다시 전주에 있는 예수병원으로 이송되었다. 예수병원은 대전대와 같은 재단이어서 병원비 혜택을 받을 수 있었기 때문이다. 더욱이 고맙게도 내가 가난한 고학생이라는 사실이 알려지면서 주일학교 교사로 봉사했던 대전 제일교회와 많은 학우들, 교수님들이 모금하여 병원비를 도와주었다.

1개월간 전주 예수병원에서 입원치료를 받았는데 다행히 수술은 잘되었지만 찢기고 깨지고 부러진 몸은 한마디로 만신창이였다. 수술 후 한동안 망연자실한 상태로 지냈으나 빠르게 회복되고 있었다. 그런데 수속절차가 잘못되는 바람에 계속 입원치료를 해야 할 것인지, 퇴원해서 복교를 해야 할 것인지, 결정하지 않으면 안 되는 딱한 상황에 처하게 되었다. 그런 상황에서도 오직 학기말 시험 걱정만이 내 머릿속에 꽉 채워져 있었다. "아, 하나님! 1학기 기말고사가 눈앞에 닥쳐왔는데 어떻게 해야 됩니까? 수석을 놓치면 대전에서 대학을 다녀야 할 이유도 없어지고, 이런 상황에서는 학교에 다닐 수도 없지 않습니까?"

언제부터인가 어려움에 처하면 저절로 하나님께 간절히 기도하게 되었다.

나는 고심 끝에 퇴원을 선택하여 학교 의무실에서 치료를 받기로 하고 기숙사로 돌아갔다. 퇴원을 선택한 것은 중요한 시험이 있었기 때문이다. 1학기 동안 성적이 제일 우수한 학생에게 생활비와 등록금, 유학까지 보내주는 특례장학금이 걸린 학기말 시험이었다. 대전대에는 전국에서 모여든 수재들이 많았다. 게다가 그 당시는 나뿐 아니라 가난한 학생들이 많았으니 전액 장학금에 대한 경쟁이 얼마나 치열했던지…. 그러니 극심한 통증이 몰려옴에도 불구하고 내 머릿속은 오직 시험에 대한 걱정뿐이었다.

이런 내 사정을 딱하게 여긴 착한 학우들이 필기한 노트를 빌려주는 등 여러모로 도와주었다. 세상은 어떤 경우에도 착한 사람들의 선행이 있어 이렇게 유지되는 것 같다.

막상 시험을 치르려고 하니 내 신체조건이 말이 아니었다. 혼자서는 몸을 제대로 움직일 수도 없었기 때문에 여러 학우들이 나를 교수실로 운반해 주었고, 학교 측에서도 혼자 시험을 볼 수 있도록 특별히 배려해 주었다. 너무나 열악한 상황에서 치르는 시험이라 큰 기대를 가질 수도 없었고, 오직 간절히 기도를 올린 후 시험을 치렀다.

그런데 예상치 못한 또 한 번의 기적이 일어났다. 내가 1등을 한 것이다. 육사 진학을 위해 몸이 망가지도록 공부했건만 시험도 보지 못하고 신체검사에서 떨어졌었는데, 오히려 그때 그렇게 열심히 공부했던 것이 이때 도움이 될 줄이야!

"하나님, 감사합니다. 감사합니다."

나는 감사하다는 말 외에는 달리 할 말이 없었다. 나의 실력이라고 말하는 것은 교만인 것 같고 이 일은 오직 하나님의 은혜요 선물이라고 말할 수밖에 없다.

그러나 대학생활이 마냥 장밋빛만은 아니었다. 어쩌면 스스로 무덤을 판 것인지도 모른다. 학교성적을 유지하는 것도 중요하지만 뭔가 새로운 도전을 해야만 한다는 조급함이 마음속에서 떠나지 않았던 탓에 사법고시에 도전해 보기로 결심한 것이다. 당시 스스로를 비하하며 곧잘 '돈도 백도 없는 촌놈'으로 칭했던 우리가 출세를 위한 돌파구로 여겼던 것이 바로 사법고시였다. 역시 과욕은 금물이었다. 특례장학생을 유지해야 하고, 가정교사도 해야 하고, 법학 관련 서적을 읽고 사법고시 공부도 해야 하고, 결국 몸이 배겨 내지 못했다. 몸도 몸이지만 과도한 스트레스로 결국 신경쇠약이라는 덫에 걸려들고 말았다. 나는 또다시 하나님께 무릎을 꿇지 않을 수 없었다. 그래, 이건 하나님이 나에게 "과한 욕심일랑 버려라. 사법고시를 포기해라."라고 말씀하시는 거야. 욕심을 내려놓고 현실에 순응하면서 살자.

이후 나는 학업에만 전념하기로 했다. 덕분에 안정적으로 4년간 수석을 유지할 수 있었다. 교통사고 후유증 때문에 군대는 가고 싶어도 갈 수 없었다. 나는 단순하게 대학을 졸업하면 미국으로 유학을 가든지 좋은 직장이 기다릴 줄만 알았다. 하지만 꿈과 현실 사이에는 항상 상당한 거리가 있었다. 그때 마침 모교인 매산고등학교에서 영어교사 자리를 제안해 와 일단 순천으로 내려갔다. 교단에서 나름대로 보람도 있었고 열정을 다해 후배들을 지도했다. 그러나 나의 마음 한쪽 구석에선 집요하게 '여기에 안주해서는 안 되는데…'라는 생각이 떠나지 않았다. 그러던 차에 나는 인생의 전환점을 이룰 계기를 맞게 되었다.

서울대 경영대학원에 진학, 대학교수가 되다

나는 모교인 매산고등학교에서 영어를 가르치는 한편 꿈을 포기하지 않았다. '외국 유학의 길은 없을까?'라는 생각이 뇌리를 떠나지 않았던 것이다. 그러던 어느 날 신문을 보니 서울대에서 경영대학원을 설립한다는 기사를 보게 되었다. 게다가 전공과목이 아닌 사람도 응시 기회를 준다는 것이었다. 경영학을 체계적으로 공부하지는 못했지만 사시 준비를 하면서 법학, 경제학, 행정학 등을 열심히 공부한 게 도움이 되지 않을까 하는 생각이 불현듯 들었다. 게다가 대학원 1회 출신이면 대학 강단에 서기도 쉬울 것이고, 기업체에 취직을 하더라도 여러 기회가 있으리라는 생각이 들었다.

나는 곧바로 학교에 사표를 내고 서울로 올라와 응시원서를 제출했다. 내 인생을 바꾸려고 고시를 포기하고 육사 시험을 준비했던 것처럼, 또 한 번 새로운 길로 도전하기 위해 결단을 내린 것이다. 경쟁률은 6대 1 정도였다. 그러나 생각보다 시험을 잘 치른 것 같지 않았다. 영어는 전공이어서 잘 보았는데 논술을 잘 못 본 것 같아서 희망이 없다고 생각했다. 서울대 경영학과 출신들만 해도 엄청난 숫자인데 내가 합격할 가능성은 낙타가 바늘귀를 지나는 것만큼 어려우리라는 생각이 들었다.

그래서 정작 합격자 발표 날에는 가지 않고 있다가, 그래도 미련이 남아 다음 날 슬그머니 가 보니 거짓말처럼 합격자 명단에 내 이름이 있는 것이 아닌가. 이름을 확인한 순간 "아, 사랑의 하나님! 부족한 저를 버리지 않으시고 끝까지 지켜주시는군요. 하나님의 기대에 부응하겠습니다."라는 말이 나도 모르게 흘러나왔다.

대학원에 들어가서부터 학문을 한다는 기분이 들었다. 학부에서 워낙 열심히 공부한 덕분에 영어에 관한 한 자신감이 있었던 나는 틈나는 대로 도서관의 영문 자료를 탐독하고 전문서적, 간행물 등도 가리지 않고 읽으면서 수업에 충실하다 보니 나름 학문하는 즐거움을 느낄 수 있었다.

학교 연구실 조교가 되어 낮에는 학부 강의도 듣고, 밤에는 대학원 공부를 했다. 당시 서울대 상대 학장이던 최문환 박사와 대학원장 민병구 박사, 박희범 교수 등은 내게 큰 관심을 갖고 공부에 많은 도움을 주었다. 더욱이 교수님들은 내게 학부 강의를 청강할 수 있도록 기회를 마련해 주었다. 그 무렵 학우들과의 진지한 토론은 정말 유익했고, 그것들이 오늘의 내가 있게 한 바탕이 되었다고 믿는다.

대학원을 졸업한 1968년은 나에게는 잊을 수 없는 해였다. 내가 졸업할 때는 입학자 100명 중 26명만 석사 학위를 받았다. 그중에는 유학을 떠난 친구들도 있었고, 나 역시 유학 갈 수 있는 길을 백방으로 찾고 있던 중 가장 나이가 많긴 했지만 졸업생 중에서 제일 먼저 교수로 추천을 받아 명지대 경영학과 전임강사가 되었다.

박사학위 소지자나 외국유학 박사 출신들이 줄을 서서 기다리는데 대학원을 마치자마자 내가 임용됐다는 것은, 실력이 아니라 하나님의 헤아릴 수 없이 큰 은총이자 행운이었다. "합력하여 선을 이룬다."는 하나님의 말씀이 진한 감동으로 가슴에 와 닿았다.

남들보다 항상 늦었던 내가 서른이 채 안 된 나이에 교수가 되었다는 사실이 너무나 황홀했다. 살면서 큰일이 생기면 자동적으로 하나님을 찾게 된 나는 "시련도 주시지만 환희도 주시는 하나님, 더 큰 영광을 하나님 전에 올려드리겠습니다." 하고 차분히 기도했다. 하나님에 대한 믿음은 항상 간직하고 있었지만 서울생활을 시작한 이후 꾸준히 한 교회에 출석하지 못하고 있던 나는, 광화문의 새문안교회를 찾아가 스스로 등록했다. 주일성수를 엄격히 하고, 삶으로 신앙인의 모습을 증거하겠다는 다짐도 새롭게 하고, 주일학교 중·고등부 교사도 하면서 교회 봉사도 열심히 했다. 명지대에서는 경영학개론과 마케팅론, 광고론 등을 강의하게 되었다. 나는 열심히 준비하고 강의했다. 그러나 원래 가난해서 가정교사 생활로 학업을 이어온 나로서는, 당시 커피 한 잔을 마시려 해도 40원인데 그것을 1만 5천원인 박봉의 대학교수 월급으로 충당하기가 쉽지 않았다. 그야말로 적자인생이었다.

이미 나는 대학원 재학시절인 1967년 민병구 원장의 주례로 지금의 아내^{엄경애}와 결혼한 상태였다. 살림이 쪼들릴 수밖에 없었다. 그러나 '돈 때문에 교수가 되려고 했던 것은 아니지 않은가?' 하고 스스로 위로하고 의욕을 북돋우면서 더 열심히 공부하고 강의에 열중했다. 그런데 그 무렵 내 인생의 무대는 또 다른 막으로 바뀌기 위한 전주곡이 울리고 있었다.

어느 날 명지대 유상근 총장^{명지학원 설립자}이 박정희 전 대통령의 공보수석과 함께한 자리에서 내게 뉴욕타임스 일요판을 내밀었다.

"장 교수, 우리가 미국신문에 관심을 갖고, 앞으로 필요하리라는 예상을 하여 한국 관련 기사와 광고를 싣는 것을 대행하기로 매체와 계약을 맺었는데, 그 일을 통해 장 교수가 국가 홍보를 한 번 기획해 보는 게 어떻겠소?"

경제개발을 하려면 외국자본 유치가 필요하니 해외에 한국과 한국의 기업을 소개하자는 것이었다. 당시 우리나라의 국고는 텅 비어 있었고, 어느 나라에 가도 대한민국을 아는 사람이 거의 없는 상황이었다.

돌이켜보면 내 인생의 고비 고비마다 인생의 디딤돌을 놓아준 좋은 분들이 나타났다. 하나님이 그들을 통해 나를 인도해 주신 것이다.

첫 번째는 앞에서 언급한 대로 나를 중학교에 진학하도록 디딤돌을 놓아준 건설업체 김종선 사장이었고, 두 번째는 대전대학교를 다니게 되면서 인연을 맺은 최윤국 교수이다.

대전대학교는 선교사들이 세운 학교였는데 그 당시 순수하게 교육에 전념했기 때문에 우수한 학생들이 몰려들었고 전국 졸업반 성적평가에서 1등을 할 만큼 좋은 학교로 평가받았었다. 또 선교사들이 원서로 공부를 시키는 바람에 탄탄한 영어실력을 갖출 수 있었다.

그러나 단과대학인 탓에 법학과가 없었다. 우연히 우리 학교에 강사로 출강한 최윤국 교수의 법학개론을 듣게 되었는데, 그분의 명강의에 반해서 그때부터 교수가 귀찮아할 정도로 쫓아다녔다. 그런 나를 자식처럼 아껴주며 내가 고시공부를 할 수 있도록 도와주었다.

그분과의 만남이 내 인생의 행로를 바꾸어 놓게 되었다. 결과적으로 고시에 응시할 기회를 갖지는 못했지만 그때 열심히 공부한 것이 서울대 대학원에 입학하게 된 배경이 된 것이다.

또 한 분은 명지대 교수 시절 만난 박정희 전 대통령의 공보비서관이었던 한기욱 박사이다. 명지대 유상근 총장이 서울대 행정대학원에서 같이 공부해서 각별한 친분을 가진 한 박사를, 당시만 해도 햇병아리 교수였던 나에게 소개시켜 준 것만 해도 놀라운 일이었다.

새로운 도전,
KMI를 설립하다

    새내기 교수로서 연구와 강의에 전념하리라는 각오를 채 굳히기도 전에, 부과된 과제를 받아 든 나는 한참 동안 망연자실한 상태로 지냈다. 뉴욕타임스 일요판에 한국과 한국기업들을 소개하고 광고까지 대행하는 일을 대하니, 어떻게 일을 시작하고 풀어나가야 할지 어리둥절했다. 그때까지만 해도 나는 외국신문을 읽어본 적도 없었다. 아무것도 아는 것이 없는 상태에서 제안을 받았으나 거절할 수도 없는 노릇이었다. 더욱이 총장님이 직접 나를 적임자로 추천해 준 것인데, 어떻게 못하겠다고 할 수 있겠는가.

    이러지도 저러지도 못하고 눈앞이 캄캄해졌다. 마케팅과 광고 등에 대해 이론적으로는 어느 정도 공부를 했다지만 현실에 어떻게 적용할지 막막했다. 자신 있는 것은 영어밖에 없었다. 한참을 고민하던 중에 누군가 반드시 해야 하는 일이라면 한번 해 보자는 용기가 생겼다.

당시 북한은 1년에 홍보비로 50~60억 원씩 쓰고 있던 상황이었다. 고심 끝에 나는 국가 홍보라는 불모지에 도전장을 내밀고 대한민국 홍보의 일등공신이 되고자 마음먹었다. 강의 준비 틈틈이 광고와 마케팅에 대해서 기초부터 다시 공부하기 시작했다.

나는 궁리 끝에 당시 명지대 야간대학을 다니고 있던 학생들 중에서 기업체나 정부에서 일하고 있는 사람들에게 도움을 요청했다. 그때는 직장인들 중에 업무에 쫓겨 미처 공부를 못한 사람들이 야간에 대학을 다니는 경우가 많았다. 그러나 시간은 흐르는데 마땅한 답은 나오지 않아 아무래도 못한다고 해야 할 것 같았다.

그러던 중 뉴욕타임스 일요판에 실려 있는 전화번호가 눈에 들어왔다. 나는 용기를 내어 미국 뉴욕타임스에 전화를 걸었다. 그러고는 "한국은 현재 미국이 군사 원조를 하는 가난한 나라이니 뉴욕타임스에서 조금만 더 관심을 가져주면 좋겠다."고 말했다. 그것이 통했는지 나를 뉴욕타임스 동경지국장인 미스터 폴에게 소개시켜 주었다. 그때는 한국에서 외국에 가는 것이 쉽지 않은 때였는데, 다행히 미스터 폴 지국장이 한국에 직접 와주었다.

나는 다소 마음이 놓여 그에게 한국은 이러이러한 나라이고 대통령이 군인 출신이며 정부는 예산이 영세해서 많은 어려움을 겪고 있다고 숨김없이 상세하게 설명했다. 잠자코 듣고 있던 그가 뉴욕 본부와 상의해 보겠노라고 반쯤 약속을 하더니 얼마 지나지 않아 예상외로 빨리 긍정적인 답변이 나왔다. 이후 나는 그와 함께 정부 부처를 두루 돌았다. 뉴욕타임스 동경 지국장이 함께 다니니 어디를 가도 무사통과였다.

정부 관계자들을 만나 일의 성격과 방향에 대해 여러 가지 상의를 했고, 미국 주요 신문 국내 특파원들과도 만나면서 관련 업계의 사람들과 인맥을 넓혀갔다. 이들을 통해 한국을 알릴 수 있는 효과적인 방법을 찾기 위해 온 힘을 기울였다. 또 이들을 한국정부나 기업의 관계자들에게 소개해 상호 협력하도록 하는 가교 역할도 충실하게 했다. 이런 식으로 조금씩 일을 진행하다 보니 나름대로의 요령이 생기는 것 같았다.

그런데 한 가지 문제가 있었다. 뉴욕타임스 일요판에 총 8면에 걸쳐 한국 광고기사를 내는 데까지는 성공했는데, 정부예산이 없어서 막대한 광고비를 충당할 수 없었던 것이다. 당시 뉴욕타임스 광고 한 면 금액이 1만 5천 달러였으니 8면이면 12만 달러가 필요했다. 당시에는 1달러도 귀하던 시절이었으니 어마어마한 돈이었다.

나는 총 8면 중 4면은 광고를 싣고 4면은 기사를 실으면 좋겠다는 생각이 들었다. 정부 관계자에게 삼성과 현대, 쌍용 그룹 같은 대기업에서 광고를 실을 수 있도록 도와달라고 설득했다. 문화공보부 관계자에게 각 부처의 기획관리실장을 국무총리실에 모아주면 내가 잘 설명해서 설득하겠다고 제안했다. 정부에서 그 제안을 받아들여 프레젠테이션을 할 수 있도록 기회를 만들어 주었다.

신념을 가진 사람에게 불가능이란 없는 법이다. 놀랍게 긍정적인 결정이 난 것이다.

그 이후부터는 그야말로 일사천리였다. 마침내 뉴욕타임스 일요판 8면에 걸쳐 한국 정부투자기관과 기업을 알릴 수 있는 기회를 따낸 것이다. 세계적인 신문 뉴욕타임스에 한국을 알리는 최초의 일이 나의 손을 빌려 이루어지게 된 것이다. 그렇게 해서 탄생한 것이 뉴욕타임스 일요판에 실린 '코리아 스페셜 서플먼트Korea Special Supplement'라는 특집기사였다. 세계에 한국을 처음으로 제대로 알릴 수 있는 절호의 기회였다.

광고와 마케팅에 대한 기초부터 꼼꼼하게 다시 공부한 나는 대학 재학시절에 닦은 영어실력을 무기로 이후 외국 언론에 한국을 적극적으로 소개하기 시작했다. 그 후 학교재단에서 효율적인 일처리를 위해 학교 산하에 '코리아 애드'라는 별도의 영리법인을 만들었다. 그러자 나를 보는 눈들이 달라지기 시작했다. 청와대 공보수석이던 한기욱 박사가 직접 지원을 아끼지 않았고, 기업들도 적극적으로 참여하고 지원했다. 삼성물산, 현대, 쌍용, LG 등 쟁쟁한 기업광고주들이 스스로 참여했다.

이렇게 일의 내용이 구체화되고 규모도 제법 커지자 정부 관계자들이 내가 대학교수 신분인 점을 거북해하는 것이 느껴졌다. 어떤 사람은 내게 "장 교수는 아직 나이도 젊고 하니 대학 교수를 그만두고 정부가 필요로 하는 일에 전력을 다하는 것이 좋지 않겠소?"라고 조언하기도 했다.

결국 나는 대학교수 생활을 3년도 채우지 못한 채 학교를 떠나기로 결심하고, 30대 초입에 사업가로서의 새로운 인생을 개척하는 일에 몸을 던졌다. 불안감과 두려움이 없지 않았지만 '하나님께서 함께하실 거야!' 하는 믿음으로 이런 부정적인 감정을 떨쳐버릴 수 있었다.

교수생활을 접고 앞으로 어떻게 해야 할지 고심하고 있을 무렵, 우연히 광고주였던 쌍용양행에서 알게 된 박효종 쌍용양회 총무부 부장을 만나게 되었다. 그렇지 않아도 그는 전에 내가 광고 업무를 처리하는 모습을 보며 유능하다고 생각하여 나를 찾았다고 했다. 내가 막상 사업을 하려고 해도 돈이 없다고 하자, 그가 돈 걱정은 하지 말라고 했다. 우리는 그날로 의기투합하여 사무실을 얻고 '한국을 세계에 팔자.' '한국을 마케팅하자.'라는 모토로 KMI^{Korea Marketing International}라는 해외매체 대행 광고회사를 설립하였다.

나는 제일 먼저 각국의 대사관을 통해서 각 나라의 신문사 주소를 알아냈다. 전화도 잘 안 되던 때여서 텔렉스로 우리나라 광고와 기사가 실린 뉴욕타임스 일요판 특집의 견본을 첨부해 한국특집을 제안했다. 그 위력은 대단했다. 독일, 영국, 일본을 비롯하여 대부분의 세계적 신문사들이 동의해 주었고 한국특집을 만들어내기 시작했다. 영국의 파이낸셜 타임즈, 독일의 수도이체 차이퉁,

프랑크푸르트 알게마니네차이퉁, 미국의 월스트리트저널, 일본의 요미우리, 아사히 신문, 니혼게이자이 신문, 프랑스의 르 피가로, 르몽드 등 세계적인 언론사들과 스페이스셀링과 광고총대행 에이전트 계약이 속속 이루어지게 되어 이 분야에서 확고한 위치를 확보하는 한편 점차 이 일에 전문성도 생기고 자신감도 생겼다.

이 무렵 중동지역에 한국 건설회사들이 대거 진출하게 되었다. 이른바 중동건설 특수를 일으키게 된 것이다. 이때 중동지역의 요르단에 본사를 둔 미들이스트 미디어 그룹과 손잡고 대대적인 한국특집 홍보프로젝트에 도전한 결과로 국내 기업체들의 광고의뢰가 봇물 터지듯 했다. 신생기업인 대우실업에서도 스스로 광고를 게재해 달라는 요청이 들어올 정도였다. 그때에는 외국신문에 "6·25전쟁 이후 10년도 안 된 한국이 발전하는 모습을 기사화하면 어떻겠느냐?"고 제의하면 십중팔구 "OK!" 사인이 나왔다. 이런 노력들이 모아지면서 한국에 대한 이미지가 점진적으로 좋아지고 있었다.

당시 사업도 잘 되어가고 있어서 사무실을 명동의 대형 신축빌딩으로 이전했다. KMI를 경영하던 그 무렵에는 새문안교회를 다니고 있었는데, 1972년 해외여행 중에 교회의 안수집사 투표에 선임돼 안수집사 직분을 받고 교회 출판부에서 꾸준히 활동했다. 대외적으로는 한국기독실업인회한국CBMC의 총무직도 수행했다.

그러던 어느 날 새문안교회 출판부 부장인 김대보 장로가 명동에 있는 우리 회사를 방문하였다. 사업이 활발히 잘되고 있다고 느꼈는지, 마침 성서공회의 총무 김주봉 목사가 평신도 중에서 신앙심 있고 영어를 잘하고 자금능력이 있는 사람을 물색 중이었는데 적임자를 찾았다면서, 내게 제1차 세계성서공회 대회에 한국 대표로 참석해 보라는 권유를 했다. 30대 초반의 평신도가 한국성서공회의 대표로 가게 된 것은 한국 교계에서도 인정을 받은 셈인데, 회고해 보면 개인적으로 큰 보람이고 영광이었다.

그 무렵에는 여권을 내려면 신원조회가 참으로 까다로웠다. 여권을 받아들고 드디어 1972년 9월 아프리카 에티오피아의 수도 아디스아바바에서 열리는 총회에 참석하기 위해 내 일생에 처음으로 홍콩과 인도를 경유하여 화려한 세계 여행길에 올랐다.

세계성서공회 대회를 마치고 한국CBMC^{Connecting Business and Marketplace to Christ} 총무였던 나는 곧이어 미국 오리건 주 포틀랜드에서 개최된 세계CBMC 대회에도 참석하였다. 세계CBMC는 1930년대 세계경제 대공황기에 기독 실업인들에 의해 "비즈니스 세계에 하나님 나라가 임하게 하자."는 비전으로 미국 시카고에서 탄생된 실업인과 전문직업인들의 국제적인 초교파 복음단체이다. 이 대회는 미국이 중심이 된 세계 각국의 국제적인 초교파超敎派 복음단체이다.

이 대회는 세계 각국의 기독 실업인들이 모여 열정적으로 목적과 소명을 다짐하고, CBMC의 운영과 조직에 대해 토의하고 신앙 경험을 공유하는 자리였다. 이때 CBMC에 대한 이해가 깊어졌고, 귀국해서 이를 바탕으로 한국CBMC에 열정을 가지고 조직화에 헌신하게 되었다. 이것이 오늘의 1만 명에 가까운 회원조직으로 성장한 한국 CBMC이다.

우리나라가 3차 5개년 경제개발계획 기간 중 수출입국의 국가로 발전하는 데 다소 기여하고 있다는 자부심과 자신감이 생길 즈음, 세계적인 신문잡지의 해외특집을 통해 'KOREA MARKETING INTERNATIONAL INC.'로 된 우리 회사명을 보고는 중동 등지에서 무역회사인 줄 알고 많은 상담문의가 오고 있었다. 그래서 기왕 비싼 여행경비를 들이는데 미국에서 무역업을 위한 시장조사를 하고 올 계획이었다.

그런데 갑자기 한국에서 박정희 대통령이 유신계엄령을 선포했다는 소식이 날아들었다. 유신계엄령 선포로 인해 미국 내에서는 한국에 대한 비판여론이 비등하고 있었기 때문에 나는 그 계획을 접고, 미국 일정을 바꿔 명지대 교수 시절부터 인연이 있던 리더십 전문가이며 사업가로 성공한 폴 마이어Paul J. Meyer LMILeadership Management International 회장을 만나기로 하고 미국 남부에 있는 텍사스주 웨이코시를 찾는 여행을 시도했다.

미국 타임즈, 비지니스위크 등 잡지에 실린 기사를 보고 그에게 편지를 쓴 적이 있었는데 그 편지에 그가 답장을 보내왔고, 그것이 인연이 되어 당시에는 이 만남이 나의 인생에 어떤 영향을 미칠지 전혀 상상도 못한 채, 크나큰 땅 미국의 서북쪽 끝에서 최남단 텍사스 웨이코까지 가서 폴 마이어 회장을 만나게 된 것이다. 마침내 그를 만나 리더십과 동기부여 등 여러 가지 유익한 얘기를 나누고 돌아왔다.

2~3개월에 걸친 해외여행에서 돌아와 보니 내가 자리를 비운 동안 무역업을 시도하기 위해 채용했던 상무가 총무과장을 설득해 상당한 금액의 어음을 남발해 놓은 상태였다. 당시 말죽거리에 처음으로 부동산 투기 바람이 불기 시작했을 때 저질러 놓은 일이었다. 내가 귀국하고 어음 기일이 도래하자 겁이 난 총무과장은 죄송하다는 편지 한 장만 남긴 채 잠적해 버렸고, 얼마 후에 속죄하는 마음으로 공사현장에서 일하고 있다는 편지가 날아왔다.

은행에선 부도처리가 임박한 상태였다. 손을 쓸 새도 없이 어음을 막느라 죽을힘을 다했다. 그렇게 3개월을 힘들게 버텨봤지만 재정을 맡았던 직원이 잠적한 상태에서 원인 모를 이유로 세무조사까지 받게 되어, 설상가상으로 퇴로가 없는 궁지에 몰리게 되었다. 물론 KMI가 개인회사이긴 하지만 주로 국가홍보 업무를 했고 주거래처가 정부였는데, 너무 억울하다는 생각에 조사관들에게 진실을 알리고 선처를 호소했다. 그들도 조사를 하면서 성실하게 경영해 왔음을 알고는 잘 마무리해 주었다.

그러나 결국 회사 문을 닫을 수밖에 없었다. 막막했다. 하지만 누굴 탓할 수 있으랴. 오직 시작부터 끝까지 나의 책임이었음을 절감한다. 조그만 회사를 너무 오래 비워두고 장기간 여행을 한 나의 방만함과 지나치게 낙천적인 성격이 첫 번째 원인이었다. 다음은 조직에서 철저히 훈련받고 경험하지 못한 채 CEO가 되어 회사를 경영한 것이다. 서울대 경영대학원에서 경영학을 배우고 전공은 인사관리였지만 그것은 원론에 불과했다.

반면에 나 자신의 열정과 근면, 성실을 기준으로만 생각했지 다른 조직 구성원들의 마음을 이해하고 동기를 부여하는 데는 부족했다는 생각이 들었다. 과정을 충실히 거치지 않은 대가를 톡톡히 치른 셈이다. 모두가 나의 잘못이요 책임이었다. 그때 얻은 교훈이 내 평생에 큰 도움이 되지 않았나 생각한다.

이렇게 해서 나는 가난하게 살아왔던 나에게 큰 기업가가 되어 부를 축적할 수 있도록 하나님이 마련해준 기회를 그만 송두리째 잃어 버리게 된 것이다.

인간개발연구원 설립의 단초,
폴 마이어 회장과의 만남

    성서공회 세계대회와 세계CBMC 총회 참가에 이어 무역업에 도전하기 위한 시장조사를 위해 무려 2개월여에 걸친 장기외유 중에 폴 마이어 회장을 만난 것은, 내 인생에서 가장 중요한 부분인 인간개발연구원 설립의 단초가 되는 획기적인 '사건'이었다. 미국에 무역업을 위한 시장조사 계획이 국내 정치상황 때문에 수포로 돌아가게 되자, 나는 오레곤주 포틀랜드시로 가서 CBMC 세계대회에서 참가하고 그곳에서 만난 같은 CBMC 회원인 변호사 한 분의 초대로 그의 집에서 이틀을 묵게 되었다. 그때 그곳에 있는 심리연구소를 찾아가서 그들의 워크숍 과정을 참관하게 되었다. 특히 기업조직 내에서 문제가 있는 사람들이 치유되고 변화되는 경험들을 나누는 생생한 현장을 보게 되었다. 그곳에서 심리치료 과정 등을 참관하면서 사람 내면의 복잡하고 미묘한 여러 문제, 인간의 잠재력을 끌어내는 문제 등 다양한 인간심리의 문제에 대해 깊은 관심을 갖게 되었다.

그 후 폴 마이어를 만나기 위해 텍사스 웨이코까지 찾아갔던 것이다. 석사논문을 쓰면서 성취동기에 관한 다소간의 문헌을 접했을 뿐 실제적인 경험이 별로 없었던 내가, 이때 성공동기연구소SMI :Success Motivation Institute를 방문하여 폴 마이어를 만났던 감격은 말로 표현할 수 없을 정도였다. 이미 명지대 교수 시절 그에 관한 신문, 잡지 기사들을 읽고 깊은 관심을 가졌던 나는 그를 찾아가 그가 하는 일과 비전을 보고는 큰 충격을 받았다. 그리고 여러 가지 자료들을 닥치는 대로 챙겼다. 당시에는 그 만남이 내 인생에 어떤 영향을 미칠지 전혀 예상치도 못했지만, 그 짧은 만남은 끊임없이 나의 생각과 행동, 사업 등에 확고한 지침이 되어 주었다. 이처럼 긴박하게 이어지던 하나의 막이 어느 정도 정리되면서 내 인생 무대의 중반에 서서히 새로운 막이 올라가고 있었다.

세계적인 최고경영자가 된 미국 LMI리더십 폴 마이어 회장과 함께

내 인생의 무대가 또 다른 막으로 바뀌는 과정에서 나는 정말 많은 생각을 했다. 그런 중에도 항상 머릿속을 맴도는 것은 '하나님의 뜻'이었다. 사람들은 누구나 항상 평탄한 길을 원하지만 하나님은 우리에게 흙탕길도 주시고 가시밭길도 주신다. 그리고 이런 어려운 길에서도 소망을 버리지 않고 믿음으로 최선을 다하면 하나님은 우리에게 평탄한 길을 열어주신다는 확신이 있었다. 아마 나는 30대 중반에 인생에서 쓴잔을 마시고 신앙도 한 단계 깊어지는 계기가 된 것 같다. 내 청춘의 열정이 고스란히 배어 있는 사업체인 KMI의 문을 닫고 나서도 스스로 생각하기에도 상당히 의연했다고 기억된다. 그것은 '하나님께서 주신 낙천적인 성격 때문이 아니었을까?' 생각한다. 이때 얻은 교훈은 인간개발연구원 설립과 이후의 내 인생에 두고두고 영향을 미쳤다. 그러나 막상 KMI를 정리하고 나니 내가 실업자 신세인 것이 실감되었다. 무슨 일이라도 해야 한다는 의욕만 간절할 뿐, 구체적으로 방향이 잡히지 않았다. 다행히 KMI를 경영하면서 주위 사람들과 나름 좋은 관계를 유지했던 것이 영향을 미쳤는지 여기저기서 제안이 들어왔다.

대학 강단 복귀의 길도 있었지만 기업 경영에 대한 미련이 남았던 나는 동양섬유주식회사의 경영을 택했다. 그러나 이 또한 나에 대한 하나님의 뜻이 아니었다.

일본의 섬유기술을 전수받아 생산하기로 하고 설립된 이 회사는 일본 정치권의 반대로 사업을 시작해 보지도 못하고 문을 닫았다. 노력이 또 한 번 물거품이 되는 순간이었다. '이제는 어디로 가야 한단 말인가. 무엇을 해야 한단 말인가.'

잇따른 고배의 쓴맛을 보고 괴로워하던 무렵이었다. 바로 그때 기다렸다는 듯 하나님의 진정한 뜻이 서서히 내 인생에서 실현되기 시작했다. 인간개발연구원 설립의 기초작업이 시작된 것이다.

그 시작은 일본에서 찾아온 버마^{현 미얀마} 출신의 지 비^{G Vie} 일본 SMI 부사장이었다. 동양섬유에서 완전히 손을 떼고 다소 홀가분하게 지내던 어느 날 그가 미국 본사로부터 폴 마이어 회장의 지시를 받고 나를 찾아온 것이다. 그는 1972년 내가 폴 마이어에게 주었던 내 명함과 폴 마이어의 리더십 프로그램, 자료 등을 가져왔는데 그 내용이 정말 좋았다. 그때 내 머릿속에선 미국에서 폴 마이어를 만나고 온 뒤 정신없이 지내면서 저편으로 밀려나 있던 기억들이 단숨에 되살아났다. '그래, 바로 이거야!'라는 생각이 이어졌다.

지 비 부사장으로부터 SMI 관련 자료를 받아 검토한 후 바로 그 자리에서, 선진국에서 이미 검증된 실천적인 '인간개발' 프로그램을 국내로 들여와 사업화하기로 결심했다. 나는 내게 있는 밑천들을 있는 대로 끌어냈다. '경영자 계발을 위한 성취동기에 관한 연구'라는 대학원 석사학위 논문 준비 때 공부했던 심리학 관련에서부터, 폴 마이어 저서들을 탐독하면서 쌓았던 지식, 그 외 다양한 자기개발 분야의 독서로 부단히 축적했던 인간개발과 심리학에 대한 지식들을 총동원했다.

박승찬 금성사 사장, 정수창 OB그룹 회장, 조권순 유한양행 사장, 중소기업중앙회 김연규 회장 등 이런 분들이 힘을 실어주었다. 경제발전의 견인차 역할을 하는 기업가와 경영자들이 바른 가치관을 정립하고 사람이 기업의 가장 중요한 자산임을 인식함으로써 구성원의 동기유발을 위해 인간 중심의 기업문화가 필요하다는 데 공감하여, 연구원 창설에 많은 도움을 주었고 회장단으로 참여해 주었다.

드디어 1974년 서울 충무로 4가 허름한 적산가옥에 〈한국인간개발연구원〉이란 현판을 내걸었다. 당시 국내는 정치, 경제, 사회 등 어느 분야를 막론하고 열악한 상황이었지만 나는 솟구치는 의욕으로 일을 서둘렀다.

그러나 당시 연구원 운영에 앞서 내게는 피할 수 없는 짐이 지워져 있었다. 바로 한국CBMC 총무라는 직책이었다. 연구원 일은 다소 미뤄서 시작할 수도 있지만 CBMC는 1952년에 조직된 이래 겨우 명맥을 유지하고 있었을 뿐 조직화가 절실히 필요한 시기여서, 지금까지 조금이나마 쌓아놓은 기반조차 무너질 상황이었다. 세계CBMC 대회에서 받은 감동과 열정으로 연구원의 조그만 사무실에 〈한국기독실업인회한국CBMC〉라는 또 하나의 현판을 내건 나는 CBMC의 전국 조직화를 위해 먼저 전국대회 개최를 추진했다. 회장단에서 회사 직원들을 자원봉사자로 보내주어서 "네 시작은 미약하였으나 네 나중은 심히 창대하리라."는 구약성경 욥기 말씀을 곱씹으며 열심히 준비해 행사를 성공적으로 마쳤다.

당시 이한빈 숭실대 총장과 이기호 연세대 교수, 정한택 서울대 심리학과 교수를 강사로 초빙하여 나름대로 성공을 거뒀고, 이것이 밑알이 돼 한국CBMC는 올해로 제44차 대회를 치르고 대회 참가자가 3,000여 명이나 되니 감개무량하지 않을 수 없다. 오늘날 한국CBMC는 국내 300여 개 지회와 해외 137개 지회를 통해 7,500명이 활동하는 평신도 선교단체가 되었다.

나는 연구원 일을 서서히 준비하면서 CBMC 조직이 어느 정도 자리 잡혔다고 생각되어 CBMC 총무직을 내놓았다. CBMC는 YMCA 건물로 이전했고 마침내 나는 인간개발연구원에만 전념할 수 있게 되었다.

어느 누구든 일생을 살면서 고난과 역경을 피해 가긴 어려울 것이다. 나 역시 80년의 인생을 돌이켜보면 '참으로 굴곡이 많았구나.' 하는 생각을 떨치지 못한다. 주위 사람들은 흔히 날더러 "장회장은 참 복이 많은 사람이오."라는 말들을 한다. 물론 이 말을 부인하지 않는다.

우등생으로만 학창시절을 보냈고, 비교적 젊은 나이에 대학교수 생활도 했으며, 한때는 많은 돈도 벌어보았으니 말이다. 특히

〈인간개발연구원〉이라는 단체를 만들어 한국의 경제발전을 이룩하는 데 주역을 맡은 한국의 존경하는 기업인들의 후한 사랑과 지원을 받으며 지금까지 끈질기게 운영하고 있으니 얼마나 복된 인생인가.

그러나 그 이면에는 형용하기 어려울 만큼 많은 시련을 겪어낸 생채기들이 고스란히 남아 있다. 다만 "나도 이렇게 고생했어요." 하며 내세울 필요를 느끼지 못할 뿐이다. 하나님을 믿는 사람으로서의 겸손이라는 생각도 있고 그 시련들이 하나님이 내게 주신 것이라는 생각이 들 때면 더욱 소중히 간직해 두고 싶다.

나의 인생은 자연의 날씨와 비슷했다. 따사로운 봄날 같은 시절이 있었는가 하면 눈비가 올 때처럼 궂고 우울한 시절도 있었다. 또 몇 차례는 천둥 번개에 강풍이 휘몰아치는 것처럼 험난한 때도 있었다. 그런 가운데서도 내 곁에는 항상 하나님이 계셨다. 큰 일 작은 일 할 것 없이 내가 어려움을 겪을 때면 언제나 곁에서 지켜주셨다.

어린 시절 원인을 알 수 없는 전신마비가 왔을 때, 교통사고로 온몸이 만신창이가 되었을 때, 하나님의 은혜가 아니었던들 오늘의 나를 상상이나 할 수 있겠는가. 특히 장년 이후 내 인생을 송두리째 점하고 있는 인간개발원의 설립과 운영 과정에서는 기독교 신앙이 중심축 역할을 했다. 예수님이야말로 인간경영의 완전한 표본이었던 것이다.

예수님은 효과적이고도 명료한 목적을 설정하였고 열두 제자를 양성하였으며 70인의 조직으로 대중을 영도하였고 그들 모두에게 동기를 부여하는 데 성공하였다. 모든 일을 혼자서 하려 하지 않았으며 견디기 어려운 시험을 당하였지만 혹독한 자기훈련으로 그 모든 것을 극복하기도 했다. 또 세계사의 어떤 위대한 지도자에게서도 찾아볼 수 없는 완전무결한 자기훈련, 자기희생, 인간경영, 위기관리의 이상을 보여주었다.

그러다 보니 내 인생에서 가장 잘한 일을 말하라면 주저 없이 하나님을 믿게 된 것이라고 말할 수밖에 없다. 그분의 가없는 은총을 받은 점도 그렇지만 그분이 독생자인 예수 그리스도를 내려보내 사람이 사는 방법에서부터 시작해 인간개발, 인간경영 등을 알려주신 것을 생각하면 저절로 감사의 기도가 나오게 된다. 내가 기독교를 믿지 않고 예수님의 신앙과 행적을 알지 못했다면 인간개발연구원을 설립할 엄두도 내지 못했을 것이다. 예수님의 뜻에 충실하고 예수님의 정신을 잘 정리하고 예수님께 기도하면 반드시 이루어주실 것이라는 신념이 인간개발연구원을 버텨준 기둥이었다. 종교가 무엇인지 알지도 못한 어린 시절부터 시작된 신앙생활이 80세에 이른 오늘까지 나의 삶을 이끌고 있다고 확신하고 있다.

책은 나의
창조적인 협력자

나는 서가에 꽂혀 있는 책의 제목을 훑어보는 것만으로도 마음이 넉넉해진다. 내 사무실에서 제일 먼저 눈에 들어오는 건 폴 마이어의 사진이다. 책장 가운데에서 환한 웃음으로 나를 바라보고 있다. 안타깝게도 고인이 되었지만 나와는 40년 우정을 키워온 각별한 사이였다.

책을 통하면 내가 일일이 찾아다니지 않아도 훌륭한 저자들을 만나볼 수 있다. 그러면서 나의 부족한 점을 채워 나가는 것이다. 책은 나에게 창조적인 협력자들이다. 그 곁에 앉아 있으면 마음이 한없이 든든하다.

이 중에서도 내가 1972년 명지대학교 교수 시절 읽었던 피터 드러커의 『단절의 시대』는 나에게 상당한 도움을 주었다. 나는 책의 첫 장부터 마지막 장까지 생각이 날 때마다 **빽빽**하게 글을 적어 놓는다. 페이지마다 정성스럽게 밑줄을 치고 메모를 한다.

독서를 하다가 떠오르는 아이디어가 있으면 따로 노트에 적어 놓는다. 길을 걸을 때도, 엘리베이터를 기다릴 때도, 사무실에 앉아 차를 마실 때도, 식사를 할 때도 나는 늘 생각하고 그것들을 적어 놓는다. 그래서 나의 노트에는 마음에 새겨둔 명구들과 인간개발연구원에 필요한 아이디어들이 넘친다. 이것들은 내가 앞으로 해 나가야 할 일들의 목록이기도 하다. 이 노트들은 나에게 중요한 책과 다름없다. 아직 출판되지 않은 따끈한 책인 셈이다.

나는 학창시절에도 그랬지만, 인간개발연구원을 시작한 이후부터는 더 많은 책을 읽었다. 연구원을 시작하자마자 서울경제신문에 〈인간경영〉이라는 타이틀로 일주일에 두 번씩 칼럼을 쓰게 되었다. 1년 동안 진행된 칼럼은 사람에 대한 존중과 존엄성은 물론 경영자들이 어떻게 사람경영을 해야 하는가에 대한 내용이 주를 이루었다.

더군다나 일주일마다 열리는 인간개발경영자연구회 조찬모임에 초빙할 강사에 대해서도 깊이 알아야 했기 때문에 그들에 관한 자료도 모두 읽고 숙지해야 했다. 물론 43년이 지난 지금까지도 강사 한 분 한 분에 대해 깊이 알려는 관심과 공부는 계속되고 있다.

강사들과 대화를 하려면 관련된 책들을 모두 읽어야 했다. 무엇을 전공했는지, 책을 썼다면 "책 잘 읽었습니다." 칼럼을 썼다면

"칼럼 내용이 무척 좋았습니다."라고 이야기하면서 왜 당신을 초청하고 싶은지를 설명해야 했기 때문이다.

사실 나는 수많은 사람들과 만나오면서 대화할 때 내 이야기는 많이 하지 않는 편이다. 인간관계를 개선하는 방법 중에 제일 좋은 방법은 남의 이야기를 잘 들어주는 것이라고 생각한다.

먼저 상대의 말을 경청한다. 그의 말에 "아, 그렇습니까?" 하고 공감해 주고 내가 하고 싶은 말은 맨 마지막에 가서 하면 된다.

그런데 무엇보다 상대방이 하는 이야기를 다 알아들으려면 공부를 해야 한다. 독서를 해야 하는 것이다. 독서는 나를 보다 넓고 깊게 만들 수 있는 지름길이다.

내가 수많은 책들을 읽는 와중에도 매일 아침 기상하자마자 빼놓지 않고 정독하는 책이 있다. 바로 성경이다. 인간개발연구원을 설립하고 운영하면서 예수 그리스도의 삶과 가르침은 나에게 중심축 역할을 했다.

나에게 책은 인생의 안내자이지만 그중에서도 가장 기본적인 책은 성경이다. 성경을 기독교의 경전이 아닌 살아 있는 인간의 역사로 보면 인간경영의 완전한 표본을 예수에게서 찾을 수 있기 때문이다.

내가 아끼는 책들을 보면 모두 '인간'을 중심으로 한 내용이 주를 이룬다. 인간개발연구원의 기본철학이 된 세계적인 사업가 폴 마이어, 인간의 무한한 가능성을 믿은 의학자이자 생물학자 알렉시스 카렐. 이들 모두 '사람'을 이야기하고 있다. 제임스 알렌의 『생각한 대로 된다』, 사무엘 스마일스의 『자조론』, 『인격론』이 그 대표적 서적이다.

꿈은 이루어진다는 나의 믿음은 막연한 신앙에서 온 것이 아니다. 이런 수많은 책들을 읽으면서 정리한 나의 투철한 신념인 것이다.

책은 나에게 창조적인 협력자들이다. 그 곁에 앉아 있으면 마음이 한없이 든든하다.

제2장

인간개발연구원
Better People Better World

나에게 인간개발연구원은 경영자, 정치인, 학자 등
다양한 분야의 지도자들과의 소중한 인연을 만들어 주었다.
코리아나화장품 유상옥 회장과 함께 코리아나화장품을
창업하고 성공적인 기업으로 일군 것도,
한양대 수학과 교수로 계시던 김용운 선생을 만나 함께
의기투합해 수학학습지를 만들게 된 것도
모두 인간개발연구원과의 만남에서 시작되었다.

– 웅진그룹 윤석금 회장

얼마 전에 친구 네 명이 사중창 메들리를 부른 적이 있다. 열심
히 연습을 하였지만 소리가 별로라는 느낌을 지울 수 없었다.
체면을 생각해서 지적을 자제하던 지도 선생님이
마침내 한마디 하고 말았다.
"여러분은 다른 사람의 소리를 들으면서 불러야 합니다.
옆 사람의 소리가 들려야 합니다.
동료를 믿고 1/4만 책임지려고 하십시오."
우리는 소리가 확연히 달라짐을 느낄 수 있었다.
중창의 이치는 사람 사는 세상의 그것이다. 인간개발연구원은
우리에게 이러한 이치를 가르쳐준 지휘자이다.
더욱더 훌륭한 지휘자가 되기를 축원한다.

– 홍석우 제4대 지식경제부 장관

한 시대의 변화나 창조라고 하는 것은 회고해 보면
작은 것에서 시작됩니다. 한국에 조찬문화,
조찬연구문화라는 것이 생겨난 효시가 바로
인간개발연구원이고 그것도 바쁜 CEO들이 아침에 모여서
연구하고 토론하는 조찬연구모임이라고 하는 한국 역사상에
새로운 문화 장르를 만들었다고 하는 데서 장만기 회장의
창조성이 있다고 생각합니다.
우리는 이제 각 분야에서 큰 성공을 했습니다.
이제는 어떻게 그런 능력들을 통합해서 이 나라 이 사회공동체를
미래지향으로 만들 것인지가 큰 과제입니다. 그런 점에서는
앞으로 인간개발연구원이 한국의 '인격개발연구원'으로
비상하시길 간절히 바랍니다.

– 김진현 세계평화포럼 이사장, 전 3대 과학기술처 장관

장만기 회장님은 '좋은 사람이 좋은 세상을 만든다.'는 철학으로
43년간 인간개발연구원을 키워 왔으며 세상을 바꾸어 왔습니다.
도산 안창호 선생은 '기회는 기다리는 사람에게 잡히지 않는다.
우리는 기회를 기다리는 사람이 되기 전에 기회를 얻을 수 있는
실력을 갖춰야 한다.'고 실력양성론을 주창했습니다.
좋은 기업과 좋은 기업인의 실력을 통해 사회발전을 이룬다는
장만기 회장님의 평생의 꿈이 더욱 크게 피어나기를 기원합니다.

– 장태평 제58대 농림수산식품부 장관

'인간경영'은
성경에서 출발했다

    나는 많은 사람이 회고록이나 자서전 등에서 자신들의 인생을 몇 개의 시기로 구분하는 것을 보아왔다. 나 같은 사람이야 감히 그런 거창한 것을 쓸 엄두도 못 내고 있지만 이번 책을 쓰면서 내게도 인간개발연구원^{HDI: Human Development Institute}을 운영하기 전과 연구원 운영 이후로 뚜렷한 경계선이 있다는 생각을 했다. 하나님이 역사하고 주관하신 내 인생은 역경^{逆境}과 순경^{順境}이 끊임없이 교차하면서 이어져 왔다. 그런 가운데서도 운동경기에서 전반전과 후반전이 있듯이 내 인생의 두 시기가 너무도 확연히 구분됨을 새롭게 느꼈다. 이런 맥락에서 볼 때 지금까지 말해 온 것이 인생의 전반전이었다면 지금부터는 후반전에 들어간다. 그런데 이 시점부터는 조심스러움이 앞선다. 전반전에선 지극히 사적인 줄거리를 듬성듬성 말하면서 별 부담을 못 느꼈지만, 후반전에는 작고했거나 생존한 숱한 인물들과의 연관 속에서 이야기를 진행할 수밖에 없기 때문이다. 거기다 후반전은 현재진행형이기도 하다. 내게 있어 인간개발연구원은 천명天命이자 숙명宿命이 아닌가 한다. 언제인지 모르게 인간의 문제에 대한 탐구심이 발동한 이후부터 그 문제는 항상 내 머릿속의 한 부분을 차지하고 내 생활을 지배해 온 것이다. "경영자 계발을 위한 성취동기에 관한 연구"를 석사학위 논문 소재로 택한 것에서부터 폴 마이어의 저서에 충격을 받고 미국 텍사스 웨이코까지 가서 그를 만난 일, 'KMI'라는 회사 운영에서 사람의 문제를 절감한 일, 개념조차 생소한 '인간개발'이란 낱말을 떠올린 일, 쫓기듯이 연구원을 설립하고 이후 잠시도 쉬지 않고 연구모임을 열어온 과정 등 모든 것이 하나님의 명령이 아니고서야 이루어질 수 없는 일들이다. 특히 주간 '인간개발경영자연구회' 모임은 1979년 12·12사태 당일에도 열리는 등 긴박하고 위급한 상황에서도 한 번도 거르지 않고 40여 년 동안 유지해 왔다. 그래서 조찬모임이 인간개발연구원의 트레이드마크가 된 것이다. 모임 때마다 내가 직접 강연자와 주제를 선정하고 토의를 진행했다. 개인으로서 정말 큰 보람이 아닐 수 없다.

기업가와 경영자들을 중심으로 해서 조찬회를 시작한 것이 연구원의 출발이었다. 1975년 2월 5일에 처음으로 30명 정도가 모여서 서울대 오상락 교수, 정양은 사회심리학 박사, 기업인 박은회 사장 세 분을 강사로 모셔서 조찬모임을 시작하였다. 이후 강사로 참석한 분들은 한국 현대사의 주역들이었다. 대통령, 국무총리,

장관, 대학총장, 기업인 등 유명 인사들이 다 거쳐 갔다고 해도 과언이 아니다.

연구원의 역사 중 빼놓을 수 없는 것은 1987년부터 개최된 '전국경영자세미나'와 32년째 제주도에서 개최하고 있는 '제주하계포럼'이다. 전국경영자세미나가 처음으로 열렸던 87년은 전두환 대통령 시절이었는데 시대상황이 암울할 때였다. 그때는 남덕우 총리, 정주영 회장, 손정의 회장^{일본 소프트뱅크}이 강사로 초빙되었다. 전국경영자세미나는 아쉽게도 IMF 때 접게 되었지만 제주하계포럼은 지금도 그 명맥을 유지하고 있다.

지방자치 아카데미인 '장성아카데미'도 언급하지 않을 수 없다. 1995년 시작하여 2017년 6월에 1,000회를 기록하면서 22년 동안 계속되고 있는 장성아카데미는 지방자치 시대를 연 연구원의 엄청난 과업이라 할 수 있다.

그 외에도 연구회의 업적은 굉장히 많다. 자랑 같아 일일이 열거하기가 쑥스럽지만 지금까지의 참석자들 면면만 봐도 그 무게와 영향력을 짐작할 수 있다. 경제계는 말할 것도 없고 학계, 정계, 관계, 언론계, 종교계, 문화계 등 각계의 숱한 비중 있는 지도자들이 이 모임을 거쳐 갔다. 단적인 예로 1980년 정치적으로 아주 민감했던 시기에 김대중, 김영삼, 김종필 씨 등 이른바 3김 씨가 차례로 나와 자신의 정치적 포부를 밝혔다. 또 한때 전설적인 기업 경영자로 여겨졌던 현대와 대우그룹의 설립자 정주영, 김우중 씨를 비롯한 많은 기업인도 이 모임에 나와 자신들의 인생관과 국가관, 기업관 등을 토로하기도 했다. 만약 공정성이 결여됐거나 중량감을 인정받지 못했다면 이런 분들이 연구회에 나오기나 했겠는가. 더구나 지금까지 이어지면서 한 주도 거른 적이 없다는 것이, 나를 비롯한 연구원 관계자들의 열성과 노력은 차치하고서라도, 충분한 명분이 있었다는 반증이 아니겠는가. 나는 2001년 제11대 회장으로 취임했지만 그 이전에는 1975년 설립 때부터 줄곧 원장으로서 일선 실무를 총지휘했다.

내 이전에는 박동묘 전 농림부장관^{초대}, 주원 전 건교부장관^{2~4대}, 최형섭 전 과기처장관^{5대}, 이한빈 전 부총리^{6대}, 이규호 전 문교부장관^{7대}, 최창락 전 동자부장관^{8~10대} 등이 회장으로 재임했다. 조순 전 부총리는 2001년부터 명예회장을 맡아 지금에 이르고 있다. 현재 연구원의 주요 사업은 연구회 운영 외에 밀레니엄 경영자포럼, 지방자치아카데미, 자기주도 리더십프로그램^{LMI}, 인재개발연수프로그램, 글로벌 코리안 네트워크 등이다. 최근에는 2000협동 인구지원사업 특별정책과제 연구계획을 세워 연구해 나가고 있다. 나는 인간개발연구원 회장으로 취임함에 따라 원장을 외부에서 영입했다. 2대 원장 정진호 박사^{전 경쟁력평가원 원장}, 3대 원장 양병무 박사^{전 경총 노동경제연구원 부원장}, 4대 원장 권기식 국장^{전 청와대 국정상황실 국장} 이 수고해 주었다. 현재 한영섭 5대 원장은 전경련 국제경영원 부원장을 역임하고 2014년에 취임하여 오늘에 이르고 있다.

나는 매일 아침 눈을 뜨면 가장 먼저 하나님께 기도를 드린다. 잠자리에서 일어나 정신을 가다듬은 다음 조용히 두 손을 모으고 눈을 감는다. 그리고 경건한 마음으로 하나님을 찾는다. 오늘 하루도 하나님과 함께하면서 그분의 뜻에 합당하게끔 지낼 수 있도록 간구한다. 그래야만 평온한 상태에서 하루 일과를 시작할 수 있다.

1974~1975년 인간개발연구원 설립 당시 나는 참으로 많은 기도를 했다. 그때 내가 하고자 한 일이 그만큼 중요했기 때문일 것이다. 그 기도 덕분에 연구원이 탄생했고 지금까지 많은 어려움이 있었지만 40여 년 동안 지속해서 운영되고 있지 않았나 하는 생각을 한다. 같은 사무실을 쓰던 한국CBMC가 YMCA건물로 이사한 뒤 나는 본격적으로 인간개발연구원 일에 몰두했다.

그러나 막상 어떻게 일을 풀어나가야 할지 난감했다. 그리고 무슨 일이라도 하려면 인력이 있어야 하는데 내 옆에는 오직 한 사람밖에 없었다. 밖에선 동료이자 든든한 조력자였고 집에서는 아내였던 엄경애 씨가 유일한 직원이었다. 아내의 인간개발에 대한 이해와 헌신이 없었다면 이 열악한 상황에서 사업을 지금까지 이어오지 못했을 것이다. 훗날 아내는 연구원의 수익사업인 LMI의 대표직을 맡아 역할을 무리 없이 해주었다. 그저 고마울 따름이다.

연구원 일을 하기 위해선 내 발로 여기저기 뛰는 수밖에 없었다. 내가 분주히 뛰어다니자 고맙게도 뜻있는 분들이 관심을 보여주었다. 하나님의 배려였다. 대학교육연합회 회장과 성균관대 총장을 역임한 박동묘 전 농림부장관을 회장으로 추대하고 이규호 전 문교부장관을 비롯해 정한택 서울대 교수, 정수창 OB그룹 회장, 조권순 유한양행 사장, 박승찬 금성사^{현 LG전자} 사장, 김연규 중소기협중앙회 회장, 박은회 대한재보험 사장 등 여러분들을 임원으로 추대, 연구원의 골격을 짰다.

그런데 연구원은 출발부터 쉽지 않았다. 문교부 사회교육과 산하 공익법인으로 등록하려고 했으나 벽에 부딪혔다. 당시 문교부에선 모 그룹의 문화재단 탈세사건으로 모든 공익 법인체의 인허가를 모두 금지해 놓은 상태였다. 그리하여 1976년 5월 19일 과학기술처로부터 사단법인 인가를 받아 비영리 민간연구소로 활동을 시작했다. 당시 과기처장관은 최형섭 박사였는데 훗날 관직에서 물러난 뒤 연구원 회장으로 모시게 되었고 7년 동안이나 수고해 주었다. 다음 순서는 연구원 설립의 모델이 된 폴 마이어의 LMI의 교육 프로그램을 어떻게 도입하느냐가 문제로 대두됐다. 이한빈 숭실대 총장을 비롯하여 서울대 정한택, 정양은 교수 등은 이 프로그램의 가치와 사업화 가능성에 대해 충분히 인정을 해주었다.

하지만 그 당시에는 미국 LMI 본사가 프로그램 번역을 동의해 주지 않았기 때문에 영어로 된 프로그램에 인당 50만 원 정도의 거금을 투자할 만한 기업체를 찾기가 쉽지 않았다. 그럼에도 불구하고 정수창 두산그룹 회장, 박승찬 금성사 사장, 박은회 재보험공사 사장, 김영주 한전 사장 외 100여 분의 기업인들이 고액의 교육비를 지급하고 스스로 프로그램을 사용하여 프로그램의 효과와 가치를 검증해 주었다. 어쩔 수 없이 LMI 프로그램 도입을 뒤로 미룬 나는 한국식 인재육성 방법을 연구하기로 했다. 당시 내 머릿속에는 온통 '하나님'과 '인간개발'뿐이었다. 눈만 뜨면 '인간개발'에 대한 숙제를 풀기 위해 머리를 싸매고 하루에도 몇 번씩 간절한 기도를 드렸다. "하나님, 하나님의 형상대로 지으신 우리 인간은 하나님께서 주신 능력들이 내면에 엄청나게 쌓여 있는데 그것을 활용하지 못하고 있습니다. 그래서 제가 지금 인간개발을 하나님께서 주신 소명으로 여기고 매달리려 합니다. '할 수 있거든 이 무슨 말이냐, 믿는 자에게는 능히 하지 못할 일이 없느니라.'고 말씀하신 하나님, 저를 도와주십시오."

지금도 당시 기도했던 내용이 생생하게 기억난다. 하나님 역시 나의 기도를 외면치 않으셨다. '사람들은 누구나 성공한 사람들의 이야기를 듣고 싶어 한다.'는 것과 기독교계에서 보편화된 새벽기도회 방식이 언뜻 뇌리를 스친 것이다. 나는 무릎을 치면서 하나님께 감사기도를 올렸다. 그러고는 '인간개발경영자조찬회'를 구상하고 실행에 들어갔다.

잊을 수 없는 첫
인간개발경영자 조찬회

1975년 2월 5일은 잊을 수 없는 날이다. 인간개발연구원의 첫 작품이 나왔다. 기독교의 조찬기도회 방식을 빌린 '인간개발경영자조찬회'의 첫 번째 모임이 이뤄진 것이다. 산업심리학 및 인간의 심성과 잠재력 개발에 눈을 뜨게 해준 서울대 문리대 심리학과 정양은 교수와 서울대 경영대학원 마케팅 오상락 교수, 대한재보험 대표 박은회 박사 등 세 분을 강사로 초청해 조선호텔에서 이뤄진 제1회 인간개발경영자연구회는 기업인과 학자 등 불과 30여 명만으로 단출하게 진행됐다. 막상 모임을 끝내고 나니 만감이 교차했다. 나는 오늘의 이 모임을 출발점으로 해서 연구원을 더 크게 성장시키고 사회와 나라에 선한 영향력을 미쳐 많은 기여를 하리라고 다짐했다.

곧이어 2회, 3회로 이어지면서 모임의 내용과 규모가 눈에 띄

게 향상됐다. 도대체 인간개발이 뭔가 하며 의아해하던 사람들도 제대로 개념을 정리하고는 '정말 유익하다.'며 격려를 해줬다. 실제로 연구원 간판을 보았다는 사람들로부터 "인간개발이 도대체 뭐냐?"고 물어오는 사람이 있는가 하면 "인간개발이 아니라 인력개발로 해야 하는 것 아니냐?"는 전화가 걸려오기도 했다. 나는 이런 일이 있을 때마다 '보다 많은 기업인에게 인간개발에 대한 인식을 새롭게 해주고 이들의 경영에 도움을 주어야겠다.'는 다짐을 했다.

월례 인간개발경영자조찬회 개설

이런 일들은 또 나에게 좋은 자극제가 되었다. 연구원 운영도 운영이지만 이론적인 무장이 필요할 듯해서 많은 자료를 챙기고 공부를 했다. 특히 '인간개발'의 실천적인 방법론을 개발해 지금도 세계적인 교육 전문기업으로 성장한 폴 마이어의 이론과 기법을 꼼꼼하게 챙겼다.

그렇다면 왜 인간개발연구원인가? 하버드대학 심리학 교수인 데이비드 맥크릴랜드 박사는 "인간개발의 과제는 첫째, 세계평화에 기여하는 것이고, 둘째, 휴머니티를 회복하고 성숙시키는 것이고, 셋째, 빈곤한 나라를 경제적 부국으로 만드는 것이고, 넷째, 인간의 행복을 추구하는 것이다."라고 했다. 이러한 인간개발을 기업인을 대상으로 시작한 것이다.

인간개발이란 다시 말하면 '좋은 사람 만들기 운동'이라고도 할 수 있다. 그러기 위해서는 자기 자신부터 좋은 사람이 되어야 한다. 인간은 때때로 천사도 되고 악마도 되지만 그 잠재력을 개발해 줌으로써 인간의 가능성에 도전하는 것이다.

연구원을 관통하는 기본정신을 설명하는 데는 폴 마이어 회장을 설명하는 것이 가장 적합할 것 같다. 독실한 크리스천인 폴 마이어는 리더십Leadership, 성공Success, 동기부여Motivation 등 자기개발의 실천적인 방법을 제시함으로써 인재개발에 헌신하고 있는 인간교육의 선구자이다. 60년대 미국에서 LMI와 함께 SMISuccess Motivation Institute를 설립, 인간의 잠재력 개발과 목표 성취를 위한 체계적인 훈련 프로그램을 창안하여 성공을 거두었다. '목표 설정을 통해 성공에 이른다.'는 원리를 세일즈 분야에 적용, 20대에 백만장자가 된 그는 교육을 비롯해 다양한 분야에서 40여 개 회사를 경영하고 있는 성공한 기업가이다. 특히 수익의 50%를 사회에 환원한다는 약속을 평생 지키고 있는 그의 성공은 성경의 '청지기 의식'에 기반을 두고 있다.

그의 인간교육에 대한 명쾌한 이론과 신념뿐만 아니라 그의 깊은 신앙심은 나에게 너무나 좋은 본보기이다. 그가 늘 인용하는 "선인은 그 산업을 자자손손에게 끼쳐도 죄인의 재물은 의인을 위하여 쌓이느니라^{잠 13:22}."는 말씀은 내게도 똑같이 신앙과 철학으로 적용되고 있다.

하나님은 자신을 믿고 따르는 자를 절대로 방치하지 않는다는 것을 인간개발연구원을 설립하고 얼마 안 되어 확인할 수 있었다. 나의 진지한 기도를 받아들인 하나님은 짧은 시간에 연구원이 어느 정도 자리를 잡도록 응답해 주셨다. 나 또한 하나님의 도움을 받아들이며 지성으로 노력했다. 인간개발경영자 조찬회에서 다룰 주제를 선정하기 위해 모든 국내 간행물들을 탐독하고 훌륭한 강사를 모시기 위해 숨이 차도록 뛰었다. 설립 1년도 채 되지 않아 연구원은 당시 주요 일간신문에 소개되는 등 사회의 주목을 받는 기관으로 부각됐다. 덕분에 충무로의 허름한 사무실에서 광화문 대경빌딩^{현 교보빌딩 자리}으로 이전, '광화문 시대'를 열게 됐다. 이때 미국문화원은 연구원의 비전과 활동을 알고는 폴 마이어의 LMI 프로그램에 대한 설명회를 여는 데 도움을 줬다. 이 프로그램도 단번에 언론보도를 타면서 연구원과 함께 크게 주목을 받았다. 동시에 나 개인과 연구원이 획기적으로 부각되는 기회를 맞았다. 1976년 현대경제일보^{현 한국경제신문}에서 '인간자산개발 지상 캠페인'을 벌이자는 제안을 해 왔다. 매주 1면씩을 할애해 1년간에 걸쳐 진행된 이 캠페인에는 남덕우 부총리가 직접 휘호를 써줬고, 심의환 상공부차관을 비롯한 많은 필진이 동참, 국가 경제발전의 핵심요소인 인간개발 과제가 거국적으로 관심을 환기시키는 계기를 마련했다. 나는 인적자원개발 캠페인의 공로로 남덕우 부총리로부터 감사패를 받기도 했다. 그 연장선상에서 당시 박정희 대통령이 정열적으로 추진하던 '새마을운동' 간부 교육과 제4차 경제개발5개년계획 자문위원으로 활동했다.

그러자 다음해인 1977년 서울경제신문 권혁승 편집국장이 칼럼을 게재하자고 제안했다. 언론에 순수한 나의 생각을 주 2회씩이나 연재한다는 것이 여간 부담스럽지 않았다. 그런데 그 연재가 무려 1년 1개월 동안 101회나 이어졌다. 지금도 당시를 회상하면 가슴이 뿌듯해진다. 끊임없이 걸려오는 격려전화 등 폭발적인 독자들의 반응이 귀찮을 정도였다. 간혹 개인사정으로 한 회라도 건너뛰면 신문사와 연구원 사무실로 문의가 빗발쳤다.

칼럼이 연재되던 중엔 이런 일화가 있었다. 금융계 지도자였던

김진형^{전 한국은행 총재} 국제금융공사 회장이 전화를 걸어와 식사를 하
자고 해 만났다. 이분은 내 칼럼에 대해 칭찬을 하고는 "공사 직원
들이 최상의 대우를 받고 있음에도 불평이 많다."며 안타깝게 생
각했다. 그때 나는 매슬로의 인간욕구 5단계론에 "사람은 빵만으
로 살 수 없다."는 성경말씀을 곁들여 설명했다. 그러자 그분은 "정
말 그렇겠군요." 하며 공감해 주었다.

또 한 번의 시련

초창기 경영자조찬회의 주된 관심사는 산학협동과 상호교류였다. 기업인과 학계 전문가 사이에 토론과 대화의 장을 만들고 상호 이해의 폭을 넓히는 데 주안점을 뒀다. 그리고 이 의도는 크게 주효했다. 그러자 기업계는 물론 정부 책임자들의 동참도 속속 이어졌다. 이러다 보니 일의 범위가 자연스럽게 넓어졌다. 1979년 인재육성에 초점을 맞춘 '목요 인간개발연구회'를 만들었다. 이어 다음 해엔 두 연구회를 명실상부한 최고의 연구모임으로 만들기 위해 주간 '인간개발경영자연구회'라는 하나의 모임으로 통합, 오늘에 이르고 있다. 이때부터 비로소 재계·학계·정계를 비롯해 모든 분야를 아우르는 종합 세미나, 요즈음으로 말하자면 인문학 융합 프로그램으로 거듭나게 됐다.

또, 이는 갈수록 강력한 휴먼 네트워크를 구축할 수 있게 해줬다.

연구회 강사를 거친 이들이 끊임없이 장관으로 기용되자 연구원은 '장관 산실'이란 기분 좋은 별명까지 얻었다. 반면 유명 인사들을 상대로 '밥장사'를 한다는 이상한 말에 실소를 금치 못하기도 했다.

인간개발연구원이 자리를 잡아가던 1970년대 후반부 내 인생에는 또 한 번 요동이 일었다. 연구회에 노동청장, 공업진흥청장 등 정부의 고위공직자들이 많이 참석하고 있을 때였다.

당시는 제3차 경제개발5개년계획이 한창 진행 중이던 때로, '수출만이 살길'이라는 슬로건 아래 성장만을 목표로 저임금과 열악한 노동환경 등으로 노동운동이 고개를 내밀 때였다. 여기저기서 노동조합이 결성됐고 이에 따라 억압과 감시가 심했다.

이렇게 노사문제가 새로운 사회문제로 대두되던 시대상황에서 그 대안 마련에 부심하던 노동청과 연구원이 함께 기획한 것이 '최고경영자를 위한 노사협조 세미나'였다. 이 세미나는 100인 이상이 근무하는 기업의 경영자들을 대상으로 서울, 부산, 대구, 광주, 전주, 대전 등 전국 6대 도시에서 25회에 걸쳐 실시되었으며 총 3,092명 기업인과 경영자가 교육과정을 수료하였다.

전국경제인연합회, 한국경영자총협회, 한국무역협회, 중소기업중앙회 등 경제 4단체 후원으로 노동청이 주최하고 연구원이 주관하여 시작된 세미나는 금세 선풍을 일으켰다. 참가자들이 참가하기 전에는 억지로 참가하면서 불만스러워 했지만 끝나고 나서는 진심으로 도움이 되었다고 격려해 주었다. 정부뿐만 아니라 기업인들에게 노사문제 해결의 실마리를 제공했다는 좋은 평가를 받았다.

세미나가 끝나고 그 세미나에서 발표된 내용을 책으로 발간해 참가자와 관련자들에게 배포하고 나니 실제로는 적자가 났다. 진실로 사심 없이 최선을 다했다. 정부에서는 표창 계획을 알려주며 경영자뿐만 아니라 노동 실무자들도 참여할 수 있는 교육 프로그램으로 확대하자는 뜻까지 전해 왔다. 이러다 보니 적자가 났지만 힘이 났다.

새로운 교육 프로그램 구상에 몰두하고 있던 어느 날, 갑자기 치안본부 특수수사대라고 자기들을 소개한 건장한 남자 10여 명이 직원들의 출입을 통제하고 연구원 주요 서류들을 싸기 시작했다. 그러고는 직원도 많지 않았는데 부장 외에 대부분의 직원들을 모두 각각의 차에 태우고 어딘가로 향했다. 도착한 곳은 나중에 알고 보니 코리아나 호텔 건너편에 있는 간판도 없는 수사 전용 단독건물이었다. 몇 층 건물이었는지는 모르겠지만 상당히 유명한 기업들이 한 층에 한 팀씩 수사를 받고 있었다.

우리 층에서는 칸막이가 된 각 방에 한 명씩 대기시켜 놓고, 수사관들이 회의용 테이블에 서류를 펼쳐놓고 검사하기 시작했다. 우리가 2박 3일 있는 동안 연구원 은행거래 내역을 다 가져와 거기에 나오는 큰 거래처 사람들과 노동청 차장 등 공무원이 모두

소환되어 수사를 받는 것이었다. 그러나 특별한 범죄가 될 만한 것은 없었는지 "왜 공무원에게 강사비를 지급했느냐? 유류대를 지급했느냐?" 내지는 지방에 갔을 때 실제로 수고하는 노동청 공무원에게 지급한 접대비 정도가 지적사항이었다.

우리는 감출 게 없었지만 그들이 이미 관련 자료를 낱낱이 조사했기 때문에 있는 그대로 다 말할 필요도 없었다. 그러자 수사관들이 굉장히 우호적이 되었다. 수사팀장은 오히려 "그렇게 열심히 일하고 적자가 나면 조직을 어떻게 운영하느냐? 왜 이렇게 힘든 일을 하느냐?"라고 위로하기까지 했다. 뒤에 알았지만 한창 서정쇄신 바람이 강하게 불었던 때라 당시 수사대는 이 정도로 큰 규모의 행사를 하면 뭔가 공무원과 뒷거래가 있었을 것이라는 추측으로 우리를 수사하게 되었던 것이다. 거기다 표창 상신上申까지 돼 있는 것을 보고 '뒷거래'의 심증을 굳혔다고 한다.

그러나 나에게는 확실한 소신이 하나 있었다. '공무원에게는 뇌물을 주어서는 안 된다. 그보다는 하는 일을 더 창의적으로 해서 재직기간에 그 성과가 드러나게 하는 것이 훨씬 멋있게 돕는 길'이라고 생각했던 것이다.

이후 아무리 조사해도 별다른 혐의가 없음을 확인한 수사관들과 매우 친해지고 우호적인 분위기가 되었다. 그런데도 새벽 1시쯤 수사 마무리 단계에서 결코 연구원에 불리하게 하지는 않는다고 하면서, 진술서를 불러주는 대로 받아 적으라고 했다. 결국 일선 노동사무소 직원들의 식사비, 강사비, 유류비 등으로 지출된 2,000여 만 원을 보존하겠다는 진술서를 쓰게 되었고 이 내용이 주무부처로 통보되는 바람에 행정감사를 받게 되었다.

감사 결과에 따라 이 금액을 보존해 놓느라고 임대료도 제대로 못 내고 급여도 밀리는 상황이 되었고, 참다못한 건물주가 사무실을 비워달라는 요구를 해 와 끝내 우리는 당시 광화문에 있던 사무실을 떠나야 했다. 그때 연구원이 입주해있던 건물은 박동묘 회장이 교육 연합회 회장으로 재직했던 대한교육연합회^{광화문 신문로}였다.

이때 몇몇 지인이 연구원의 명맥이라도 이어가야 한다며 답십리 태양아파트 한 채를 빌려주었다. 정말 '하나님은 견딜 만큼의 시련을 주시는구나.' 하는 생각이 절로 생겼다. 당시 중앙일보 기자 출신으로 연구원 일에 매력을 가져 자발적으로 직원으로 봉사한 사람이 있었는데, 바로 2001년 민간인으로서 국방홍보원장이 된 김준범 씨이다. 그때 그분의 희생적인 봉사에 힘입어 연구원이 오늘까지 명맥을 이어올 수 있었음을 이 기회를 빌려 다시 한번 감사를 전한다.

한국전쟁 이후 폐허가 된 국토를 피와 땀으로 일구며 '한강의 기적'을 연출하던 격동의 70년대는 막판으로 치달으면서 YH여공 사건, 부마사태, 박 대통령 시해사건 등을 엮어내며 서서히 막을 내리고 있었다. 나와 연구원도 시대상황에 걸맞게 큰 시련에 부딪힌 가운데 침울하게 한 시대의 마감을 지켜보고 있었다.

3김(김대중·김영삼·김종필)을 비롯한 잊을 수 없는 강사들

1979년 12월 12일, 전두환 보안사령관을 중심으로 신군부세력은 쿠데타를 일으켰다. 이날의 충격으로 온 세상은 마비된 듯 했으나 인간개발연구원은 평상시와 다름없이 목요일 새벽을 깨우며 할 일을 충실히 수행했다.

서울의 중심부인 광화문에 자리한 코리아나 호텔에서 서울대 경제학과의 박우희 교수를 초청, "미·이란 중동사태가 빚은 국제경제 질서의 혼미와 우리의 대책"을 주제로 연구회 모임을 가졌다. 만약 그 격동기 때 모임을 취소했더라면 훗날 두고두고 후회할 뻔했다.

이런 사건과 함께 시작된 1980년대 후반기부터 국내에 몰아쳤던 격랑의 소용돌이가 더욱 굽이쳤다. 신군부 정권과 이에 강경하게 맞선 저항세력이 연출해 내는 갈등의 파도는 숨 가쁘게 이어졌다.

격렬한 노동운동과 학생운동으로 온 나라가 매일같이 전쟁터를 방불케 했다.

　나는 이런 소용돌이 속에서도 차분히 연구원의 지평을 넓혀갔다. 기존의 주간 '인간개발경영자연구회'를 지속하고 연 2회 '전국경영자세미나'까지 개최하면서 일을 알차게 추진해 나갔다. 덕분에 아파트를 벗어나 건물 소유자의 배려로 여의도 신축빌딩에 사무실을 마련할 수 있었다.

　정주영, 김우중, 최종현, 구자경 회장 등 대기업 총수들과 남덕우, 신현확, 이한빈, 조순 씨 등 부총리 출신들과 함석헌, 서경보, 김태길, 김동리, 정비석, 이숭녕 씨 등 종교·문화계 인사들이 기꺼이 강연과 토론에 참여해 주었다. 국내 주요 대학의 총장을 비롯한 저명 학자들의 경우 거의 모두 연구원 강사를 거쳐 갔다 해도 과언이 아니다.

　1980년대에 진입해서는 '인간개발 토요 시민강좌'와 같은 시민 교육 프로그램을 개설하고, 회원을 위한 무가지로 월간 『인간개발』을 발행하고 유가지로 월간 『정신세계 다이제스트』 등 지식정보지도 간행했다. 또 일본 종합연구소와 제휴하여 유통산업 연수훈련, 일본 윤리연구소와 공동개최한 기업윤리경영 프로그램 등 해외 유력기관과의 협력사업도 활발히 추진하는 등 영일 없이 분주한 나날을 보냈다.

1987년에 시작한 '전국경영자세미나'는 봄과 가을 1년에 두 차례 개최했는데, 우리나라의 내로라하는 기업인들이 대부분 참여하면서 연구원과 인연을 맺었다.

특히 제1회 세미나 때 정주영 현대그룹 회장이 강사로 초청된 것은 두고두고 기억에 남는 일이었다. 500여 명의 기업계 인사들이 참가하여 3일간 진행된 첫 세미나는 그야말로 질과 양에서 대성공이었다. 회원인 경영자들이 열악한 환경에서 이루어낸 성취를 본인들의 일처럼 진심을 다해 축하해 줄 때 진정으로 사랑받고 있다는 생각이 온몸으로 느껴졌다. 그때 느꼈던 감동이 지금도 생생하다.

일본의 소프트뱅크 손정의 회장[당시 33세]도 초청해서 기업가로서의 그의 꿈을 들었던 것도 잊을 수 없다. 그는 오늘날 일본은 물론 세계적인 기업가로 발돋움했다.

그러나 이 세미나는 성공적으로 계속되다가 1997년 IMF 외환위기를 맞아 고전하던 중 20회를 끝으로 중단되어 보람과 아쉬움을 동시에 남기기도 했다.

이와 같이 1980년대에도 연구회와 세미나의 주제는 경제와 경영 등이 주를 이루었다. 하지만 격동기에 기업과 정치는 불가분의 관계에 놓여 있었고, 경제는 정치와 분리될 수 없다는 생각으로 연구원은 군사정권 이후 시대상황에 따라 많은 정치인들과 관련을 맺었다. 소위 3김을 위시한 다수의 정치인들이 연구원 모임에서 자신들의 정치역정과 철학 등을 발표했다. 일부 정치인은 초청 여부를 놓고 논란이 제기되었지만 나는 신앙인의 양심에 따랐고 결과도 흡족했다.

물론 국무총리와 장관급 인사들도 많이 참여했다. 그 가운데 6공 시절 노재봉 총리는 당시 어려운 상황이었음에도 인간개발경영자연구회에 참석해 예정 강연시간을 넘기면서까지 각종 정치 현안에 대한 소회를 피력하기도 했다.

인간개발연구원과 3김의 인연은 필연적이었던 듯한데, 한국 정치를 논할 때 이 세 분이 빠지면 '만두소 없는 만두'와 다를 바 없어 어떻게든 모임에 모시고자 했다. 세 분 모두 기꺼이 연구회에 참여해 진솔하게 심경을 토로했다. 사실 3김으로서도 말할 자리가 마땅치 않았던 시절이기도 했다. 결과는 대성공이었다.

그 후에도 거물급 정치인들이 연구회 강단에 초청되었는데 이종찬 의원의 경우 국회의원 시절에 했던 약속을 지키기 위해 국가정보원원장이 된 후 강사로 나왔고, 이명박 대통령은 서울시장에 당선되기 전에 "정주영 회장 경영철학, 나는 이렇게 생각한다"라는 제목의 감명 깊은 강연을 했다. 이후 차세대 지도자와 육성이라는 시대적 요청에 따라 정동영 의원, 김두관 지사, 박원순 시장 등의 정치인들이 강사로 나와 강연과 함께 열띤 토론을 벌이기도 했다.

인간 네트워크를
형성하다

나는 그동안 꾸준히 각계각층의 인사들과 교류하면서 참다운 인간관계의 조력자로 헌신하고자 노력해 왔다.

원래 인간개발연구원은 기업인들이 중심인 조직체이다. 물론 정치, 학술, 문화, 종교 등 어느 분야든 가리지 않고 다루긴 했지만, 역시 설립 이후 현재까지 기업경영을 위한 인간개발의 문제가 언제나 최우선 과제로 다루어졌던 것이다.

그러다 보니 국내 굴지 기업의 오너나 CEO들도 연구원과 관련을 맺지 않은 인물이 거의 없을 정도이다. 그중 연구원 초창기부터 각별한 관심을 갖고 참여한 인사들은 나의 영원한 은인이면서도 존경의 대상이다. 많은 분들이 유명을 달리한 지금 나는 그분들의 이름만 들어도 저절로 숙연해진다.

성창합판 고 정태성 회장과는 각별한 인연이 있다. 정 회장은 내가 한국기독교실업인회 총무로 일을 할 때 이사장을 맡아 같이 활동했고, 인간개발연구원이 뿌리를 내리는 과정에서도 끊임없이 관심과 격려를 아끼지 않았다. 특히 독실한 신앙심을 가진 그는 하나님이라는 공감대 안에서 나와 더욱 돈독한 관계를 유지했다. 나는 한국목재산업을 세계 속에 우뚝 세운 정 회장의 파란만장한 인생을 담은 회고록이 서울경제신문에 연재되는 과정에 개입하기도 했다. 그는 기업을 경영하면서도 성지중·고등학교와 부산외대를 설립하는 등 육영사업에도 큰 관심을 경주했다.

벽산그룹 창업자인 고 김인득 회장도 모범적인 기독교인이었다. 그 역시 한국기독교실업인회가 기반을 닦는 데 큰 도움을 주었으며, 인간개발연구원이 하나님의 뜻에 따라 운영되도록 많은 조언과 격려를 해주었다. 내가 새마을 지도자교육에 참여했을 때는 농촌의 초가지붕을 슬레이트 지붕으로 개선하는 데 일조했고, 뛰어난 숫자 감각과 강한 집념은 지금도 선명하게 기억된다.

최태섭 회장^{한국유리}은 북한에서 월남한 기업인으로 기업인의 성자로 불릴 만큼 덕성이 높고 겸손하며 항상 이웃을 위한 봉사정신을 높이 세운 분이다. 함께 월남하여 기독교신앙이자 동업 기업가 정신으로 창업한 한국유리를 3인의 창업자에 의해 세계 한국건설업과 경제성장에 크게 공헌한 기업으로 만든 한국경제계의 선두

기업가였다. 기업가정신으로 한국유리 창설, 성장의 이야기를 중심으로 강연한 후, 연구원에 깊은 관심을 가지고 물심양면으로 협력하면서 나와 고려대 김동기 교수를 한국유리 인사교육자문위원으로 초청해 주고, 경영자문에도 참여케 해주었다. 생존 시에 이승만 전 대통령의 미망인 프란체스코 여사를 위로하는 생일잔치 등을 연구원을 통해서 베풀어주기도 했고, 박동선의 코리아게이트 사건에 연루되어 당시 미국에서 사업가로 성공한 김한조 박사가 미국정치계를 피하여 한국에 체류하는 동안 그를 인간적으로 돕는 일을 나를 통해서 해주었던 비화를 소개하고 싶다.

명성그룹 김철호 회장은 전두환 정권 때 세무비리와 권력유착 등 의혹으로 세간의 물의를 자아냈지만 내가 기억하는 그는 국토개발 사업의 선각자이자 신실한 믿음의 사람이었다. 특히 그는 한창 기업활동으로 바쁜 와중에도 인간개발경영자연구회에 자주 참석했고, 10여 년의 영어囹圄생활을 보낸 직후에도 강사를 자청하는 등 연구원에 남다른 애정과 관심을 보여줬다. 그는 감옥에서도 성경을 옆에 놓고 기도했으며 많은 시를 쓰기도 한 분이다.

SK그룹 고 최종현 회장은 이미 많이 알려져 있지만 인간개발의 전문가였다. 대한석유공사를 토대로 지금의 SK그룹을 일군 그는 인재양성을 위해 한국고등교육재단을 설립했고, 연구원에서 인간개발 문제를 논하면서 'Supex^Super-Excellent이론' 즉 탁월해야 지구촌 시대의 무한경쟁에서 살아남을 수 있다고 강조했다. 나는 후계자인 최태원 회장과 SK그룹을 보면서 "인간자원은 석유와 비교되지 않는 무한한 가능성을 가진 자원"이라고 한 고인의 말이 생생히 떠오른다.

태평양화학을 설립한 고 서성환 회장도 인간문제에 탁월한 식견을 가진 분이었다. 언젠가 내게 "인재가 들어온 지 얼마 안 돼 나가버리니 어떻게 하면 좋겠습니까?" 하며 진지하게 묻던 그의 모습이 지금도 똑똑하게 기억난다. 태평양화학이 많은 시련 속에서도 잘 지탱되고 있는 것을 보면, 이미 고인이 되었지만 그의 고민이 헛되지 않았음을 느끼게 한다.

얼마 전 유가족이 50억 원 규모의 기금을 사회단체에 내놨다는 보도를 접하고 서 회장의 유지가 아직도 이어지고 있다는 생각이 들었다. 지금은 태평양화학 그룹이 아모레퍼시픽 그룹으로 개명되고 서경배 회장이 아모레퍼시픽을 세계 최고의 화장품 그룹으로 성장시켰다. 그 당시 70명에 이르는 그룹 임원들의 교육을 위한 조찬회를 매월 진행하면서, 조찬회 시작 전 서성환 회장과 나누던 30분간의 대화가 잊히지 않는다.

삼성전자 정재은 전 사장은 인정미가 흘러넘치는 기업경영을 강조했던 분이다. 한 번은 내게 "만 명이 타고 있는 배에 승선해서는 안 될 사람 5명이 승선하면 그 배가 침몰할 수도 있는데, 어떻게 하면 이 5명을 색출해 낼 수 있을까요?"라고 묻기에 "가라지를 뽑다가 곡식까지 뽑을까 염려하노라."라는 성경 말씀을 인용하여 "나머지 9,995명이 5명을 포용할 수 있는 기업문화가 중요하지 않을까요?" 하는 대화를 나눈 적이 있다. 그는 크게 공감하며 많은 교훈을 얻었다고 말했다.

금호그룹 박성용 회장, 일양약품 정형식 명예회장 등도 겸손과 정직을 몸소 실천한 기업인으로서 연구원에도 깊이 관여했을 뿐 아니라 물심양면으로 많은 도움을 주었다. 이 밖에도 연구원과 나에게 도움과 격려를 아끼지 않은 많은 분들이 있으나 지면의 제약으로 그분들에게 일일이 고마운 마음을 전할 수 없음을 안타깝게 생각하며 양해해 주기를 바랄 뿐이다.

자기 자신보다
남을 위해 사는 인생길

　지금도 '인간개발경영자연구회'를 떠올리면 나도 모르게 가슴이
뭉클해지며 하나님의 지극하신 배려를 느끼게 된다. 연구원이 펼
쳐온 활동 중 '이종기업동우회'와 '지방차지아카데미'까지 생각이
미치면 참으로 큰 보람을 느낀다.

　이종기업동우회의 경우, 시시각각 급변하는 시대적 조류에 적
응하도록 하기 위해 각기 서로 다른 분야 기업인들 간에 정보교류
의 장을 만들어보자는 취지에서 1987년 자생적으로 만들어졌다. 내
가 처음으로 모임을 제안했을 때 일부 기업인들은 주저했으나, 깊
은 속내를 나누면서 아주 유익하다는 말들이 여기저기서 나왔다.
　새로운 경영기법을 얻었다는 사람이 있는가 하면, 기존의 경영
자 상을 바꾸게 되었다는 사람들도 있었다. 또 그간 얼마나 우물

안에서 기업을 경영해 왔는지를 깨달았다는 사람도 있었다. 이런 말을 들을 때면 억만금을 얻는 것보다 더 기쁘고 하나님께 대한 경외심이 저절로 생기게 되었다.

코리아나화장품은 이종기업동우회가 만든 대표적인 작품 중 하나이다. 동아제약 그룹에 속한 라미화장품의 CEO였던 유상옥 사장과 웅진닷컴 윤석금 회장이 이 모임에서 만나 정보를 교류하다 의기투합하여 회사를 설립하기로 하고, 유상옥 회장은 경영노하우와 경영을 책임지고 윤석금 회장은 자금과 판매 인맥을 지원하기로 하여 설립한 회사가 바로 코리아나화장품이다. 벌써 지나간 과거사가 돼버렸지만 가끔 두 분이 "당시 우리에게 신뢰를 쌓도록 주선해 준 장만기 회장에게 고맙다."라고 얘기하면, 나는 "두 분이 잘해서 그렇지 내가 뭐 한 게 있느냐."고 얼버무리지만 기분은 무척 좋았다.

지방자치아카데미도 거의 자생적으로 만들어진 것이다. 우리나라 지방자치 혁신의 성공적인 사례가 바로 전남 장성군에서 일어났다. 인간개발연구원의 다양한 프로그램 중, '21세기 장성아카데미'는 특별한 의미가 있다.

"인류의 미래는 사람에게 있고, 사람의 미래는 교육에 달려 있다."

이 캐치프레이즈는 '21세기 장성아카데미'를 시작하면서 채택했던 것이다.

1995년 1기 민선 지방자치가 실시되었을 때 인간개발연구원에서 11년 동안 회원으로 활동하던 김흥식 두양 사장이 지방선거에 출마해 장성군수에 당선됐다. 나는 김흥식 회원의 당선을 축하하기 위해 그가 머무는 장성군수의 작은 관사인 아파트를 방문했다. 그런데 김흥식 군수가 먼 서울에서 찾아온 나를 반기는 기색도 없이 표정이 어둡기만 했다.

"뭔가 새롭게 해 보고 싶은데 공무원뿐만 아니라 지방유지들 모두가 자기 마음대로 하려고 하네요. 제 말이 통하질 않아요. 진퇴양난입니다. 어떻게 하면 좋을까요? 장 원장님께서 우리 공무원들 교육 좀 시켜주시면 안 되겠습니까? 그럼 달라질 수도 있을 것 같은데요."

이렇게 초저녁에 시작한 대화가 자정이 넘도록 계속되었다. 나는 거의 듣기만 하고 주로 김 군수가 얘기했다. 한참 후에 그는 큰 깨달음을 얻은 듯 진지하게 말했다.

"내가 고민하던 문제의 답이 나왔어요. 연구원에서 하는 것처럼 매주 군청 직원과 군민들이 함께 참여하는 프로그램을 진행해야겠어요."

"군수님, 군수가 되면 이렇게 해 보겠다고 생각했던 것이 스스로 가치 있는 일이라고 생각한다면 목숨 걸고 관철해 보십시오. 그런 굳건한 의지가 필요합니다. 좋은 일을 할 때는 반드시 장애물들이 있기 마련입니다. 독재자가 아닌 이상 민주사회에서는 대화가 필요합니다. 끝까지 물러서지 않고 해보겠다는 확실한 의지

1,000회 장성아카데미 기념식

가 서면 말씀하십시오. 그런 전제하에 제가 혼신을 다해 돕겠습니다. 교육이 좋은 건 사실이지만 교육 실시보다 더욱 중요한 것이 군수님의 확고한 의지와 믿음이 아니겠습니까?"

내가 서울로 돌아온 지 20일 후 드디어 김 군수에게서 전화가 왔다. 마침내 그가 결단을 내린 것이다. 그렇게 21세기 장성아카데미가 탄생된 것이다.

나는 심혈을 기울여 교육할 프로그램을 만들었다. 김 군수는 세 번에 걸쳐 재임하는 11년 동안 정부가 모범 지자체에게 주는 상을 거의 다 휩쓸었다. 받은 상금만 해도 자그마치 100억 원이 넘었다.

장성군에 엄청난 변화가 생겼다. 그전에는 생각하지도 못했던 삼성전자, 엘지전자 등의 수많은 협력업체가 들어섰고, 나노산업단지도 생겼다. 김 군수는 장성의 전 공무원들을 해외연수 시켰다.

공무원은 물론이고 택시기사들의 해외연수를 위해 일본에서 대성
공을 거둔 MK택시 유봉식 회장을 소개하여 택시기사들까지 일본
택시회사를 견학시키는 획기적인 시도를 감행했다. 모든 것이 완
전히 달라졌다. 그야말로 혁신이었다.

　장성군의 감동적인 혁신 이야기는 2005년 당시 양병무 원장이
『주식회사 장성군』책을 발간하여 화제가 되었다. 특히 노무현 대
통령이 2006년 1월 9일 '공무원에게 보내는 노무현 대통령 편지'
에 주식회사 장성군 책을 다음과 같이 추천하여 장성아카데미의
진가를 알려주었다.

　"얼마 전『주식회사 장성군』이라는 책을 읽었습니다. 이 책은
전남 장성군의 혁신과 변화를 실감나게 소개하고 있습니다. 읽어
보니 혁신 과정에서 보고를 받은 것과는 사뭇 느낌이 달랐습니다.
감동도 있고 재미도 있고, '혁신이라는 일이 성공할 수 있는 일이
구나.' 하는 자신감도 얻을 수 있었습니다. 공무원 여러분에게도
꼭 한 번 읽어보라고 권하고 싶습니다. 개인적으로 자극이 되고,
조직의 혁신 차원에서도 많은 참고가 될 수 있을 것입니다.

　'세상을 움직이는 것이 사람이고, 사람을 바꾸는 것은 교육'이라
는 것이 이 책이 주는 시사점입니다. 우리의 혁신 과정에서 교육
이 좀 부족하지는 않았는지, 좀 더 많은 사람이 혁신에 참여할 수
있는 환경을 만드는 데 소홀함은 없었는지 다시 한번 돌아보게 됩
니다."

그 이후, 장성아카데미를 벤치마킹한 지자체 강좌가 전국적으로 무려 180여 개나 생겨났다. 그중에서 지금까지 70여 개의 아카데미가 진행 중이다. '스타 군수'로 빛나는 업적을 남긴 김흥식 군수는 안타깝게도 2009년에 타계했다. 그가 바로 김황식 전 국무총리의 친형이다.

장성아카데미의 성공사례는 국내뿐만 아니라 일본과 중국에까지 알려져 두 나라의 지도자들이 단체로 견학을 오는 명품 지방자치 혁신의 본보기가 되었다.

1,000회 장성아카데미 기념식에서 유두석 장성군수와 장만기 회장

이것이 바로 교육의 힘이다. 교육의 힘으로 사람들이 변화했고, 그 사람들이 더 좋은 세상을 만들었다. 현대 인류사회는 IT^{정보기술}, BT^{바이오기술}, NT^{나노기술}, ET^{환경기술} 등 첨단 정보기술이 이끌고 있지만 이제 곧 'PT^{사람기술}' 시대가 올 것이다. 인간에게 있는 무한한 가능성을 교육으로 끌어내 구체적으로 가치 있는 것을 창조해 내야 한다.

PT^{People Technology}는 내가 만들어낸 말이다. 내가 지향하는 미래는 TPT^{Total People Technology} 개념의 시대다. 인류의 미래는 오직 사람에게 답이 있다. 사람을 살리는 지혜의 인간학이 중심이 되는 시대가 올 것이다.

이런 가운데에서 1997년 몰아닥친 IMF 외환위기 때는 연구원으로서도 큰 위기를 맞았다. 기업들이 어려움을 겪다 보니 연구회조차 제대로 운영하기 어려운 실정이었다. 이때 나는 커다란 교훈을 얻었다. '나라가 굳건해야 내가 있고 연구원이 있다.'는 것과, '하나님은 미련한 백성에게는 시련으로 교훈을 주신다.'는 것이었다.

나는 시민운동에도 참여했는데 이는 개인적으로 큰 의미를 부여한다. 인간개발연구원 운영에서도 항상 이런 취지를 잊지 않았지만 내가 하나님으로부터 받은 은혜를 어느 정도나마 사회에 환원한다는 차원에서였다.

특히 폴 마이어가 나에게 "가장 행복한 순간은 내가 가장 소중한 것을 다른 사람에게 나누어 주고 그 사람이 행복해하는 것을 볼 때이다."라고 알려준 베풂의 정신은 나에게 깊은 영향을 주었다. 나는 그에 대해 존 해기아이가 쓴 『폴 마이어와 베풂의 기술』이란 책을 번역하기도 했는데 그의 베풂의 철학과 기술은 내 삶의 나침반 역할을 했다. 그는 이미 고인이 되었지만 나의 여생에서도 삶의 큰 지침이 될 것이다.

나는 미래의 한국사회가 선진사회로 나아가기 위해서는 구성원들의 새로운 리더십이 요구된다고 생각했다. 그 리더십은 기존의 리더십이 아니라 '새로운 차원의 리더십'이 필요하다는 데 공감하여, LMI의 EPL^{Effective Personal Leadership} 교재를 번역하여 교육하는 등 새로운 리더십 개발의 선도자가 되기 위해 노력해 왔다.

"생생하게 상상하라. 간절히 바라라. 깊이 믿으라. 그리고 열정적으로 실천하라. 그리하면 그것이 무엇이든지 반드시 이루어지게 된다."

폴 마이어의 성공철학은 마이어 회장이 내게 남겨준 영원한 정신적 유산이다.

반세기를 이어가는
글로벌 네트워크

사상의 발전은 이데올로기 시대를 끝내고 공간적으로 국경의 개념이 사라지며 세상은 크게 변화하였다. '국내'라는 폐쇄적 공간 속에 갇혀 살아왔던 인류는 열린 세계라는 공간에서 이동의 자유를 향유하는 글로벌 시대를 지금 살아가고 있다.

인간개발연구원도 1975년 창설 이래 세계화Globalization 시대를 맞아 지난 43년간 미국·중국·일본·러시아 4대 강국은 물론 아시아 및 캐나다를 포함한 북미대륙, 멕시코·페루·브라질·아르헨티나·파라과이 등 중남미대륙, 러시아·몽고 등 동북유라시아, 두바이 등 중동지역, 케냐와 남아프리카, 에티오피아 등 아프리카, 대만·필리핀·베트남·캄보디아·태국 등 동남아를 비롯하여 다양한 해외 탐방 프로그램으로 세계화 시대를 체험해 왔다.

주요 프로그램인 인간개발경영자연구회를 비롯한 다양한 프로그램을 번창시키면서 세계적인 명성을 자랑하는 수많은 강사들을 초청하는 등 국경과 거리의 장벽뿐 아니라 역사적, 문화적 차이의 장벽까지 뛰어넘어 해외의 기업인과 CEO 그리고 전문인과 석학들, 지도자들이 수를 헤아리기 어려울 만큼 많아졌다.

　이와 함께 나는 연구원을 운영하면서 정부나 기업에서 추진하기 힘든 과제를 착안하여 주위를 놀라게 한 적이 있다. 그중 서울 올림픽 개최 직전인 1988년 우리나라 기업인 20여 명과 함께 소련을 방문한 것이 잊히지 않는다. 당시만 해도 소련을 방문한다는 것은 발상조차 하기 어려운 때였지만 이한빈 회장을 위시한 몇 분의 도움을 받아 최초의 러시아 방문을 실행했다. 당시 소련상공인회와 좋은 관계를 맺은 덕분에 후에 나자로프 회장이 방한하여 연구원에서 특강을 하기도 했다.

　그 직후 조직된 '한·러친선협회'는 회장에 유엔대사와 외무부 장관을 역임한 유종하 장관과 정태익 전 러시아 대사가 한국 측 회장, 부회장으로, 러시아 측 회장은 이그나텐코 이타르타스 러시아 국영통신사 회장이 맡아 오늘까지 매년 만남을 이어오고 있다. 2007년 프리마코프 러시아상공회의소 회장 초청 시에는 300인의 한러 관련 기업과 외교인사들이 대거 모였고, 그때 대한상공회의소 회장을 맡았던 CJ그룹의 손경식 회장이 2010년부터 협회의 회장을 맡고 나는 이사장직을 맡아 사무국 지원을 돕고 있다. 이 모

CJ그룹 손경식 회장과 함께 한·러친선협회 재창립을 이끌며 러시아와 친목도모

임에는 이규형 전 주중대사, 신각수 전 주일대사, 윤영관 전 장관
외교부, 권병현 대표한중미래숲 등 외교리더들과 김진현 이사장세계평화포럼,
이기수 전 총장고려대학교, 현정은 회장현대그룹, 송용덕 대표롯데호텔, 신
박제 회장NXP반도체 등 산업계 학계 인사들도 다수 참여하고 있다.
최근 인천시장 당시 강연을 해주었던 송영길 북방경제협력위원장
의 러시아 방문 이후 한러관계에 기대가 고조되고 있어 역할에 대
한 중요성이 더 커졌다.

그 외에도 민간 차원의 국제경제협력 사업을 추진하면서 중

2007년 프리마코프 러시아상공회의소 회장 초청 만찬에서

국이 서서히 시장개방의 의지를 세상에 드러내기 시작할 즈음인
1989년에는 한·중 경제협력 세미나를 개최하여 국내 기업체의
중국 진출의 문을 여는 데 기여하기도 했다. 홍순영 전 주중대사
를 회장으로 해서 조순 명예회장이 나와 함께 고문을 맡아 중국
에 관심 있는 기업인들이 중국을 알아가도록 하는 스터디 그룹인
China Club을 운영하기도 했다.

멀고도 가까운 나라 일본과는 당시 우리나라에는 개념조차 분
명치 않았던 유통산업 연구와 시찰을 내용으로 한 일본 연구를 일

본의 종합컨설팅회사 일본종합연구소의 협력으로 일본 유통시찰단이 104차 이상 다녀왔다.

그 외에도 스쿠바 박람회를 비롯하여 나고야 세계박람회, 도요타 자동차 방문과 해외 지방자치 방문으로 가나가와현과 사이언스 파크를 방문하고 한국에 열린 지방자치 시대와 과학기술 발전의 새 시대를 열어가는 데 큰 도움을 받았다. 그 당시 요코하마 총영사 조성찬 대사와 그 아들 조우진 교수의 도움은 지금까지도 계속되는 가운데 가깝고도 먼 나라 일본과의 민간외교에 우리 연구원도 꽤나 기여하게 되었다.

30주년 기념포럼에 초청된 일본의 오다케 요시키 AFLAC 창업자와 함께

일본 BE연구소 교도쿠 테츠오 소장과는 35년 이상의 지기로 그와 많은 일본 기업인과 지식인들이 한국을 방문하고 우정을 단단하게 지속시켜 오는 가운데, 장성아카데미의 정체를 바로 알게 된 일본의 학계와 경제계의 지도자 노다 가즈오 다마대학 명예이사장, 오다케 요시키 일본 AFLAC 창설자 등의 관심을 끌어 장성군을 방문하게 되었다. 그리고 장성아카데미의 성공의 결실인 책 『주식회사 장성군』을 일본에서 그들의 비용부담으로 출간하고 성대한 출판기념행사를 여는 등 대단한 열성으로 한일 간의 친한 관계를 보여주기도 했다.

그들의 열정의 배후에는 인간개발연구원을 통해서 성공적인 결실을 얻은 장성아카데미의 교육정신이 있었다. 일본 아오모리현 초청강연과 아오모리대 초청 강연으로도 이어졌고, 지자체 시스템으로는 한국보다 선진적인 일본의 리더들이 한국 지자체의 기적 같은 혁신에 큰 박수를 보내주었다.

중국의 경우는 세계 2위의 경제대국이 되면서 한국기업을 배우러 많이 오고 중국투자를 위해 한국에서도 중국을 많이 다녀왔다. 특히 한국의 새마을운동을 배우자는 정부의 움직임이 있었던 2000년 대 초에는 국유기업 CEO 40명이 두 달간 한국을 배우고 떠나기도 했고 공무원들이 보름에서 한 달간 장기 연수과정을 진행해 주기도 하였다.

그때만 해도 중국에 대한 경계심이 없어서 기업들이 공장라인을 자랑스럽게 개방하기도 하였는데 최근에는 글로벌 시장에서 중국기업들이 한국기업을 추월하는 경우가 많다 보니 시찰을 반가워하지 않는다.

왕운곤 길림성 당서기 등 한국방문단 40여 명이 연구회에 직접 참여하고 당서기가 강연도 해주었는데, 이후 인연이 되어 내가 길림시 경제 고문도 맡게 되고, 석좌교수를 5년간 했던 길림대 강연 시에는 학생들이 몰려와 줄서서 사인을 해주던 것도 인상 깊었다.

단순한 시찰과 우정의 친구로만 여겨졌던 일본과 중국 기업인들은 2013년부터 참여한 평화와 번영을 위한 제주포럼에서 빛을 발했다.

제주포럼에 참여한 첫 해는 20여 명 정도의 일본방문단이 참여하다가 한일관계가 얼어버린 시국에서도 2016년에는 130명 2017년에는 100여 명의 방문단이 제주도를 다녀갔다. 올 때마다 정치는 어쩔 수 없지만 한일교류는 경제인들이 해야 한다고 목소리를 높이며 현직 문부과학성 장관을 2년간 연사로 모시고 오기도 했다. 그런 기업인들을 만날 때는 한일 양국의 적대적 감정을 일으키는 뉴스들이 다 거짓말 같기도 하다.

중국도 첫해 20여 명으로 시작, 2016년에는 40여 명의 환경에너지그룹 CEO들이 참여하여 한중 비즈니스 협력을 논의하였다.

외교부, 제주도 등 30여 개 국가 주요기관들이 참여하는 제주포럼에서 한중일CEO 포럼을 인간개발연구원 방문단만으로도 300명 규모가 가능한 상황이 되었으니 감개무량한 일이다. 우리

제주포럼 한·중·일대담 : 하라조지 데프타파트너스 회장, 조동성 인천대 총장, 중국 저우리 장강상학원 부총장

연구원은 경영경제 세션의 기획과 섭외를 맡고 있어 세계적인 기업 독일 지멘스의 조 케져 회장, 에어비앤비 마이크 오길 대표, 중국 봉황넷의 야리 대표 등 경영계 인사들을 매년 모시고 있다.

그리고 세계 각국과 비즈니스를 하는 기업인들이 많다 보니 우리는 외교 인사들을 자주 초청했는데 웰렘 빔 콕 네덜란드 전 총리도 강연을 해주었으며 한국주재 대사들러시아, 이스라엘, 중국, 베트남, 인도, 프랑스이 수차례 거쳐 가며 국제교류를 돕는 역할을 했다.

이렇게 한국의 조찬문화의 충격을 받은 해외연사들은 한국의

성장이 부지런한 CEO들 때문이었다면서 소감을 전하였고, 일본
과 중국, 몽골에서는 조찬포럼을 실제로 벤치마킹해서 정기적인
포럼으로 만들어낸 진취적인 분들도 다수 있었고, 이후에 한국에
올 때마다 감사인사를 받기도 했다.

　아직 하루를 꼬박 날아가야 하는 나라들도 있지만 이제는 매순
간이 국가의 경계를 허물고 사업도 전 세계가 묶여 있는 세계화
시대 속에서 살고 있으므로, 앞으로도 민간외교 글로벌 비즈니스
의 허브로서 더 많은 역할을 하게 되기를 꿈꾸어 본다.

창립의 주춧돌, 스승의 가르침, 역대 회장단

우리가 세상을 살아가면서 누구를 만나 어떤 관계를 맺고 사느냐에 따라 큰 영향을 받게 된다. 내가 30대 후반에 이러저러한 인생의 곡절 끝에 교수생활과 사업가의 삶을 접고 남다른 비전과 뜻이 있어 인간개발연구원을 설립한 후 어느덧 43년 세월이 흘렀다. 이토록 오랫동안 연구원이 지속될 수 있었던 것은 바로 역대 회장들의 수고와 헌신이라는 배경 덕이었다.

연구원은 출범할 때 공익기관으로 존속하기 위해 사단법인으로 시작했다. 그래서 연구원의 상징이며 창립 정신과 철학에 걸맞게 이끌어 줄 존경받는 지도자가 필요하여 백방으로 노력을 기울였다. 그 당시 가깝게 지내고 있었던 연세대학교 철학과 이규호 교수와 상의하여 협조를 받았다. 이 교수는 연세대 교수 출신으로 한국은행 총재와 재무부 장관을 지내고 금호그룹의 석유화학 분야 회장을 맡고 있던 이정환 박사를 소개했다. 이정환 회장을 찾아뵙고 인간개발연구원을 창설하게 된 배경과 시대정신 그리고 비전과 사명을 설명하고 초대 회장직을 수락해 줄 것을 부탁드렸다. 그랬더니 본인은 이미 학교를 떠나서 기업에 몸을 담았으니 오히려 자신이 존경하는 분을 추천하고 싶다며 박동묘 박사를 추천하고 친히 전화로 소개까지 해주었다.

이렇게 해서 박동묘 전 농림부장관을 초대 회장으로 추대하게 되었다. 박동묘 회장은 경제학, 특히 농업 경제학 교수로서 5·16 혁명 이후 한국경제의 기초를 잡는 데 기여한 분으로, 박정희 대통령 경제고문으로 발탁되었고 후에 농림부 장관을 지냈다. 초대 회장단에 정수창 OB그룹회장과 박승찬 금성사 사장을 비롯하여 많은 훌륭한 전문경영자들을 영입할 수 있었던 것은 그야말로 박동묘 회장의 영향력 때문이었다. 박동묘 회장은 『진담 반담』이라는 수필집에 담겨 있듯이 마음의 여유가 있고 경륜 있는 지도자였다. 박정희 대통령 시절 국회의원이 되면서 회장직을 떠남에 따라 그 후임으로 2대 주원 회장을 모시게 되었다.

건설부 장관을 역임한 주원 회장은 경부고속도로를 건설한 장관으로 유명하다. 박정희 대통령 시절 경제발전 주역의 한 분으로 경제성장 이론에 밝았고, 인간개발경영자 연구회 강사로 초청되어 강의를 한 후 연구원의 설립이념과 철학을 깊이 이해하게 되어 자주 방문하고 대화하는 가운데 박동묘 회장의 추천으로 회장이 되었다. 회장에 재임하는 동안 연구회에는 거의 빠짐없이 참석했고, 연구회에 참석한 회원들을 '우리 동지들'이라고 불러 가족적인 공동체 의식을 일으키기도 했다. 삼환 기업의 창업자 최종환 회장을 연구원에 참여케 하고 연구원 발전에도 큰 열성을 보여준 분이다.

주원 회장은 가족처럼 가깝게 지내면서 연구원의 재정적인 기반에 관해 많은 관심을 가지고, 당시 한국은행 최창락 총재실에 함께 방문하여 연구원의 성장과 발전을 위해 보탬이 될 연수원을 건립하는 문제를 논의하기까지 했다. 주 회장은 모든 기업이 인간개발연구원이 실시하는 교육을 받도록 재정적 기반을 만드는 데 협력해 줄 것을 요청하고, 얼마 후에 제일은행장을 통해서 연수원 설립부지 구입예산을 지원받기도 했다. 그 당시 은행 대출을 받으려고 담보를 대신해서 회장단의 연대보증을 받기 위해 노력해 주던 모습이 지금 생각해도 감동스럽다. 주원 회장은 연세가 있는데도 술과 담배를 즐겼는데 그렇게 건강하던 분이 어느 날 병원의 중환자실에 입원했다고 연락이 왔다. 가족들과 의료진의 특별한 배려로 중환자실에서 나의 얼굴을 알아보고 무엇인가 말을 남기고 싶어 애쓰는 모습에서 연구원과 내게 깊은 관심을 가진 분이라는 것을 마음으로 느낄 수 있었다. 제주하계포럼을 진행하는 중에 주원 회장이 영면했다는 부음을 듣고 제주포럼을 다 마치지 못하고 장례식에 참석하였다. 장례식이 끝난 후 가족들의 권유로 내가 묘소 비문을 직접 쓰기도 했다.

3대 회장으로는 최형섭 장관을 모시게 되었다. 인간개발연구원이 문교부의 등록법인으로 허가받기가 어려워서 그 당시 최형섭 박사가 최장수 장관 7년을 재직한 과학기술처에 소관 사단법인으로 등록하고 허가를 받았던 인연이 있었다. 이것이 인연이 되어 장관 퇴임 후 고인이 된 주원 회장에 이어 3대 회장으로 취임하게 된 것이다. 최영섭 회장은 공직만 7년 최장수 장관으로서 근면하고 성실한 분으로, KIST를 창설하여 한국 과학기술의 터전을 닦았고 일본 와세다 대학에서 금속학을 공부한 금속학의 대가였다. 포항제철의 기초 이론을 굳게 하여 포항제철을 창립한 박태준 회장과 깊은 관계를 맺고 장관 퇴임 후에도 연구소에 관여하며 한국 제철산업의 발전에 기여했다. 최형섭 장관은 회장으로 봉사한 수년간 가족처럼 가깝게 지내며 배려해 주었고 그 어려운 시절 연구원이 건전하게 발전하도록 격려와 지원을 아끼지 않았다. 그의 회장 재임 시 이용태 박사, KIST 소장 천병두 박사가 연구원의 부회장으로 큰 몫을 했었다. 그렇게도 건강하던 분이 암으로 투병하다 영면하게 되어 우리는 또다시 새로운 회장을 맞이하게 되었다. 그가 바로 4대 회장 이한빈 박사이다.

이한빈 박사와의 남다른 인연은 그를 회장으로 모시는 계기가 되었다. 내가 1966년 서울대학교 경영대학원이 창설되고 제1회

석사과정에 입학하게 되어 학우회 임원으로서 이한빈 박사를 경영대학원 세미나 주제 강연자로 모신 인연이 계기가 되어 회장으로 모시기에 이른 것이다. 이한빈 박사는 1948년 대한민국 정부 수립 이후에 한국에서는 처음으로 미국 하버드 경영대학원에 유학하였고, 1951년 경영학 석사학위를 받고 6·25전쟁 기간 중 애국심으로 가득 차 희망의 나라이자 자유와 기회의 천국인 안전한 미국을 뒤로하고 전쟁으로 혼란에 빠진 조국에 귀국하였다. 재무부 예산국 과장에 취임한 후 재무부 예산국장, 사무차관, 주제네바 공사, 스위스 대사, 하와이 동서문화센터 연구교수를 지내고 서울대 행정대학원 원장을 지냈다. 이후 부총리 겸 경제기획원 장관을 지내고 숭실대학교 총장을 역임한 존경받는 지도자였다. 이한빈 박사가 회장으로 재임하였을 때 연구원은 장족의 성장과 발전을 이루어 오늘에 다다른 것이다.

그 당시 주한 미국대사 그레그 씨를 강사로 초청하여 인간개발경영자연구회를 진행했던 일이 있다. 그때는 이른바 '우루과이 라운드'라 불리는 쌀 시장 개방 압력이 미국으로부터 거세게 들어오던 때였다. 그때 이한빈 회장은 그레그 대사를 앞에 놓고, 거기에 참석한 기업인 및 경영자를 비롯한 200여 명의 한국의 지도자들에게 "이 중에 10세 미만에 농촌에서 태어나서 성장하신 분이 몇 분이나 됩니까?"라는 질문을 던졌다. 참석자 90% 이상이 농촌에서 성장한 것을 확인하고, 이른바 미국으로부터 받고 있는 시장개방 압력이 한국사회의 정서에서 어떤 의미를 가지는지를 즉흥적으로 그러나 기발한 아이디어로 풀어내고는, 그 논리 그대로 그레 그 대사를 설득했던 기억이 지금도 생생하게 떠오른다.

또 하나 더 잊히지 않는 일은 88서울올림픽 전에 북방문제를 다루기 위하여 정부 주도로 설립된 국제민간경제협의회 초대 회장으로 재직 중 당시 소련정부인투리스트로부터 초청을 받아 우리 인간개발연구원의 회원들로 구성된 20여 명의 방문단이 처음으로 소련을 방문하게 된 일이었다. 당시의 상황으로 봐서는 상상하기 어려운 일이 실현됐던 것인바, 이 모든 것이 회장들의 노력 덕분이었다.

이한빈 회장이 경희대 평화복지대학원 원장과 동원그룹이 설립한 동원경제연구원 그리고 사랑의 쌀 나누기 운동 등 기독교 지도자로서, 교회 장로로서 활동이 너무 많아지자 회장단에서 연구원의 발전을 위해 후임 회장을 찾기로 했다. 회장단에서 조순 박사가 부총리 겸 경제원 장관을 퇴임하고 공직을 떠나 잠시 쉬고 있을 때 연구원 5대 회장으로 추대하기로 결정하고, 전임 회장들이 함께하는 신임 회장 수락 오찬회를 갖기도 했다.

5대 회장 취임을 회원들에게 알리고 취임식 일정을 결정하려던 중에 조순 부총리에게 전화가 왔다. 공적인 일로 신상에 변화가 있게 되어 5대 회장 취임이 어려워질 것 같다는 것이었다. 지금은 인사문제라서 밝힐 수는 없지만 1개월 후에 알게 될 것이라고 했다. 그러면 그때까지 회장 취임을 미루겠다고 했지만, 후임을 찾으라고 진지하게 말씀하였다. 노태우 정부가 시작되면서 조순 박사를 한국은행 총재로 임명한 것이다. 이런 인연으로 해서 조순 박사는 모든 공직에서 퇴임한 후 연구원의 명예회장으로서 수년간 수고해 주었다. 연구회에 빠짐없이 참석하여 좌장으로서 초청 강사의 강연에 모든 참가 회원들이 감동한 촌철살인의 마무리 멘트를 해 주었다. 그로 인해 경영자연구회의 지적 수준을 끌어올리고 연구원의 위상을 높이는 데 큰 기여를 했다.

이렇게 갑작스럽게 회장직이 결원이 되어 후임 회장을 찾기 위해 많은 노력을 해야 했다. 그 끝에 찾은 분이 특별한 인연이 있던 한국은행 총재와 동자부 장관을 역임한 최창락 회장이었다. 그때 모든 공직을 뒤로하고 금호아시아나 그룹 상임고문으로 박성룡 회장과 깊은 인간관계를 갖고 있는 분이었다. 최창락 회장과의 깊은 인연으로 회장직을 맡게 되었을 때, 우리 연구원은 경제적 사정이 너무 어려웠을 때였다. 형편을 잘 알고 있는 분의 이해와 도움이 필요했다. 회장직을 그만둔 후에 알게 된 사실이지만 연구원의 재정을 회원 기업에게만 의존해서는 안 되겠다는 판단으로 공직자 시절 깊은 관계가 있었던 문교부 차관 한 분, 경제기획원 차관 한 분과 본인이 연구원의 회장직을 맡고 있다는 사실을 제외하고서라도 인간개발연구원의 국가 사회적 가치와 사명에 입각해서 정부의 지원이 필요함을 이해시켰다고 한다. 최 회장께서 어느 날 나에게 그분들에게 부탁을 해놓았으니 기다려 보라고 했다.

그런데 나는 그 순간 반론을 제기하지 않을 수 없었다. "회장님, 우리 연구원이 처해 있는 열악한 재정상황이 정부의 예산지원을 받기에는 필요 충분한 조건을 갖추지 못했습니다. 이것이 화근이 되어 나중에 정부 관계에서 어려움이 생기고, 평생 공직자로서 살아오신 회장님께 누가 되는 결과가 온다면 어떻게 될까요?" 이것이 나를 깊이 이해하고 신뢰해 준 최창락 회장에 대한 나의 바른 자세라고 생각했다. 여기에 전부 기록하지는 못하지만 우리 연구원이 그 어려운 터널을 지나 밝은 미래의 빛을 내다보고 달려올수 있었던 것은 최창락 회장이 오랜 시간 동안 함께해 오면서 보내준 관심과 보살핌이었음이 새롭게 다가온다.

그 후 우리 연구원이 지방자치 시대를 맞아 전국적으로 지방자치 아카데미를 비롯한 대정부 교육 프로그램 등 많은 계약 사업을 수행하게 되어 대외적으로 최창락 회장 명의로 계속 부담을 줄수가 없어 내가 회장을 맡고 최창락 회장은 이사장이 되어 새롭게 연구원을 운영해 보자는 생각으로 오늘에 이르게 되었다.

그러고 보니 연구원의 회장을 맡아 오늘의 연구원의 터전을 닦아놓고 간 전직 회장들이 모두 고인이 되고, 최창락 이사장과 조순 명예회장만 90세에 이른 원로로서 연구원의 40년 불혹의 성장사를 지켜보고 있다. 여기에 다 기록할 수도 없는 많은 분들이 부회장 임원직을 맡아 여러 모양으로 연구원의 오늘이 있기까지 주춧돌을 놓아준 사랑의 빚을 가슴에 간직하고 있다. 특히 오랫동안 부회장으로서 강의로 도와주었던, 한남대학교 총장을 지낸 이원설 박사와 고려대학교 김동기 교수께 깊은 감사의 마음을 전하고 싶다.

인간개발연구원 창립 40주년 기념행사에 참여한 소중한 분들과 함께

함께 일구어낸
초창기의 회원들

인간개발연구원을 경영해 오면서 40년, 30년, 20년 결코 짧지 않은 오랜 세월을 함께해 온 회원들을 생각하면 마음이 숙연해진다. 뜻을 같이하며 연구원을 지난 40여 년간 버틸 수 있게 해준 버팀목이요 든든한 원군이었다. 생각하면 할수록 회원 한 분 한 분이 매우 소중하고 고마울 뿐이다. 보이지 않는 물심양면의 관심과 사랑을 쏟아준 회원분들에게 이 지면을 빌려 무한한 존경과 감사의 마음을 전한다.

내가 살아온 지난 80년을 회고해 볼 때 어렵고 힘든 일이 많기도 했지만, 영원히 잊지 못할 아름다운 이야깃거리가 담긴 재미있는 일도 많았다. 나는 참으로 학습하기를 좋아하고 일을 즐기며 어느 면에서 보나 훌륭하고 성공한 경영인, 기업가, 전문인들과 함께 학습의 기쁨을 느끼고 관계를 맺으며 행복하고 즐겁게 살아왔다. 그리고 지금도 생명처럼 소중한 시간에 많은 사람들을 만나면서 삶의 보람을 느낀다.

나를 만나고 싶어 찾아온 사람도 많고, 내가 만나고 싶어 찾아간 사람도 많다. 결과적으로 지금까지 나는 사람과 함께 사람을 통하여 인간개발을 지속하고 있는 것이다.

나는 천성적으로 사람을 좋아한다. 그동안 스스로 나를 좋아하고, 나를 이해하고, 나를 믿고, 나를 신뢰하고 맡기며 살려고 노력해왔다. 나에게 하듯이 '다른 사람도 좋아하고, 이해하고, 믿으며, 신뢰하고, 맡기며' 인간관계를 유지하며 살아왔다. 그래서 내가 좋아하는 사람도 수없이 많아졌고, 나를 좋아하는 사람도 많아졌다. 지난 40여 년간 인간개발연구원을 통해 참으로 많은 사람들과 관계를 맺어오면서 늘 기쁘고 행복했던 이유이다.

인간개발연구원을 창설한 이래 함께해 온 수천 명을 헤아리는 강사들, 수많은 회원들과 협력자들이 있었다.

이미 고인이 된 분들도 많지만 70, 80, 90, 100세에 이른 고령의 분들도 많다. 그도 그럴 것이 설립 당시 30대였던 내가 벌써 나이 80이 되었으니 말이다.

기록하고 싶은 분들도 많고 하고 싶은 말도 많은데 창립 초기부터 회원으로서 든든한 힘이 되어주신 분들이 기억에 생생하여 그분들과의 스토리를 추억해 보고 감사의 마음을 전한다.

송병순 국민은행 전 행장은 해양대학에서 조선기계학을 전공한 분으로 재무부 관료가 되어서 관세행정과 재무행정 분야에서 능력을 인정받은 소신이 강한 분이었다. 이후엔 은행장^{국민은행, 은행감독원장 등}이 되어 한국 금융사에 이름을 남긴 금융인으로 살아왔다. 송 행장이 연구회에 참석하여 열심히 메모하며 강의를 듣는 모습을 보고 후배 기업인이 감동을 받는 것과 동시에 도전의식이 생겼다고 회고했다.

다만 뜻밖의 건강악화로 너무 일찍 세상을 떠나서 아쉬움이 남는다. 평소에 과묵하고 사려심이 깊은 분이었다. 나와의 깊은 인연으로 광주은행장 재임 시 폴 마이어 LMI리더십 프로그램을 전사적으로 도입하는 등 많은 도움을 주었던 분이다.

이종원 전 법무장관은 과거에 검찰총장도 지낸 법조계 지도자인데 우리나라 제1호 법무법인^{법무법인 을지}의 대표변호사 시절, 남다른 기업 마인드를 가지고 우리 연구원에 회원으로 참가하여 열정적인 학구열을 보이며 존경을 받은 분이다. 내가 90년대에 시작했던 폴 마이어의 리더십 프로그램에 본인을 포함해서 전 임직원이 참여하는 등 많은 도움을 준 분으로 안타깝게도 고인이 되었다.

김덕엽 경북화학^{비료회사} 회장은 학구열이 강하며 일찍이 경북도지사를 역임하였던 분인데, 유명한 김수학 국세청장을 내게 소개하고 가깝게 지내게 하는 등 여러모로 도움을 주며 인간관계를 깊게 해 온 존경스러운 CEO이다. 이제 고인이 됐지만 그의 날카로우면서 자애로운 눈빛이 지금도 살아계신 것처럼 생생하다.

최종명 회장^{훼미리주택}은 상공부 고위관료를 지내고 창원산업단지, 동해펄프 등 국영기업의 CEO와 삼성동 무역회관 건립 시 사업단장을 역임하면서 많은 도움과 격려를 아끼지 않은 분이다. 연세가 90세에 이르기까지 오랫동안 함께해 준 원로이신데 청력 등 건강상의 이유로 회원으로 계속 참가하진 못하지만, 학구열이 높아 지금도 CD로 연구원의 강의를 듣고 계신 분이다.

곽후섭 회장은 롯데그룹에서 CEO를 늦게까지 역임한 분인데 일찍이 청와대 정무비서관, 서울시 부시장 등을 역임한 분으로 우리 연구원과 나에게 큰 관심을 보이고 도움을 아끼지 않은 참으로 고마운 분이다.

정형식 회장은 일양약품의 설립자로서 한국 제약산업의 산증인이다. 초창기부터 회원으로 참가하였고 한때 회사가 노사문제 등 조직상의 어려움이 있었을 때 함께 대화를 많이 나누었다. 연세에 비해 참신한 아이디어로 뜻깊은 대화를 자주 나누었고, 연구원에 재정적인 도움이 필요했을 때 선뜻 적지 않은 금액을 보태주면서 격려를 아끼지 않았다. 90세가 넘는 연세에도 사무실에 출근하며 일양약품을 정도언 사장에게 완전히 맡겨 기업승계에 성공한 분이다.

조권순 유한양행 사장은 이미 고인이 되었지만 유한양행 사장으로서 창업자 고 유일한 회장으로부터 경영권 전권을 위임받은 전문 경영인으로 유한양행을 튼튼하게 성장시킴과 동시에 유일한 창업자의 독특한 애국정신, 사회공헌 정신이 담긴 기업의 전통을 이어감으로써 유한양행이 오늘에 이르러서도 한국 제약산업의 선두기업으로 우뚝 서게 되었다.

CEO로 재직 당시 연구원의 부회장을 맡으며 많은 도움을 아끼지 않았고, 퇴임 후에는 연만희 전무를 통해서 많은 협력을 이어 왔다.

황종원 회장^{제일종합상사}은 교육자의 경력을 가진 창업자인데 수출업으로 성공한 분으로 연구원의 초창기에 회원이 되면서 폴 마이어의 리더십 프로그램을 비롯하여 외국에서 꼭 필요한 원서를 구입하여 직접 들고 오는 등 재정적으로도 많은 도움을 주었고, 가족처럼 지냈다.

암으로 건강을 잃고 너무 일찍이 세상을 떠나 아쉽기 그지없다. 기독교 신자로서 사회공헌을 많이 한 분이 남기고 간 것이 무엇인지, 많은 생각을 하게 하는 분이다.

곽정환 회장은 대동주택, 대동백화점 등 창원시를 중심으로 크게 성장했던 건설기업의 창업자이다. 서울지역을 비롯해 전국기업으로 확장시키면서 회원이 되어 LMI 교육 프로그램에 참여하기도 하였다. 젊은 기업인으로, 더구나 지방에서 시작한 기업이 크게 성장하기를 바랐으나, IMF를 맞아 본의 아니게 협력기업들이 어려움을 겪게 되는 바람에 결국은 은행관리 대상이 되어 아직도 창원지역에서 재기를 위해 노력하고 있다. 안타까운 심정으로 지켜보고 있다.

김경현 회장세광해운은 근해 해운기업을 경영하면서 성장한 분인데 튼튼한 경제적 기반을 구축하고 있었고, 한국CBMC 한양지회에서 함께 활동했던 분이었다. 그 당시 우리 연구원의 강사 한 분을 돕기 위해 일어났던 사건으로 어려움을 겪고 있었는데, 그의 도움은 큰 사고를 막는 데 크게 도움이 되었다.

건강상의 이유로 고인이 된 김 회장에 대한 고마운 마음을 마음 깊이 새기고 있다. 남겨놓고 간 가족들에게라도 보답하고 싶은데 아직 나의 경제적 사정은 그에 미치지 못해 안타깝다.

신태범 회장은 해양대학 출신으로 고려종합운수(주)를 설립하고 현재의 상호인 케이씨티시KCTC를 이끌고 있는 한국 해운산업의 원로이다. 조상욱 회장두양상선, 송병순 회장과 동기생들로 한국의 해운산업을 일으킨 공신들이다. 우리 연구원에 초창기부터 많은 해운기업들이 참여해서 현재도 남은 회원들 중 해운기업 출신이 많다. 서정권 회장전 해군제독, 정형식 회장일양약품, 박현규 회장고려해운, 양대길 회장영우통상 등과 함께 30여 년 이상을 회원으로 참여하면서 지금까지도 이준환 사장을 법인회원, 이사직을 맡게 하는 등 연구원 성장 발전에 큰 관심을 보이고 있다. 그는 항상 자신에게 경제학과 경영에 대한 깊은 지식을 갖게 해준 것이 인간개발연구원의 경영자연구회 덕분이라고 감사의 말을 아끼지 않는다. 90세에 이른 지금도 회장직을 유지하면서 매일 출근하고 건강한 모습으로 활동하고 있다.

김병춘 회장세원㈜은 부산에 탄탄한 기반을 두고 있는 신발제조 기업으로 성공하여 한국 신발산업협회 회장, 아식스스포츠 대표이사 회장을 역임한 기업인이다. 부산의 기업인으로서 연구원의 제주하계포럼에는 언제나 부산의 기업인들과 함께 참여하는 열의를 보여주며, 더욱이 재정적으로도 도움을 준 고마운 분이다.

손수익 전 장관은 장관직을 퇴임한 후에 서울경제연구회의 이사장 재임 시 연구원의 회원으로 참여한 후 연구회에 열심히 참가하였고, 연구원의 발전에 큰 관심을 갖고 협력을 아끼지 않았다. 경기도지사와 교통부장관을 역임한 덕망이 높고 겸손한 지도자로, 연구원의 초청강사가 된 후에 깊은 관계를 유지해 왔다. 공식적으로 퇴임한 후에는 고향 전남 장흥군에서 장흥학당을 열어 거의 자비로 운영하면서 지역 발전에 관심을 쏟고 있는데, 후에 나를 강사로 초청해 주었던 것을 추억으로 간직하고 있다.

손수익 장관은 문재인 정부에서 대통령직속 일자리위원회 부위원장으로 큰 활약을 하고 있는 이용섭 전 장관의 손위 동서이기도 하다.

이장균 회장^{삼천리그룹}은 북한에서 월남한 기업인으로 특히 삼척 탄좌 유성연 회장^{고인}과 형제 관계를 맺고 에너지 기업 '삼천리 연탄'을 한국의 토착 에너지 기업으로 성장시켰다. 당시에 이 회장은 MBC TV에 〈열망〉이란 드라마 프로그램의 주인공으로 등장하여 화제를 일으키고 있을 무렵 나는 이 회장을 강사로 초청하고 인연을 맺었다. 그리고 폴 마이어의 리더십 프로그램을 전 임원들에게 교육받게 하는 등 연구원이 펼친 교육 사업에는 물론 인간적인 유대를 맺고 잊을 수 없는 지원을 해주었고, 삼천리의 장래를 위한 임원 연임을 위한 인재를 찾는 일에도 동참케 했다.

이상숙 회장^{소예산업}은 일찍이 인형을 국제 수준의 상품으로 만들어 내어 소예산업을 수출기업으로 성장시켜 화제를 모았던 여성 기업인으로, 전국여성기업연합회 창설에도 기여한 분이다. 폴 마이어의 리더십 프로그램에 참가하여 공부한 후 독특하게 자신의 리더십을 키우면서 연구원의 여성기업 회원으로 자주 참여했고, 연구원이 초창기에 경제적으로 힘들었을 때 지원을 아끼지 않았다.

여성기업인으로 기업경영이 쉽지 않았을 때 남편인 고 황창호 회장의 뒷받침이 있었는데 두 분이 함께 연구원에 깊은 관심을 가지고 적극적으로 참여했다.

이맹기 회장^{대한해운}은 대한민국 해군참모총장 출신으로 재향군 인회장을 연임하는 등 투철한 군인정신으로 나라를 사랑한 분이다. 애국정신을 바탕으로 해군제독의 경험을 살려 대한해운을 창설하고 해운산업의 사관학교로 불릴 만큼 한국 해운산업의 인재양성에 큰 역할을 했다. 우리 연구원에 법인회원으로 참가하는 등 물심양면으로 협력하면서 해마다 열린 제주하계포럼에 임원들을 참여시켰을 뿐 아니라 연구원의 재정적 어려움을 감안, 적지 않은 재정지원을 해준 것을 잊지 못한다.

김정식 회장은 대덕전자를 한국의 전자산업의 선도기업으로 이끌어가며 모교 서울대학교에 큰 기금을 쾌척하는 등 사회공헌의 모범을 보인 존경받는 기업인이다. 한때 일본에서 세간의 화제를 일으킨 『분사』라는 책을 출판해 분사의 경영모델을 한국에 도입하고자 그 번역 출판을 우리 연구원에 의뢰하였었다. 일본기업 방문에도 꼭 합류해서 협력을 아끼지 않았고, 연구원이 한때 재정적인 어려움을 겪고 있을 때도 재정지원 등 물심양면으로 큰 도움을 받고 있어, 김정식 회장에게 항상 빚진 마음으로 좋은 때가 오리라 기대하고 있다. 대덕전자가 한국 전자산업의 금자탑을 쌓고 있는 것을 자랑스럽게 생각하며 항상 감사의 뜻을 가지고 있다.

이용태 회장은 삼보컴퓨터를 창업하여 한국 컴퓨터산업의 선구자이자 선도자가 된 전설적인 기업가로 평가받는다. 한국데이타통신을 설립하고 대표자로 활동할 때 한국정보문화위원회를 만들어 나를 위원으로 위촉한 덕분에 나 자신도 위원회 활동에 참여하게 되었다. 최형섭 전 장관이 연구원 회장으로 계실 때 우리 연구원의 부회장으로서 많은 협력을 해주었다. IMF 외환위기를 극복하며 대기업으로 성장하였고, 전경련의 부회장 겸 교육위원장을 맡아 교육개혁에 주도적으로 참여하였다.

1989년부터 퇴계학연구원 이사장직을 맡아 퇴계학 연구와 활성화에 헌신하고 있다. 동시에 『한 달에 한 가지 새 습관을 기르자』는 책을 집필하고 인성교육 운동을 전국적으로 전개하면서 큰 호응을 얻고 있다.

박기억 회장은 (주)DI를 창설하여 한국 반도체산업의 선구자적 역할을 하면서 성공신화를 쓴 분이다. 박 회장은 반도체 부품, 기계 등 한국 수출산업에 원료를 공급하고 무역회사를 경영하면서 성장하여 한국의 반도체 중심 전자산업을 성장시켰다.

박 회장은 특히 송병순 은행장과 사돈관계가 되어 두 분의 관계는 특별하다. 송병순 행장이 관세청에 고위직으로 근무하고 있을 때 박기억 회장과는 매우 불편한 관계로 지냈다. 이것이 계기가 되어 가족관계로 발전한 스토리가 매우 흥미롭다. 박 회장은 이미 고인이 됐지만 그의 장손이 강남스타일로 유명한 가수 '싸이'이다. 지금은 세계적인 한류 스타가 됐지만 박 회장은 생전에 손자 교육 때문에 걱정이 많았다. 두 사돈 사이에 내가 끼어 한 달에 한 번씩 만나 만찬을 하며 담소를 나누었던 기억이 새롭다.

이은선 사장^{한국야쿠르트}은 한국야쿠르트를 윤덕병 창업자의 전폭적인 신임을 받아 자기 사업처럼 키워낸, 신망과 존경을 받기에 충분한 전문 경영인이다. 야쿠르트 아줌마 1만 3,000명 이상을 육성하여 거대한 영업조직으로 성장시킴으로써 유제품 분야의 대표적인 기업으로 발돋움했다. 이 사장은 연구원의 법인회원이 된 이후 그의 임기 중에는 물론 후임자들에게까지도 든든한 지원을 아끼지 않았다. 잊을 수 없는 것은 내가 연구원을 설립하고 수십 년에 걸쳐 사회를 위해 일해 왔는데 그에 걸맞은 평가를 받지 못하고 있는 것을 아쉬워하며, 우리 연구원과 나 자신에 대한 애정 어린 관심과 협력에 힘입어 산업교육 부문에서 대통령 표창을 받게 되었다.

마상곤 회장의 협운해운그룹은 40년의 오랜 역사와 전통을 가진 복합운송 전문기업이다. 마 회장은 산업포상과 모범 납세자 상을 수상하는 등 성실히 사회적 책임을 다하는 모범 경제인으로 평가받고 있다. 후학 양성에 관심을 쏟아 기회 있을 때마다 기부하기 시작하여 기부한 금액이 11억이 넘는다고 한다. 모교인 한국해양대학교와 달성중학교에도 거액의 학교 발전기금을 기탁하여 후배들의 존경을 받고 있다. 우리 연구원에 참여해 온 해운기업들 중에 가장 오래도록 법인으로 참가하고 있다.

이해성 고문은 사원으로 입사하여 덕성화학을 우수한 무역기업으로 성장시키면서 전문경영인으로 사장·회장직을 맡은 후에 지금은 고문으로 회사 경영에 깊이 관여하고 있다. 우리 연구원에는 30년 가깝게 법인회원으로 참여하면서 연구원 발전에 큰 도움을 주고 있는 분이다. 서울고등학교 동문들을 연구원에 많이 가입케 하여 회원 확산에도 크게 기여하였다. 연구원이 운영하고 있는 폴 마이어의 리더십 프로그램에 임원은 물론 직원들도 많이 참여케 하고, 지금도 조찬연구회에 가장 먼저 참석하는 성실성과 열정을 보여주고 있다.

이원기 회장^{원풍물산}은 남성 정장 제조업을 창업하여 45년 동안 세계적인 브랜드를 보유한 내수 및 수출기업으로 크게 성장시킨 기업가이다. 국방부 출신으로 영어 시사주간지 '타임^{TIME}'지를 애독할 만큼 영어실력이 탄탄한 분으로, 창업 이후 기업을 하면서도 배움을 게을리하지 않는 매우 학구적인 분이다. 이 회장은 항상 수준 높은 질문으로 연구회의 격을 높여주는 분으로, 회원으로서 강사로 초청되어 연구원의 역사에 남을 강의를 해주었다. 다양한 세미나에 참가해 왔지만 강연 이후 오직 우리 연구원 경영자연구회에만 참여해도 충분하다고 생각하고 빠짐없이 참여한다. 뿐만 아니라 목요일 아침 연구회에 참석하기 위해 그 전날 저녁은 모든 일정을 비우고 준비한다. 강의를 들은 후에는 강연 테이프를 몇 차례 반복해서 듣고 익히며 전 직원들에게도 듣게 하여 교육효과를 기대한다고 자랑스럽게 이야기할 만큼 성심성의를 다하는 분이다. 또 가능하면 100세에 이르도록 계속 참여할 수 있도록 좋은 프로그램을 개발해 달라고 부탁할 정도로 연구원에 관심과 애정을 가지고 있다. 연구원의 정기 행사에 수십 년간 제품 후원을 자발적으로 해주는 그 마음에 감사를 드린다.

이외에도 인간개발연구원 초창기부터 오랫동안 열심히 활동했던 박현규 회장고려해운, 유재필 명예회장유진그룹, 윤영환 회장대웅제약, 이해욱 사장전 한국통신, 임성기 회장한미약품, 지동범 사장전 한국제지, 최운지 회장희성전선, 최은탁 사장전 IBM코리아, 최종환 회장삼환기업, 홍인기 이사장전 한국증권거래소, 김용정 회장와이제이교역, 임덕규 회장디플로머시 등에게 감사의 말씀을 드린다.

또한 왕성하게 활동하다가 안타깝게도 고인이 되신 박수웅 회장대일화학, 이상근 행장전 한미은행, 이종근 회장종근당, 이준학 회장태아기업, 최수부 회장광동제약이 우리 연구원에 대해 보여준 애정과 헌신을 잊을 수가 없다.

소그룹 리더들의 헌신

인간개발연구원에는 설립 초창기부터 크고 작은 소모임들이 있어 지금까지 다양하게 운영되었다. 이종기업동우회가 각자 다른 이름으로 4개가 운영되었고 그 사이 회장과 총무도 꽤나 많이 바뀌었다. 골프클럽 인경회, 에세이클럽과 책글쓰기학교, YCF^{Young CEO Forum}와 HDI 비즈팀, 지중해클럽 등 긴 역사 속에 리뉴얼된 클럽들도 있다. 조찬회를 통한 비즈니스 인사이츠 외에도 서로 사돈이 되고 공동 투자기업이 생길 정도로 돈독한 친분으로 대한민국에서 가장 인간적인 CEO모임이다. 이제 연구원이 아니라 친구들 때문에도 40년간 장기 회원이 되었다는 이야기도 종종 들리곤 한다. 연구원의 이름처럼 인간 중심의 문화였기에 가능했으리라 믿는다.

이종기업 1그룹은 연구원 역사와 함께하는 가장 오랜 소모임으로 매년 부부동반으로 여행을 함께하는 거의 가족 같은 모임이다. 특히 화장품제조의 대가 유상옥 회장과 영업시스템의 선두주자였던 윤석금 회장이 만나 코리아나화장품이라는 기업을 탄생시키기도 했다. 그 주인공인 유상옥 회장코리아나화장품이 회장을 역임하고 고려해운 소양해운 대표이사를 지낸 한국 해운업계의 두뇌라 할 수 있는 이윤수 대표이사 부회장케이씨티시KCTC이 그 뒤를 이었다. 그리고 기술 중심의 플랜트사업에 성공하여 탄탄한 재정기반을 쌓고, 마이크로 소프트사에서 전문가로 일하는 아들 주례로 가정사를 깊이 알고 지 내는 송언기 회장태창플랜트이 오랜 기간 봉사했다.

현재는 섬유업계를 대표하는 경편직물수출협의회 회장 출신의 이시원 부천 회장이 모임 회장을 맡고, 세무사협회 회장을 역임한 고지석 회장세무법인 내일이 현재까지 40년이 되어가는 소모임을 충실히 이끌고 있다.

두 번째 소모임으로 이종기업을 서로 이어주던 다락회는 박세직 전 88올림픽 위원장이 참 열심히 해주어서 큰 발전이 있었다. 그의 공직서울시장, 재향군인회 회장, 88올림픽조직위원장 등 재임 이후에 연구원의 강사로, 회원으로서 적극적으로 참여하다가 이종기업 동우회 2그룹 회장직 을 맡았을 때 작은 일에도 큰일을 할 때만큼 최선을 다하는 모습에 감동을 받았다. 연구원에 대단한 열정을 보여준 고마운 분이다. 온화한 인품과 다양한 경륜을 가진 분인데 너무 아쉽게도 일찍 세상을 떠나셔서 안타깝기 그지없다.

다락회 멤버 중 가장 많은 행사초청을 해주었던 윤영상 회장은 다산금속을 금속관련 제조기업으로 크게 성장시켰다. 다산금속이 중국경제 개방 초기에 중국 청도에 투자하여 가장 성공한 기업으로 평가받고 있을 때, 청도에 창업투자 10주년 행사를 대대적으로 하게 되었다. 이때 우리 연구원에서 조순 전 부총리, 박세직 전 서울시장 및 88올림픽조직위원장 등 60여 명의 회원들이 축하단으로 행사에 참여하고 청도시장, 당서기 등에게 분에 넘치는 환대를 받기도 했다.

그가 회고록을 내게 되어 나는 "격물치지 성의정심 수신제가 치국평천하格物致知 誠意正心 修身齊家 治國平天下"라는 제목으로 그가 존경하고 있는 다산 정약용의 실학사상을 담아 축하와 격려의 글을 남기기도 했는데 최근 병환으로 기업경영까지도 힘들다고 하니 마음이 아프다.

3그룹 초대회장인 김정철 회장은 서울공대를 졸업하고, 정림건축을 창업하여 건축업계 최상위에 오를 만큼 성장하여 인천공항, 국립박물관 등을 설계하여 한국 건축사에 영원히 업적을 남긴 기업인이었고 덕분에 회원들이 그 역사의 현장에 제일 먼저 가보는 영광을 누리기도 하였다. 나는 그분이 설립한 한빛재단의 이사로 오랫동안 참가했다.

이후 회장을 맡은 황석희 회장은 우리카드 사장, 평화은행 행장 인천공항공사 이사회의장 등을 역임한 분으로, 덕이 있고 항상 온유한 금융인이었다. 평화은행 행장 재임 시 회원으로 참여한 후, LMI교육 프로그램을 도입, 연구원의 감사 등을 맡아 가족같이 지냈다. 현재는 국제키비탄 한국본부 총재로 사회복지 활동에 열성을 보이고 있다.

시계 중심의 판촉기념물 대표업체인 홍승국 사장^{에버그린MST}과 나에게 멋진 초상화를 선물해 준 임종렬 화백도 총무를 맡아 크고 작은 행사에 많은 기여를 해주었다.

현재는 세계의 중요한 기록들을 달달 외우는 기억의 달인이자 유머화술이 좋은 이재옥 회장^{카사밀라}이 즐거운 모임을 이어가고 있다.

4그룹 첫 회장은 모임마다 배꼽 빠지는 특별한 유머로 재능을 뽐내던 서울도시가스의 배경운 회장에 이어 연구원의 장수 파트너 박성훈 회장^{모간}이 바통을 이었다. 모간은 세라믹 단열재와 반도체 부품을 생산하는 영국계 다국적 기업으로 36년의 업력을 가진 강소기업이다. 과묵한 분이지만 그분에게 부탁드린 광고 협찬, 기부금, 프로그램 참여 등 한 번도 거절한 적이 없는 분이라고 기억될 정도로 연구원에 애정을 듬뿍 주었던 분이며, 그 후 회장이었던 방기봉 회장^{종합건설 빌드원}도 장기회원으로서 마당발이어서 좋은 분들을 많이 소개해 주었다.

특히 총무를 맡아주었던 한종덕 자문위원^{갤럽코리아}은 이전에 IMF 시절 연구원의 상임이사로 재직하면서 연구원이 건재할 수 있도록 어려운 시절을 함께했던 동지인 데다가 지금도 회원으로 남아 자주 볼 때마다 마음이 뭉클함을 느낀다.

현재는 무역으로 탄탄하게 기업을 운영하고 있는 친구인 차진영 대표^{성부트레이딩}와 박이락 회장^{성한트랜스텍}이 회장과 총무를 함께 맡고 있는데 섹소폰 연주가 수준급인 박이락 대표로 인해 항상 음악이 있는 모임이었다.

골프클럽 인경회 초대 회장은 대한노인회장 한국잡지협회장을 역임했던 이심 회장^{주택문화사}이 윤건우 회장^{삼보주단}과 고생해 주었다. 이후 휄트지 제조업으로 튼튼한 자산기반을 갖추고 있는 기업가 이용국 신원휄트 회장이 차기 '인경회^{골프친선모임}' 회장을 맡아 오랫동안 많은 재정적인 지원을 함으로써 인경회가 연구원의 가장 활발한 친선모임으로 자리매김하는 데 기여했다. '인경회'를 유지하여 오늘의 기반을 닦도록 도움을 준 고마운 분이다.

몸을 다쳐 한동안 골프를 못 치게 된 이 회장에 이어 2015년 인경회장이 된 김석문 신일팜글라스 회장은 의료용기 앰플, 바이알을 생산하는 회사를 창업하고 이 업계 국내 1위 업체로 성장시킨 기업인으로, 선교 구호활동으로 처음 아프리카 땅을 밟은 뒤, 그곳의 굶주리는 아이들을 보고 재단을 만들고, 아프리카 케냐에 어린이들을 위한 학교를 건립하는 등 사회공헌에 이르기까지 모든 면에서 모범 CEO이다. 이성기 대표^{나스텍}, 안옥순 대표^{허브브레인} 두 명의 사무총장과 함께 김 회장은 재정지원뿐 아니라 모든 회원이 참여하는 골프회로 활성화시키며, 금년에는 한국에서 가장 좋은 골프장으로 인정받고 있는 제주 스프링데일 골프장^{강국창 회장}에 60~70명이 1박 2일 동안 참여하여 회원 친선을 다지는 등 매년 골프대회가 친선프로그램의 백미가 되고 있다.

유상옥 코리아나화장품 회장과 당시 인간개발연구원 원장이었던 양병무 교수가 자녀들에게 기업을 물려주더라도 2세, 3세에게 우리가 어떤 생각으로 기업을 창업하고 키워왔는지 꼭 한 번 글로 남기자면서 창립했던 책 글쓰기를 위한 에세이클럽은 수필의 대가 손광성 수필가가 수년간 손수 첨삭지도를 해 주었다. 1대~3대 회장을 김창송 회장^{성원교역}이 맡아서 열성적으로 운영해주었다. 최첨단의 화학제품, 기계, 환경 기술을 중심으로 수출산업 원자재를 공급하는 창업 50주년의 기업인으로 천신만고의 고생 끝에 성공한 한국 경제성장의 산증인이다. 발족 시부터 글쓰기를 함께했던 4대 회장 박춘봉 회장^{부원광학}은 1991년 창업, OA기기 렌즈 생산과 감시용 카메라 등 한일협력의 최상의 품질을 키워낸 중소기업인이다. 5대 정문호 고문은 동국제강그룹 입사 후 50년 동안 20년 해외근무를 하며 세계적인 기업으로 성장시키는 데 큰 몫을 한 분이다. 동국제강그룹의 자회사인 동국산업의 사장, 부회장을 맡아 풍력산업 등 독창적으로 회사의 성장·발전에 기여했다. 경영자세미나를 십수 년간 후기로 정리·기록하는 봉사를 했던 정지환 소장^{감사경영연구소}과 모든 소모임에서 총무를 도맡아했던 고마운 이경숙 팀장^{동양생명}이 책글쓰기학교 탄생 전까지 헌신해 주어 감사하다.

2017년 책글쓰기학교로 리뉴얼하여 가재산 대표^{피플스그룹}, 권선복 대표^{행복에너지} 중심으로 리더들의 책쓰기를 교육하고 있는데 젊은 회원 100여 명이 열성적으로 활동하고 있다.

또한 연구원에는 수십 년 매주 같은 라운드테이블에 앉으면서 절친이 되어버린 분들이 두 달에 한 번 오찬담론을 함께하는 모임이 있다. 모임의 좌장인 김동철 회장은 우리 연구원의 최초의 회원인 동시에 평생회원으로 연구원의 역사와 함께한 분이다. 유신유화주식회사를 창업해서 한국수출기업들에 원료를 공급해 오면서 제품생산업체로 발전, 내실 있는 경영을 해 온 모범기업을 일군 기업인이다.

최근 내 옆에서 고생했던 아내에게 비밀리에 위로금을 주시며 감동케 했던 김 회장은 90세에 가깝지만 놀라울 정도의 건강으로 새벽 연구회에 제일 먼저 참석하는 평생학습의 롤모델이다.

YCF & HDI BIZDOM은 인간개발연구원의 미래 지도이다. Young Ceo Forum 초대회장인 김상래 회장^{성도GL}은 일본 후지필름의 탁월한 제품과 기술력을 기반으로 한국 인쇄산업의 발전에 공헌해 온 성도 GL의 2세 경영자로서 인간개발연구원의 차세대 리더를 키워나가기 위해 YCF^{Young CEO Forum}를 함께 창립하여 초대 회장을 맡았다. 2세 경영자로서 성공적인 가업승계의 모델이 되어 연사로도 서고 사업도 다각화하고 문화예술 지원사업 메세나협회의 회원으로서 헤이리심포니오케스트라의 정기연주회를 장기간 지원해 왔고 회원들에게 아름다운 문화를 함께 향유할 수 있게 해주었다. 더욱이 연구원의 재정을 위해 적극적으로 지원을 아끼지 않은 고마운 분이다. 이후 최우영 회장^{성원개발}, 정이안 원장^{정이안한의원}, 황광석 사무총장^{동북아평화연대}이 수고해 주었다.

2017년 비즈텀이라는 이름으로 리뉴얼하여 4050 CEO들의 비즈니스 융합모임으로 운영하고 있는데, 1대 회장으로 80년대 웅진그룹을 인간개발연구원이 정기교육할 때 기획책임자였고, 웅진 코웨이 한샘 리빙클럽 사장을 역임한 두진문 한국화장품 사장이 인간개발연구원 차세대 CEO들을 양성하는 일을 적극적으로 돕고 있다.

지중해클럽은 현재는 잊힌 모임이 되었지만 『로마인 이야기』를 출판하고 우리 연구원과 로마인 이야기 리더십 과정을 기획했던 김언호 사장^{한길사}이 기업은 예술을 담아야 창의적인 기업이 될 수 있다면서 문화예술인과 기업인의 담론클럽을 만들자고 제안했다. 그 당시 잘나가던 기업가와 예술가들이 회원으로 가입했다. 50여 명이 매달 문화가 살아 숨 쉬는 프로그램으로 전문가 멤버들과 지중해 탐방과 음악회 전시회 등 다양한 문화의 향연이 지속되었다. 멤버 중에는 헤이리아트밸리의 중심인물들도 많았고 문화사업 영화사업에 뛰어든 CEO들도 꽤 있어서 문화적인 기업인들을 키워내는 역할을 상당 수 했다고 추억해 본다.

내가 조찬세미나의 모델을 새벽기도회에서 찾은 것처럼 이런 소모임은 구역모임처럼 전체 회원들을 따뜻하게 품어주는 가장 기초적인 역할을 하고 있다고 본다. 앞으로 학습이라는 부분에서 강한 프로그램을 만들어야겠지만 이런 소모임으로 서로의 고민을 나누고 사업을 서로 벤치마킹하는 역할이 더 강해지도록 구상하고 유지시켜 나가려고 한다.

협력하여
선을 이루다

경영자 연구회 세미나 연사들이 43년 동안 인맥이 쌓이다 보니 애정을 가지고 도와주신 분들이 많았다. 그중에서도 세미나의 오프닝과 토론을 주재하는 좌장 역할이 있는데, 그분들이 함께하심으로 진정한 지식의 향연을 느끼게 된다.

4년 전 내가 늘 마이크를 잡고 사회를 보던 기존의 패턴에서 과감히 변신하기로 결심하고 좌장제도를 고안하였다. 우선 몇몇 친한 분들에게 전화를 드렸다. 이만의 장관전 환경부, 홍석우 장관전 지경부, 장태평 장관전 농림수산식품부, 최광식 장관전 문화관광부, 오종남 위원장새만금위원회, 통계청장 역임, 이석연 처장전 법제처, 유장희 위원장전 동반성장위원회, 이원덕 수석전 청와대 사회정책, 임관빈 총장전 국방대학교, 박호군 장관전 과학기술부, 김병일 이사장도산서원 선비수련원, 전 기획예산처 장관, 정덕구 이사장한국니어재단,

산자부 장관 역임 등 정부 요직에 있던 분들인데도 흔쾌히 좌장에 대해 봉사를 허락해 주었다.

또한 염재호 총장고려대, 이영선 이사장경기도일자리재단, 윤은기 회장한국협업진흥협회, 송인준 회장아시아투데이, 손욱 초빙교수서울대, 장달중 명예교수서울대, 김경준 소장딜로이트 경영연구소, 공병호 소장공병호 경영연구소, 정구현 소장전 삼성경제연구소, 채욱 교수경희대, 송병락 명예교수서울대, 유영제 원장전 중앙공무원교육원 등 교육 연구 분야의 다양한 분들이 품격 있고 전문적인 세미나로 거듭나게 해주었다고 생각한다.

정운찬 국무총리, 한덕수 국무총리, 김황식 국무총리, 김형오 국회의장, 정의화 국회의장 등 정권이 수시로 바뀌는 정치 현주소에서도 현직 총리나 정치인들도 경영자연구회에 요청드리면 흔쾌히 연사를 수락해 준 것은 그래도 우리가 공적인 역할을 수행하는 기관으로서 사회적으로 인정받고 있었다는 자부심이 있다.

수많은 강사들이 연구원에 깊은 인사이츠를 주었고, 우직하게 인간개발을 실천하는 연구원에 감동한 강사들은 직접 회원으로 활동하는 분들도 많았다. 나의 오래된 기억 속에서 끄집어낸 인물들의 스토리를 단편적으로 실어 본다. 이 작은 스토리들이 모여 43년의 바다가 되었고 그들의 응원이 그동안 인간개발연구원의 머나먼 항해를 가능하게 해주었다.

허태학 사장^{삼성석유화학·삼성에버랜드·신라호텔 사장}은 삼성그룹에서 우리 연구원에 참가한 대표적인 CEO이다. 그는 전문경영인이자 매우 인기가 많은 강연자로 많은 곳에서 초청을 받는 분인데, 맡은 기업마다 연구원 회원들을 초대해 주어서 가장 많은 친선행사를 했던 듯하다. 연구원에도 물심양면으로 많은 협력을 해준 분이다.

삼성그룹에서 은퇴한 후에는 개인생활에 더 충실하여 외부활동을 자제하고 있다. 만약 한국의 대표적인 경영컨설턴트로 활약해 준다면 한국기업의 성장에 크게 공헌하리라는 생각에 아쉬운 마음이 크다.

현오석 경제부총리는 KDI원장과 국제무역연구원장을 지내면서부터 경제의 대가로서 자주 인연을 맺고 지내다가 경제부총리 현직일 때 제주포럼에 기조강연을 요청했다. 제주시 일정으로 하루 먼저 온 현 부총리는 선발대로 가 있던 직원들에게 정말 어려운 길을 묵묵히 가는 인간개발연구원에 대해 칭찬해 주면서 따로 자리를 마련해서 치하해 준 이야기를 듣고서 참 감동했던 기억이 있다.

이희범 위원장^{평창동계올림픽 조직위원회}은 제7대 서울산업대 총장, 제8대 산업자원부 장관, 제26대 한국무역협회 회장, STX 에너지, 중공업 총괄 회장, LG상사 대표이사 부회장으로 대한민국의 공무원, 기업인, 교육인을 거쳐 통합적인 인사이츠를 줄 수 있는 분으로 고위직에 있으면서도 강연과 인터뷰 요청을 드리면 흔쾌히 허락했다. 이후 동계올림픽 조직위원장으로 강연 할 때 각계 리더였던 회원들이 자발적으로 자원봉사를 한다고 했고, 이배용 전 국가브랜드위원장과 유네스코협회, 강원도 동계올림픽조직위원회, 한국외교협회 등이 함께 세계적인 행사에서 우리의 역사를 알리자는 취지로 다양한 강원도의 역사문화에 관한 토론과 문화공연 그리고 올림픽 시찰까지 기획했고 300명이 넘는 리더들이 평창을 다녀왔다.

조남철 총장은 한국방송통신대학을 성인 평생교육기관으로 성장시켰다. 정치인을 비롯한 각계 유명 인사들이 방송통신대학의 학생으로 입학하여 학교를 빛내고 국가적으로 화제를 불러일으키기도 했다. 조남철 총장은 연구원의 회원으로 자부심을 가지고 방송통신대학에 등록했고 협력사업을 적극적으로 추진했다. 대통령 직속 사회통합위원회가 우리 연구원과 소통아카데미를 공동 주최하면서 방송통신대학의 방송시설^{장소}을 활용, 세미나 강연을 적극적으로 방영하게 되었다. 총장 임기를 마친 후에도 연구원의 연구회 좌장으로 활동하고 있다.

어윤대 전 회장^{KB금융지주}은 고려대 교수로서 총장 취임 전에도 연구원과 나 자신에게도 큰 관심을 보이면서 인간관계를 맺고 지내 왔으며, 이명박 정부 시절 KB금융지주 회장으로 금융계에 혜성처럼 부상했다. 국민은행이 과거에도 회원으로 참여하긴 했지만 KB금융지주로 새롭게 출범하면서 한국금융계를 대표하는 법인회원으로 참여, 오늘에 이르도록 금융계 톱 그룹으로 연구원의 회원활동을 지원하고 있다. 금융지주의 임원들은 연구원의 제주 하계세미나는 물론 금년 일본 북해도에서 개최한 해외세미나에도 대다수 참가했다. 어윤대 회장이 고려대 총장 시절이나 KB금융지주 회장 때도 연구원에 깊은 관심을 갖고 지원을 아끼지 않은 데 대해 늘 감사의 마음을 가지고 있다. 현재 고려대 총장인 염재호 총장과도 많은 협력을 유지하고 있다.

최갑홍 교수^{성균관대 경영전문대학원}는 상공부 차관을 지낸 후에 한국전자산업협회 등의 수장을 맡아 정부투자기관 또는 민간연구기관을 성공적으로 운영하면서 연구원의 법인회원으로 연구원에 큰 힘을 보태주고 있다. 공직을 퇴임하면서 스위스에서 유학한 것이 기초가 되어 한국표준협회와 한국기계전기전자시험연구원 등 한국의 기술표준화에 공헌하였고 성균관대에 가서도 학자로서 산업계의 혁신에 크게 공헌하고 있다.

윤영섭 이사장^{계원학원·계원대학교}은 고려대학교 부총장 재임 시절 한·러 대화재단 창립을 위한 협의회 등으로 관계를 맺기 시작하여 후에 부총장직에서 퇴임하고 계원학원 이사장으로 취임한 후에도 법인회원에 이어 이사직도 맡고 있다. 한·러 친선협회가 한·러 대화재단과의 관계 속에서 한·러 정상회담^{러시아 상트페테르부르크}

에 함께 참석하는 등 특별한 관계를 유지하며, 계원학원의 계원 중·고교의 특별 음악페스티벌에도 초청받고 연구원의 여러 가지 프로그램에도 자주 참여하고 있다.

김용복 회장^{영동농장}은 열사의 땅 중동에서 사막에 농장을 개간하여 무, 배추를 재배해 중동에 진출한 건설업체의 근로자들에게 김치를 공급함으로써 큰돈을 벌어 농업의 신화를 창조한 불멸의 기업인으로 무척 유명한 분이다. 그의 신화가 담긴 잊히지 않는 명강의를 한 것이 계기가 되어 우리 연구원의 법인회원이 되었다. 강진만^灣에 개척된 100만 평의 영동농장에 우리 회원들이 초대되어 신화적인 그의 삶의 모습을 보고 받았던 감동은 형언할 수 없다. 김 회장의 생명의 은인으로 관계 맺고 지내 온 국내 최고의 암 전문의 박재갑 박사를 소개하여 그와 맺은 인간관계는 또 하나의 큰 인간관계사가 되었다. 이런 인연이 계기가 되어 우리 연구원에 대한 박재갑 박사의 깊은 이해와 협력은 다양하게 펼쳐져왔다.

박청수 교무^{원불교}의 세상 받든 이야기가 담긴 『박청수』는 도서출판 열화당 이기웅 사장의 박청수 교무에 대한 인간적인 경외심과 애정, 신념이 근간이 되어 출판되었다. 이 책은 열화당 영혼 도서관 책으로 봉정되었다. 박청수 교무가 지난 50년의 긴 세월 동안 세계 55개국을 돕고 나라 안팎에 9개의 학교와 2개의 병원을 세우는 등 독신 여성의 몸으로 살아오면서 그가 이루어 놓은 일은 기적이라 해야 할 것이다. 원불교 교무를 퇴임한 후 그가 기거하고 있는 〈삶의 이야기가 있는 집〉 박물관에는 나라 안팎에서 있었던 모든 기록물들을 전시해 놓았다. 이 박물관은 마더 박청수의 면면을 보여준다. 박 교무는 우리 연구원 초청강사로 강연한 후 연구원과 인연을 맺고 바쁜 일정에도 불구하고 회원이 되어 열심히 참석하고, 나와는 동갑내기로 가깝게 지내면서 캄보디아 병원 준공식에 함께 참석하기도 했다. 연구원의 많은 행사에 참여하고 때로는 재정적인 지원도 하며 좋은 관계를 유지하고 있다.

김영호 전 산업자원부 장관은 경북대학교 교수 시절부터 인연을 맺기 시작하여 회원들과 중국 시찰 때도 함께 가고 유한대학 총장 시절에도 연구원에 다양한 프로그램을 위탁 운영을 부탁할 정도로 큰 신뢰를 가지고 있었다. 흥부기행 등 다양한 모임활동도 같이하면서 김장관과는 기업의 사회적 책임에 대한 관심이 CEO 교육 제주포럼에서 한중일 합동세미나 등 많은 프로그램들을 같이 진행하게 되었다.

그 동생인 김영덕 회장 유썸은 삼립식품 신입사원으로 입사해 대표이사를역임한 샐러리맨의 신화이자 파리바게뜨 제빵 프랜차이즈의 신화를 만들어내고 퇴임 후 프리미엄샌드위치 퀴즈노스써브로 올해 100호점을 바라본다. 2017 HDI 감사로 참여하고 있다.

서진규 박사는 경상남도 동래에서 엿장수 딸로 태어나 어려운 가정형편에서 가발공장 여공을 거쳐 미국에 식모로 이민을 가서도 스스로의 삶을 개척해 하버드 박사이자 미국 육군 예비역 영관급 장교를 지낸 여걸이다. 자서전『나는 희망의 증거가 되고 싶다』로 일약 스타 작가가 되었고, 방송과 강연활동을 하면서 인간개발연구원 대표 강사로서 연구원을 무척 아껴주었고, 함께 공익 활동도 많이 했었다.

한비야 월드비전 세계시민학교 교장은 오지여행과 국제구호활동 전문가로서 2005년 펴낸『지도 밖으로 행군하라』이후 긴급구호에 대한 대중의 관심을 끌어내었고, 광고 출연료 1억 원을 종잣돈으로 월드비전 세계시민학교를 시작했고 인세 1억 원을 기부하며 이제 나누는 사람들을 직접 양성하고 있다. 한국에서 가장 영향력 있는 여성 차세대 리더 100인 등 당당한 한국의 지도자이며, 우정의 마음을 가지고 연구원을 도와주는 분이다.

송재문 회장은 스포츠용품 전문기업 낫소를 창업한 창의적인 기업가이다. 오늘에 이르기까지 열성적으로 학습열을 불태우는 100세 시대의 산증인이기도 하다. 서울대 화공과 출신으로 독일과 관련된 화학제품 회사의 영업맨으로 입사하여 화학제품 관련 회사에 근무하다가 테니스공, 골프공 등을 한국에서 최초로 생산하여 세계에 수출하는 기업을 창업했다. 당시에는 유수한 기업들도 세계 유명 브랜드를 수입해 많은 수익을 창출하고 있을 때였음에도 불구하고 너무나 생소한 자체 브랜드를 고집, 낫소를 세계화하겠다는 기업가정신을 가진 청년 기업가로 경영자연구회에서 강연도 하고 회원으로도 열성적으로 활동했다. 이후 혈액암 선고를 받고 사경을 헤매기도 했지만 대체의학으로 회복하고 90세에 가까운 연세에도 끊임없이 연구열을 불태우며 아직도 나노기술 R&D 중심의 기업을 경영하며 활기차게 활동하고 있다.

강석진 회장은 GE코리아에서 사장과 회장을 10년 이상 재직하면서 법인회원뿐 아니라 크고 작은 행사의 후원사로서 연구원을 도왔다. GE가 세계적인 기업으로 성장할 수 있었던 비결에 관하여 GE 클론톤빌경영대학원장을 초청하여 벤치마킹 세미나를 가졌었다. 열성적인 분이라 다양한 제안을 늘 해주었고, 한국전문경영인협회 이사장으로서 연구원의 업적들을 시상하고 출판하는 과정을 응원해 주었다. 이후 강 회장과의 인연으로 이채욱 대표이사 강석욱 대표이사까지 GE코리아와의 인연도 이어졌다.

최근들어 인간개발연구원의 혁신적인 인적 변화는 제일 핵심적인 회원제도로 이사단을 만든 것이다. 재원으로서의 회비도 크게 감당해 주고 연간 모든 행사에 참여하여 항상 그 중심에는 이사단이 있도록 만들었다. 강국창 회장^{동국성신}, 김재기 회장^{안동기공}, 두진문 사장^{한국화장품}, 문종금 회장^{삼보연맹}, 민남규 회장^{자강산업}, 박재돈 회장^{한국파마}, 방기봉 회장^{빌드원}, 송문호 회장^{티에이에스}, 신재석 사장^{삼양미디어}, 이금주 원장^{성민학원}, 이병구 회장^{네패스}, 이병화 대표^{에스텍시스템}, 이상욱 사장^{농민신문사}, 이상원 회장^{크라운출판사}, 이영석 회장^{이알에이코리아}, 이운명 사장^{주원}, 이준환 사장^{KCTC}, 전상백 회장^{한국종합건축사사무소}, 정만우 회장^{실버텍스}, 채영수 회장^{수안산업}, 천석규 대표^{천일식품}, 탁재용 회장^{흥안실업}, 한재권 회장^{조인그룹}, 황병종 사장^{제니엘}, 한승호 회장^{한설그린} 그리고 2017 감사로 수고해준 김영덕 회장^{유썸}, 석호영 부회장^{세무법인오늘}에게도 고마운 마음을 전한다.

지금까지 거론한 회원들 이외에도 20년 이상 장기 회원으로서 지금도 열심히 활동하고 있는 윤백중 회장^{삼화P&S}, 윤희진 회장^{다비육종}, 김재용 회장^{백천}, 공한수 사장^{Bigdream & Success}, 황경호 이사^{한국원자력문화진흥원}, 최동현 대표^{유텍스세무회계}, 최신옥 이사장^{세종고등학교}, 양종관 교수^{남서울대}, 구교근 대표^{한마음특허법률}, 오경근 사진가^{Location portrait}에게도 감사를 드린다.

책을 쓰면서 가장 힘들었던 부분이 지금까지 활동했던 수천 명이 넘는 회원들 중에서 일부만 기록하게 되는 것이었다. 현재의 회원들보다는 선배 회원들을 중심으로 기록하게 되었는데. 회원들 한 분 한 분이 눈에 밟혀 고민하고 또 고민하면서도 제한적으로 반영할 수밖에 없어서 참으로 안타까웠다.

지면 관계상, 그리고 팔순의 기억력으로 못 써내려간 분들에게 송구스런 말씀을 드리며 양해를 부탁드린다. 인간개발연구원은 설립 이후 지금까지 민간 공익기관으로서 자생해 왔다고 하지만 결국 회원들의 지원이 아니었다면 지속적인 성장은 어려웠을 것이다.

앞으로의 100년도 그렇게 서로 의지하고 함께 만들어 나가는 사회공헌그룹 인간개발연구원의 꿈을 가져본다.

저소득층 아동돕기를 위한 위대한토크에서 연사로 선 이해인수녀와 혜민스님

배워서 남 주자,
멘토대학

나는 경영학을 공부했으나 그리 숫자에 밝은 사람은 아니다. 지금 팔십까지 새벽부터 쉬지 않고 공부를 하고 있으나 '배워서 남 주자.'의 유전자를 가졌는지 인간개발연구원을 사단법인으로 설립할 때에도 국가와 사회 그리고 인간의 잠재력 개발에 보탬이 되는 기관이 되고 싶은 마음이지 내가 이런 사업을 하면 경제적으로 성장하겠구나 하는 생각은 거의 없었던 듯하다. 그러다 보니 수익형 사업은 뒤로하고 매번 공공적 성격의 일들을 연구원이 나서서 하는 모양새가 되어서 회사의 재정에는 악영향을 끼치다 보니 직원들에게는 늘 미안한 마음이 있었다.

그러나 하늘은 스스로 돕는 자를 돕는다고 하지 않는가. 개인적으로 사회적 협력과 선을 목표로 한 여러 단체들의 장이나 임원을 맡아 수행하고, 송년회마다 나눔의 테마를 실천하면서 연구원의 나눔의 뜻을 알리기를 꾸준히 했었다.

사랑의 책나누기 운동분부를 도와서 군부대 책보내기 운동을 지원하고 있었던 2005년 송년회에서, 앞으로 인간개발연구원은 문화지식병영을 만드는 일을 하겠다는 포부를 밝히고 CEO들의 서재의 책을 병영으로 보내자는 캠페인을 벌였다. 김영사와 21세기북스 출판사가 천 권의 책을 보내주었다. 그렇게 좋은 일이니 알리자는 의도로 홍보를 하다 보니 그동안 연구원의 사회공헌적 의미를 높이 샀던 중앙일보 시사미디어 이장규 대표가 국민은행 사외이사로서 이사회에 이 사업을 알리고 싶다고 이야기했다. 하루 만에 생각했던 것들을 기획안으로 만들어서 국민은행 연말 이사회에 보고를 했다. 전원 찬성으로 우리의 문화지식병영사업이 채택이 되었고 우리는 그때부터 문화지식병영사업으로 군부대의 교육혁신을 돕게 되었다. 육군본부 육군혁신아카데미 5군단 리더십교육으로 시작되었던 사업은 당시 임충빈 육군참모총장, 임관빈 육군정책실장, 김동신 국방부 장관 등의 지속적인 관심으로 육군 예하부대와 공군본부까지 전국으로 퍼져나갔고 장기 공익사업으로 꿈을 펼쳐나갔다.

특히 회원들이 성공한 기업인들이 많다 보니 재단을 만들고 인생후반전을 사회공헌에 뜻을 둔 분들이 많다. 그중 김창송 회장,

전상백 회장, 박춘봉 회장이 앞장서서 만들었던 최재형장학회는 연구원이 진행한 해외나눔 투어에서 안중근 의사의 독립운동을 도왔던 군수사업CEO 최재형의 아름다운 이야기를 발견하고 바로 재단이 만들어진 것이었다. 이를 뒤에서 홍보하고 많은 회원들이 협력하여 고려인 장학생을 돕고 최재형 기념사업회를 운영하여 KBS로 방송되고 뮤지컬 스토리가 되기도 했다.

또한 올해는 김석문 회장^{신일팜글라스}이 창립한 심향재단이 2017년 2월 아프리카 케냐에 브라이트엔젤스아카데미 헌당식을 갖고 38명이 함께 아프리카 시찰 겸 방문을 하기도 했으며, 회원들이 다

2017년 김석문 회장이 기부한 아프리카 케냐 브라이트엔젤스 아카데미 헌당식에서 회원들과 함께

같이 모금하여 교육기자재 및 스쿨버스를 기증하는 행복한 시간을 만들기도 했다.

　내가 등기이사로 참여하고 있는 공생복지재단의 윤기 회장은 거지 대장으로 불리던 한국남자, 그리고 일본인이었지만 평생을 한국인 고아들의 어머니였던 부모님들의 영향을 받아 목포공생원 원장으로 지냈다. 그는 고아들의 곁을 지키다가 재일동포 노인요양시설 사회사업을 하고 있는데, 목포에서 일본까지 수차례 방문하여야 하지만 고향의 집 열 군데를 목표로 하는 윤 회장이 하는 일은 진심으로 돕고 싶다.

　정기아카데미 사업에서 자주 모시는 차동엽 신부의 『바보 ZONE』이라는 책이 있다. 영악한 사람들이 결과를 이룰 것 같지만 바보같이 산 사람들에게 무형의 재산들이 모인다는 이야기라서 나처럼 유형의 재산이 전무한 사람에게는 아주 마음이 든든한 내용이었다. 그런데 인간개발연구원은 나처럼 부족한 사람이 아닌 사업도 잘하고 마음도 아름다운 리더들이 많았다. 그런 좋은 사람들을 만나서 이런 사회공헌의 히스토리들을 이어갔다. 인생후반전의 나눔의 뜻을 가진 CEO들과 함께 차세대 리더들을 키우는 멘토대학으로 나의 남은 인생을 기여하고 싶다. 인간개발연구원의 산학연을 아우르는 43년 인맥지도를 지금 펼치고 아름다운 사람들이 만나는 보물섬을 그려보고 싶다.

대한민국의 젊은 사람들이 바라는 멘토상이 과연 부와 권력을 거머쥔 리더들일까? 단연코 아니라고 생각한다. 진정 배워서 성장해서 남과 함께 더불어 사는 능력과 비전을 가진 리더들을 원한다. 우리는 인간경영의 비전을 실천하는 리더들을 시상하는 인간경영대상을 우리가 직접 만들어야겠다고 다짐하고, 2015년 우리의 멘토를 찾는 제1회 인간경영대상 첫 깃발을 들게 되었다.

옥션을 창업한 이금룡 코글로닷컴 회장이 심사위원장을 맡아서 가재산 이사장, 구건서 대표, 김선화 대표, 염동호 이사장, 이수경 대표, 이홍민 대표와 재무적 관점이 아닌 수상자의 철학과 실천이 살아 숨 쉬는 강소기업, 강한 지방자치단체, 사회공헌도, 사회봉사, 상생경영, 복지와 인재 양성에 특별한 철학과 가치관이 있는 경영자, 단체를 찾는데 많은 연구와 탐색을 이어가고 있다.

특별히 처음 하는 시상식이지만 김황식 전 국무총리, 손병두 호암재단 이사장, CJ그룹 손경식 회장, 황우여 전 부총리, 심대평 지방자치위원장이 인간경영대상의 뜻을 함께 축하하고 심사를 마무리하고 시상도 직접 해주었다.

가치지향적인 멘토를 찾아 사회적으로 널리 알리는 것은 인간개발연구원이 그동안 사회통합의 의미를 담아서 실천했던 여러 사업의 결정체라는 생각으로 앞으로도 그 의미를 키워나가려고 한다.

제1회 인간경영대상 종합대상에는 구자관 삼구아이앤씨 대표책임사원이 선정됐다. 상생경영부문에는 윤동한 한국콜마 회장이, 사회공헌부문에는 최규복 유한킴벌리 대표, 사회봉사부문에는 두상달 가정문화원 이사장, 인재경영부문에는 이형우 마이다스아이티 대표, 교육부문에는 김영철 동화세상에듀코 대표가 수상이 선정되었다

제2회 인간경영대상에는 기업부문으로 특별상에 심갑보 삼익THK 상임고문, 상생경영부문에 이윤수 KCTC 상임고문, 사회공헌부문에 강국창 동국성신 회장, 인재경영부문에 이병구 네패스 회장, 사회봉사부문에 민남규 자강산업 회장, 인재교육부문에 한재권 조인그룹 회장 그리고 공공부문으로 지속가능부문에 최양식 경주시장, 인재개발부문에 남유진 구미시장, 사회소통부문에 유두석 장성군수, 사회복지부문에 노현송 강서구청장이 수상하였다.

시인들이 사랑한
인간개발연구원

　우리 연구원을 위해 한국을 대표하는 김후란 시인과 정호승 시인이 정성껏 써준 헌시 2편을 소개한다. 김후란 시인은 2013년 계사년 새해를 맞아 인간개발연구원과 회원에게 〈사랑과 예지의 눈빛으로〉라는 제목으로 새해의 꿈과 사랑을 담아 축시를 써주었다.

　정호승 시인은 인간개발연구원 40주년을 기념하여 〈인간의 희망의 금강송이 되라〉는 제목으로 인간개발연구원의 과거와 현재 그리고 미래를 담아 기념비적인 시를 선물했다. 순수하고 아름다운 시로 인간개발연구원을 격려하고 지원해 준 김후란 시인과 정호승 시인께 깊은 감사의 말씀을 드린다.

　김후란 시인은 2008년 경영자연구회에서 「문학과 인생」을 주제로,

정호승 시인은 2013년 「내 인생에 힘이 되어주는 시」를 주제로 강연을 하여 참석자들을 격려하고 위로해 주었다.

두 시인의 순수하고 사랑이 넘치는 시처럼 인간개발연구원이 서로를 사랑과 예지의 눈빛으로 정답게 품고, 인간에게 희망의 금강송이 되기를 다시 기원해 본다.

사랑과 예지의 눈빛으로
-2013 계사년 새해맞이 축시-

김후란

신비로워라

우리들의 새아침은 언제나 새롭다

낡은 허물 벗고 새롭게 태어나는

지혜롭고 진취적인 뱀처럼

창의創意와 의지意志로 뛰는 가슴은

팽팽한 도전이다 미래를 응시한다

새벽이슬이 언젠가는 바닷물로 살아나듯이

바닷가 모래가 산으로 다시 일어서듯이

꿈꾸는 세계 큰 그림 그릴 때

삶은 아름다워라 찬란한 햇살이어라

처음부터 지구는 하나였다

저 하늘 은하수엔 2천5백억 개의 별들이 모여 있고

우주엔 또 그만한 은하계 무수히 많다고 할 때

그토록 광막한 우주에서 지구는 너무 외로운 행성

그러나 우리에겐 다시없이 큰 세계

서로를 격려하며 이끌어주며

생명의 고리 영원히 이어가며

엄청난 인연으로 맺어진 내 가족, 내 이웃,
자랑스런 내 나라

존재의 빛은 경이로워라 참으로 눈부셔라
다음 세대 다다음 세대 평화로운 삶의 언덕에
싱그러운 초록별의 꿈과 희망 안겨줄
할 일 많은 우리의 뜨거운 가슴
참으로 소중하여라 우리들의 만남은
사람답게 살기위해 마음을 열고
사랑과 예지의 눈빛으로 새날을 맞자
가슴 벅찬 새해의 큰 길, 힘 있게 걷자
우리 정겹게 서로를 품자

인간의 희망의 금강송이 되라

-인간개발연구원 40주년 기념 축시-

정호승

40년 전 여기

인간의 맑은 솔씨 하나

바람에 날아와 뿌리를 내렸나니

인간의 바위 위에

날카로운 불신과 균열조차 껴안고 뿌리를 내려

아름다운 한 그루 소나무로 자랐나니

어둠을 뚫고

새벽마다 동트는 진리의 빛을 따라

인문과 역사와 눈물의 씨를 뿌려

길이 끝나는 곳에서 다시 길이 되어

모든 인간의 길의 길라잡이가 되었나니

아름다워라 40년 동안

칼이 꽃이 되고

총이 꽃이 되었네

눈부셔라 40년 동안

미움이 사랑이 되고

증오가 희망이 되었네

인간개발연구원은 이제 다시

인간의 희망의 심장이 되라

결코 멈추지 않는 사랑의 심장이 되라

남과 북이 하나 되어 안방에서

도란도란 밥을 먹을 때까지

백두산 천지에도 인간의 솔씨를 뿌려라

한라산 백록에도 사랑의 솔씨를 뿌려라

그리하여

인간개발연구원은 다시

인간의 희망의 금강송이 되라

인간의 어머니의 마음이 되라

꿈이 현실로

현실이 미래로 이어지게 하라

제3장

장만기가 만난
한국의 대표리더 52명

제1편

정치·관료·학계·문화계 (27명)

김대중

제 15대 대통령

나의 정치, 나의 인생

　소위 말하는 3김 중에서 김대중 전 대통령의 경우, 우리 연구원의 강사로 초청할 때 우여곡절이 많았다. 오랫동안 미국에서 망명하다 1988년 귀국한 그는 가슴속에 큼직한 응어리를 안고 있었다. 당시 나는 KBS라디오에서 88서울올림픽에 관한 대국민 대화프로를 진행하고 있었는데 그를 초청하는 데 얽힌 이야기는 잊히지 않는 추억으로 남는다.

　사회 분위기가 많이 자유로워지긴 했어도 정부 당국으로서는 그의 발언을 신경 쓰지 않을 수 없었다. 그러던 중 연구회에서 특별 강연자로 그를 초청했다는 것이 알려지자 매우 어려운 상황에 직면하게 되었다. 정보기관에서 당시 문교부 고위관계자를 통하여 수차례나 취소하라는 압력전화가 걸려왔고, 주위에서 만류하는 사람도 적지 않았다.

사실 우리 연구원은 비정치, 비영리, 비종교를 추구해 왔기 때문에 이렇게 큰 정치인을 초청하는 것에 대한 갈등도 없지 않았다. 그러나 나는 취소하지 않고 좀 더 연구해 보자고만 했다. 우리 연구원이 문교부에 등록되어 있어서 연락이 온 것인데, 나는 오해가 있으면 안기부 관련 담당자에게 자세히 설명해 주겠다고 했다. 그런데 막상 강의 날짜가 임박하니 그를 초청했다고 알리지 않을 수 없었다. 정부 당국자들 간에 어떻게 이해가 되었는지 모르지만, 다행히 안기부에서 나오지 않은 덕에 김대중 전 대통령을 초청한 연구회는 그대로 진행되었다.

　그는 정치생활을 하는 동안에 다섯 번 죽음의 고비를 넘겼다. 한 번은 공산당 때문에, 박정희 정권 때 세 번, 전두환 정권 쿠데타 때 한 번이었다. 다섯 번의 죽음의 고비를 지켜본 주변 사람들은 "다른 사람들은 살기가 어렵다지만 김대중은 죽기가 더 어렵다."라고도 이야기했다.

　또한, 원래 자신은 경제에 대해 관심이 있고 기업인들과 대화를 하고 싶었다고 한다.

　"전국경제인연합회에서 기업인들과 한 번 대화를 했으나 전두환 대통령 시절 미움을 받아 기업인들이 나와 만나는 것을 무서워해서 대화를 할 수가 없었다. 그러다 보니 '오늘 당신의 강연이 적진에 돌입하는 심정이 아니냐?'고 주변에서 물었다. 내 심정은 어떤 총각이 소문이 안 좋아서 데이트를 못 하다가 처음 데이트하는 기분이다. 데이트가 성공해서 식사도 하고 차도 마시면 좋겠다는 생각이다."

그는 민주화를 위한 투쟁을 언급하면서 기업인에 대한 진솔한 생각과 충언도 잊지 않았다.

"어떤 사람들은 내가 기업인에 대해 배척하는 마음을 가졌다고 생각한다. 주로 대기업에 대해 양면적인 생각을 가지고 있다. 그분들이 권력에 당한 어려움을 볼 때 측은한 생각도 든다. 한편에는 그렇게 안 하면 성공할 수 없었다는 것도 이해할 수 있다.

결과적으로 재벌 대기업이 권력과 결탁하여 소비자를 희생시키고, 노동자를 가혹하게 하고 중소기업을 착취하면서 본인들만 비대해졌다는 점에 대해, 앞으로 부정적인 면은 경계하고 권력에 대해서 억울하게 당하고 아부하고 헌금하고 부정하게 안 하면 유지할 수 없었던 면은 척결하여, 양심을 가지고 하나의 국가사회의 공헌자로 등장하여 국민으로부터 지지받는 대기업을 만들어야겠다.

돈이 인생의 전부가 아니고 기업의 전체가 아니라면 기업인도 정치의 희생자였다고 인정한다. 자유로운 기업인이 되고 경제의 주체가 되고 존경받는 기업인이 되려면 민주사회가 되어야 한다. 정치가 기업을 좌지우지하고 배후에서 공작정치 하는 것이 없어

겨야 한다."

그는 기업윤리에 대해서도 힘주어 강조했다.

"내가 보기에 잘못된 기업인관觀이 있다. 기업윤리가 돈을 고아원에 기부해야 하고 학교나 병원을 세워야 한다고 생각하는데 이 것은 기업인 개인의 문제이다. 기업의 윤리는 철저한 경쟁을 통해 소비자에게 가장 좋은 물건을 가장 싼값에 제공하는 것이다. 생산에 같이 참여하고 있는 종업원들에게 정당한 처우를 해주는 것이다. 번 돈으로 부동산 투자하는 대신 확대 재생산하여 좋은 물건을 더 값싸게 만드는 것이 우리가 생각하는 기업윤리이다. 그러면 정말 훌륭한 기업인이라고 생각한다.

우리가 이제 아시아태평양시대의 주역이 되지 않겠는가 생각된다. 우리 사회의 갈등을 대화, 타협, 성숙한 자세로 해결한다면 남북 간의 대치를 평화상태로 바꾸고 남북이 평화공존과 상호 교류하면서 동·서독, 대만처럼 공존의 모델을 만들어갈 수 있다. 그것을 여기 계신 기업인 여러분들이 해낼 수 있다고 생각한다."

이날 강연은 국내외의 유명인사 500여 명이 운집하여 대성황을 이루었고, 오히려 큰 문제 없이 참석자들에게 새로운 희망과 용기를 주는 유익한 모임으로 종료되었다. 김대중 전 대통령은 연구회가 끝난 뒤 "나라 발전을 위해 경제인들과 진지한 이야기를 나누고 싶었는데 이런 자리를 마련해 주어 고맙다."고 인사를 전했다.

이후 김대중 전 대통령과 특별한 관계가 형성되었는데, 꼭 필요할 때 고맙게도 도움을 받기도 했고, 지극히 사적인 만남으로 동교동 자택에서 조찬을 함께하기도 했다.

한 번은 내가 그분에게 직언을 드린 적도 있다. 박정희 대통령과의 선거에서 패배하고 났을 때를 회상하면서였다. 물론 공정하게 했다면 이겼을 수도 있었을 것이다. 그러나 결과적으로는 선거에 져서 패자가 되었고, 그런 분에게 나는 한국 정치사에 있어서 야당 책임자도 정치적 책임을 져야 한다고 말씀드렸다. 또한 대통령선거에서 후보자의 긍정적인 이미지가 중요하다고 설명하면서 공격적이며 부정적인 이미지가 문제였다고 언급했다. 물론 그 당시 부정적인 이미지는 정적들이 만든 것이라고 강한 반응을 보였다. 우선은 텔레비전에 나갔을 때 어떤 옷을 입고 어떤 표정으로 나갔는지 물으면서 너무 무거운 색 복장과 굳은 표정이 국민들에게는 경직된 느낌을 주었을지도 모른다고 말씀드리기도 했다. 인사 문제에 있어서도 인사가 만사임을 당돌하게 충언하기도 했다.

내가 인상 깊었던 것은 김대중 전 대통령이 달갑지 않은 얘기도 기분 나빠하지 않고 메모하는 모습이었다. 그 모습만으로도 민주투사로서의 범접할 수 없는 내공이 느껴지는 분이었다.

김영삼

5공 청문회와 역사의 교훈

제 14대 대통령

김영삼 전 대통령은 1988년 3당 통합 후 민자당 대표로서 노태우 대통령과 미묘한 갈등을 겪고 있을 때 반갑게 초청에 응하여, 손명순 여사와 함께 제주도 하얏트 호텔에서 열린 하계포럼에 참가했다. 그는 세미나가 시작되기 전날 밤 호텔에서 나와 단독으로 밤늦게까지 정국 현안에 대해 담론했다.

특히 「5공 비리 청산과 한국 정치의 정도」라는 주제로 강연할 때, 특유의 스타일대로 자신의 속내를 그대로 드러내 오히려 듣는 이들을 걱정스럽게 하기도 했다.

"장만기 원장과 이 자리에 함께한 존경하는 신사숙녀 여러분, 짧은 시간 동안 '5공 비리 청산과 한국 정치의 정도'라는 주제로 이야기하고 대화의 시간을 가지고자 한다.

이번에 우리 역사상 처음으로 국회에서 청문회를 가지게 되었다. 이 청문회까지 국회의원 생활을 몇 달 하는 동안 국민이 제일 관심이 많은 것은 5공화국의 청산이었다. 이 문제로 청문회를 여는 데 생중계를 하자고 제안할 때까지, 국회 모습이 생으로 국민들에게 노출되는 것이 바람직한 일인가? 나 자신도 염려를 오래 했다. 국회에는 완벽한 사람들이 모여 있는 것이 아니기 때문에 하는 말이다.

그래서 첫 청문회에 나 자신이 공개적으로 제의하고 당을 통해 KBS, MBC는 물론이고 문공부까지 생중계를 요청했다. 결과를 놓고 생각할 때 잘된 일이라고 생각한다. 청문회 공개는 우리 정치문화 의식에 큰 변화를 가져왔다고 단정할 수 있다. 이제 힘의 정치, 폭력의 정치는 물러가고 공개정치를 통해 정직하고 깨끗한 정치가 이 시대를 끌고 가야 한다는 국민들의 합의가 이루어지고 있다는 생각을 하게 되었다.

우리들이 생각할 때 5공 비리 청문회, 광주특위 청문회를 통해서 느끼는 것은 중세기 시절 종교재판과 같은 형태로 부정과 불의와 폭력정치를 해왔다는 것이 노출되었다. 언론 통폐합, 광주의 비극, 삼청교육, 불교범람이라는 엄청난 폭력정치가 8년간 이루어졌던 것이 국민 앞에 공개되고 있는 것이다.

정치에 있어 원칙과 신념으로 삼는 것은 깨끗하고 정직한 정치이다. 우리들의 현재 제일 큰 과제는 5공 비리의 청산이다. 이것은 전두환 대통령 문제와 연결이 된다. 이 문제의 귀결 없이는 모든 문제를 처리할 수 없는 단계에 왔다.

국회연설에서 전두환 씨는 5공화국의 모든 잘못된 문제를 국민에게 사죄하고, 부정한 모든 재산을 반납하고 현재 연희동 집도 내놓고 고향으로 낙향할 때 국민들이 용서할 것이다. 그런데 그렇게 하지 않는다.

노태우 대통령을 만나서 '대통령이 살고 정권을 유지하기 위해서 전두환 시절 과거를 청산해야 한다. 그래야 정국의 안정이 온다.'고 했지만 안 하고 있다.

저번 국회 대표연설에서 다시 한번 마지막 경고를 했다. 5공화국 시절의 잘못된 폭정에 대해 반성하고 겸허하게 국민의 심판을 기다리는 것이 옳겠다고 했는데 안 한 채로 지금까지 왔다.

보도자료를 보면 변호사와 문필가를 동원해 문면을 가다듬고 있다는데 이게 말이 되는가? 왜 진실을 이야기하는 데 문필가가 필요한가? 이 정권도 실기를 한 것이다. 누누이 강력하게 이야기했지만, 호미로 막을 것을 가래로 막기가 어렵고 불도저로도 막기 어려운 사태로 끌고 온 것이다.

오늘날 민주화가 되는 과정에서 사회 지성인 여러분이 안타까운 부분이 많을 것이다. 혼란스럽고 어렵겠지만 이것은 잠시 지나가는 것이다. 16년간 군사정권이 오래 지나갔기에 한 번은 겪어야 할 현실이라고 생각한다. 민주주의는 우리 자신이 이해하고 소비론에 대해서 생각해야 한다. 민주화의 큰 흐름 속에 겪어야 하는 아픔이 아닌가. 이 시대를 인내하려면 극복하는 지혜가 있어야 한다고 생각한다.

문제는 5공 비리 청산문제의 해결인데 이것이 전제되지 않고는 경제 문제, 사회문제 모든 것이 해결되지 않는다. 역사의 교훈이다. 청문회를 통해 다시는 제2의 전두환이 나타나면 안 된다는 역사의 교훈을 남겨줘야 한다.

또 하나는 나 자신이 모두가 걱정하는 기본적인 생각, 즉 안정 속에 개혁을 끌고 가야 한다는 입장을 취할 생각을 분명히 가지고 있다는 것이다. 오늘도 회의에서 한 이야기가 '민주당의 책임이 정말 중하다. 민정당이 다시 정권을 잡는 정당이 될 수가 없다. 능력도 없지만 국민도 용서하지 않을 것이다. 나머지는 한계가 있는 정당이다. 국민들이 어떻게든 정당을 선택해야 하는데 이 시점에서 민주당에게 거는 기대가 피부로 느껴진다.'는 것이었다."

그 후 대통령 당선자 축하연에서 손명순 여사가 나와 마주쳤을 때 "꼭 청와대에 한번 와주시지요."라고 다정스런 말을 남기기도 했다. 김영삼 정권의 유종하 외교안보수석, 김정남 사회문화수석과는 자주 만나 경제문제에 관해 이야기를 나누었고, 해외교포들과 관련된 국제관계와 정치·경제·사회 문제 등 관심사를 나누면서 이야기할 기회를 가졌으며, 현재까지도 깊은 관계를 유지해 오고 있다.

내가 본 김영삼 전 대통령은 한마디로 뚝심 있는 분이었다. 대통령 재임 시절 금융실명제를 실시했고, 중앙청을 일제의 잔재라 하여 허물어 버렸다.

또한 군사정부의 하나회를 절단 낸 것만 봐도 무서운 결단력이 있음을 느낄 수 있다. 우리 연구원에 초청했을 때는 집권하기 전이었고, 3당 합당 후 따돌림을 당할 때 제주 포럼에 초청하였으니 개인적으로 어려운 상황이었음에도 불구하고 하고 싶은 이야기를 주저하지 않고 소신껏 피력하여 민주투사로 살아온 진면목을 보여주었다.

김종필

제31대 국무총리

대전환기의 한국정치와 민주화의 과제

　영원한 2인자로 불리는 김종필 전 총재는 1987년 10월 공화당 총재를 지낼 때 우리 연구회에서 「대전환기의 한국정치와 민주화의 과제」라는 주제로 특유의 문화 예술적, 낭만적 소양을 발휘하면서 열정적인 강연을 했었다.

　JP라고 불리는 그는 당시만 해도 인기가 대단해 무척 많은 사람들이 참석했다. 그런데 그의 강연 직후 강연 테이프가 사라지는 사건이 발생했다. 강연장을 샅샅이 뒤졌지만 끝내 테이프를 찾지 못해 지금까지도 미스터리로 남아 있다.

　"정말 바쁘신 분들일 텐데, 끊일 줄 모르는 자기반성을 통해서 왕성한 뜻을 피워가는 여러분에게 경의를 올리는 바이다.

　우리나라는 전환기인데 전환기까지 오는 과정이 역사의 평가가 다른 듯하다. 자유·민주·복지 국가를 얻어내고 참된 민주주의를 하기 위해서는 관념적으로 민주주의만 부르짖는 것이 아니라 이것도 생명체이기에 토양이 생성되어야 한다는 생각에, 60~70년대 토양 조성에 힘을 쏟았던 것을 아시리라 생각한다. 그런 어려운 단계들을 거치면서 민주화 시대에 접어들었다.

배고프고 여유 없는 곳에서 민주주의는 생성이 안 된다. 민주주의는 여유가 있어야만 설 수 있고 생활할 수 있는 생명체이다. 지난날 정권에 도전하는 과정이 민주주의에 도전하는 것이라는 아전인수 격 해석도 다른 각도에서 소화할 필요가 있다고 본다.

오늘날 여러 곡절을 겪고 민주화 시대를 맞이한 것은 사실이다. 여유가 민주주의 대명사로 해석될 수 있다고 말씀드렸으나 지금 보면 국민들이 성급하다. 민주화 시대 돌입이라고 모든 것을 한꺼번에 소원하는 대로 바닥에 깔 수는 없다. 각계각층에서 집단적으로 사뭇 소리들을 내고 있지만, 지금까지 내 소리를 내지 못했다면 이제는 이런 소리가 내 소리다 해야 한다. 그러나 이것도 여유 있게 소화하고 수렴해 갈 수 있는 단계적인 진전을 했으면 하는 마음이다.

우리 당사에서 농성 비슷한 데모들을 하고 있다. 매일 몇 건씩 십여 명에서 수백 명까지 각계에서 당사나 총재를 찾아와서 압력을 가하고 있다. 물론 그분들의 과정을 보면 이해가 가지만 한꺼번에 나라 일이 모두 제자릴 찾아가지는 않을 텐데, 전환기에서 조금 더 차분하게 하려면 국민들이 반 발짝 앞서서 지도력과 안정을 위한 작용도 필요하다고 본다. 그런데 보조가 맞지 않는 것이 퍽 안타깝다.

물론 우리 국민 성향 중에 급한 부분도 있다. 다른 선진국을 가보면 고속도로에서 차가 밀리면 사고가 생겼거니 하고 뚫릴 때까지 인내력 있게 기다리지만, 우리는 뚫려야 갈 수 있음에도 불구하고 앞차를 향해 클랙슨을 마구 울려댄다. 그러나 이 모두가 제자리를 찾아 굳건하게 정착시켜 줘야 할 일이고, 깊이 새겨듣고 국민의 소리로 해결해 나가야 하는 어려운 과정이다. 절대로 그 인내력을 저버려서는 안 된다고 생각한다."

그는 또한 이 시절에 이미 내각제에 대한 자신의 생각을 피력했는데, 시대를 앞서 내다보는 그의 식견에 감탄했던 기억이 난다.

"참된 민주주의를 정착시켜야 한다. 참된 민주주의란 국민에 의해 국민의 선택에 따라서 국민에게 돌려드리는 정치라고 해석한다. 그런데 솔직히 우리나라가 이제 참된 민주주의를 하기 위해서는, 내력이나 성향 여건을 볼 때 대통령중심제보다는 내각책임제로 바뀔 때가 언젠가 와야 한다고 생각한다.

우리가 5공 비리, 광주사태 등 우선 그동안에 이해할 수 없는 결말과 진상들을 알아 가는 데 치중하다 보니, 아직 이러한 문제를 가지고 국민 여러분께 말씀드리고 의사를 개진할 시기가 오지 않았다. 아주 부담스럽지 않게 여야가 정권을 교대해 가서 국민 뜻에 따라 국정을 담당하고 뒤에서 책임을 지고 이끌어 갈 제도가 토착화되어야 할 것이다. 무엇이든 토착화되기 전에는 모든 면에서 볼 때 시끄러움을 못 면하지 않는가.

이런 민주주의가 굳건히 자리 잡아 국민 뜻에 맞는 나라를 만들기 위해 견마지로犬馬之勞를 아끼지 않겠다.

이제까지는 무에서 유를 만들어내느라 정부가 주도하여 마구 이끌어왔다. 때로는 유신체제로 산업화를 이룩해야 한다는 목표로 달려왔다. 그리고 달성했다. 이제 우리도 어느 정도 탄력 있는 깊이를 가지게 되었다.

모든 경제 활동은 시장경제에 따라 민간이 주도적으로 하여 한없는 창의력과 의욕을 불태우도록 해야 한다. 그리고 정부는 민간이 하지 못하는 곳을 구석구석 찾아서 뒷받침을 해주어, 경제의 햇빛을 받지 못하는 그림자 속 어려운 분들을 하루라도 빨리 고루 햇빛을 받도록 경제를 이끌어 가야 한다. 공정한 분배를 해가며 땀 흘린 보람을 나누어 갈 수 있는 경제정책 수행단계에 들어가야 하는 것이다."

김종필 전 총재는 특별히 한·일 간의 역사적으로 어려웠던 관계를 푸는 과정에서 한·일 교류에 한몫을 단단히 한 분이다. 우리 연구원에서 나카소네 일본 전 수상을 초청하려고 했을 때도 연구원 초청의사를 담은 편지를 사진으로 가져다줄 만큼 열정을 보여 주기도 했다.

　'서울의 봄'으로 불리는 박정희 대통령 서거 이후 3김 시대가 열리면서 당시 인간개발연구원에서 개최하는 전국경영자세미나 제주하계포럼에 3김 세 분을 초청하면서 순서 배열에도 크게 신경을 썼던 것이 잊히지 않는다.

김동길

한민족원로회 공동의장,
연세대학교 명예교수

오늘의 한국사회 진단과 미래 전망

김동길 교수는 재미있는 분이자 멋있는 분이며 민주주의에 대한 상징적 인물이다. 이성적이고 문화적이며 역사학에도 정통하면서 민주화에 대한 열정도 가득한 분이다.

우리 연구회 강사로 초청한 것이 인연이 되어 인간개발연구원의 지방자치 아카데미에도 자주 강사로 초빙하였는데, 강의를 할 때 특별히 유머감각이 탁월하다는 평가를 받았다. 그때에는 「태평양시대의 정신」이란 주제로 강연을 했다.

김 교수가 신촌에 거주할 때에 집으로도 초청해 주어 많은 대화를 나누기도 했는데, 늘 격려를 아끼지 않았다. 김옥길 총장과도 인연이 있어서 그런지 친근감이 느껴지는 분인데 그의 생일에는 그를 좋아하는 분들과 함께 초청되어, 특별 메뉴인 냉면을 맛있게 먹었던 것이 추억으로 남는다.

정주영 회장의 통일국민당 창당에 참여했다가 결별하여 정치적으로 쓰라린 체험을 한 후에는 야인으로 머물면서 자신이 하고 싶은 얘기들을 거침없이 강의로 풀어내고 있다. 2010년에 「오늘의 한국사회 진단과 미래 전망」이란 제목으로 지방자치단체에서 강연한 내용을 소개한다.

"'한국인이여, 각성하라!'고 내가 부르짖는 까닭이 있다. 우리가 만일 21세기의 우리들의 사명을 감당하지 못한다면 우리 민족은 역사의 쓰레기통에 던져질 수밖에 없기 때문이다. 역사의 쓰레기통에 들어가기를 원하는 한국인은 한 사람도 없는데 왜 이렇게도 그 사명을 깨닫지 못하고 건들건들하고 있는가.

몇 년 전에 예일대학의 유명한 서양사 교수인 폴 케네디는 한국에 와서 한국인 청중 앞에 강연하면서 21세기의 주역이 될 민족에게는 다음 세 가지가 필수적이라는 말을 한 적이 있다. 첫째는 높은 수준의 민주주의가 있고, 둘째는 높은 수준의 도덕이 있고, 셋째는 높은 수준의 생산성이 있는 민족이어야 한다는 것이다.

일본은 시행착오라는 것을 거의 겪어보지 않은 채 민주주의의 틀을 굳혀버렸기 때문에 또다시 군국주의로 치닫지 않으리라는 보장이 없다. 일본에 민주주의가 조금이라도 살아 숨 쉬고 있다면 일본 자신의 죄악의 역사를 2차 대전이 끝나고도 이미 반세기가 넘은 이날까지 그토록 미화하려 하지는 않을 것이다.

민주주의가 거의 불가능하다는 면에서는 중국도 다를 바가 없다.

만리장성을 완성시켰다는 진시황에서 비롯된 절대 권력은 모택동에게 전달되었고, 또다시 등소평에 의해 계승되었다. 중국의 천안문사태는 민주주의의 부재일 뿐 아니라 민주주의가 중국 땅에서는 불가능함을 시사하고 있다고 느끼게 한다.

21세기에는 일본도 중국도 한국의 민주주의를 본받을 수밖에 없다고 나는 확신한다. 물론 한반도의 평화적 통일이 전제되는 것이지만, 이 어지러운 현대사의 소용돌이 속에서 피와 땀으로 민주주의를 체험하고 터득한 국민은 한국인뿐이다.

민주주의를 두고 통일된 한반도에 빛나는 내일이 약속되어 있는 것뿐만이 아니다. 도덕이라는 측면에서도 우리들에게 엄청난 가능성이 있다. '가장 높은 수준의 도덕'이라는 이 지상 명령을 두고는 중국도 일본도 한국을 따라올 수 없다.

역사 전체를 통하여 한 가지 뚜렷한 사실은 도덕적으로 우수한 민족만이, 그리고 그 도덕이 우수한 동안만 번영을 누렸고, 그 도덕이 문화 창조에 새로운 활력을 불어넣었던 사실을 시인하지 않을 수 없다.

높은 수준의 도덕은 참된 종교를 바탕으로 하지 않고는 불가능하다. 일본인에게 무슨 종교가 있는가. 중국인에게 무슨 종교가 있는가. 중국은 본디 종교와는 거리가 먼 현실주의로 일관해 온 민족이다. 노자도, 장자도, 공자도, 맹자도 내세를 이야기하지는 않았고 다만 행복론으로 일관했을 뿐, '수신제가 치국평천하修身齊

家 治國平天下'가 고작이었으니 순교 정신이란 상상조차 못할 불가능한 도덕의 세계였다.

그럼에도 불구하고 한국의 종교들은 오늘날 비난의 대상이다. 세속화의 물결 속에 종교가 정신을 차리지 못하고 있다는 것이다. 그러나 이차돈이 흘린 순교의 피 위에 한국의 불교가 자리 잡고 있다면 그 장래를 기대해 볼 만하다. 이승훈, 김대건 등이 뿌린 피는 더 말할 나위도 없거니와 103명이 동시에 성인의 반열에 모셔지는 식전을 요한 바오로 2세 자신이 이 땅을 찾아와 집례하였으니 그런 나라가 이 지구상에 또 어디에 있겠는가. 그들이 흘린 뜨거운 피 위에 한국의 천주교가 당당히 서 있는 것이다. 일제의 탄압 속에서, 공산당의 잔악한 박해 속에서, 신앙 때문에 목숨을 버린 300명을 헤아리는 순교자들이 흘린 피 밭에서 이 땅의 개신교가 성장한 것이라면 이 종교의 내일을 기대해 볼 만하지 않은가.

오늘날은 사태가 매우 어지럽다. 민주주의는 후퇴하는 것 같고 도덕은 땅에 떨어졌으며 생산성도 여지없이 위축된 느낌이다. 그러나 뜻이 있는 한국인이여, 낙심하지 말라. 사명이 있는 개인이나 민족이 망하는 일이 과거에도 없었고 오늘도 없으며 내일도 있을 수 없다. 그 숭고한 사명감을 한국인의 가슴속에 특히 이 땅의 젊은이들의 가슴속에 심어주는 일이 우리들의 책임이 아니겠는가.

가정에서, 학교에서, 정치에서, 민주주의는 과연 최고의 수준을 향해 전진하고 있는가. 아버지와 교사와 대통령의 횡포는 없는가.

그 횡포를 억제하고 민주적 가치를 구현하는 길은 없는가. '나 아니면 안 된다.'는 식의 사고방식을 뜯어고치기 위해 민주주의를 지향하는 이 땅의 '창조적 소수'여, 분발하라! 전 세계에서 가장 정직한 사람이 되기 위해, 가장 자비로운 사람이 되기 위해 그대는 오늘 무슨 노력을 하였다고 자부하는가. 한국 국민이 전 세계에서 가장 정직하고 가장 자비로운 국민이 되는 길은 나 하나가 먼저 가장 정직하고 자비로운 개인이 되는 그 길뿐이다.

한국인이여, 열심히 일하자. 많이 심고 많이 거두어 전 세계에 굶는 사람, 헐벗은 사람이 한 사람도 없게 되는 그날까지 열심히 일하자. 유명한 시인 롱펠로의 한마디로 끝을 맺고자 한다. '우리 다 분발하여 열심히 일하자. 머리 위엔 하나님을, 가슴속엔 사랑을!'"

김황식

공정사회, 어떻게 이룰 것인가?

　김황식 전 국무총리는 감사원 원장 시절부터 우리 연구원과 인연이 깊다. 형인 김흥식 전 장성군수의 장성아카데미 덕분에 그전부터 연구원을 잘 알고 있었고, 우리 연구원뿐 아니라 장성아카데미에서도 강연을 한 적이 있어 친근한 사이로 지내온 분이다.

　김흥식 전 장성군수가 돌아가시고 난 후 그의 재임 시에 발간된 『주식회사 장성군』 책이 일본에서 『기적을 일으키는 사람들』이란 제목으로 번역되어, 2010년 11월 일본 도쿄 국제문화원에서 출판기념회를 갖게 되었다. 지난 30여 년간 인간개발연구원과 친교관계를 유지해 온 일본경제계의 지도자인 CEO들이 장성군을 방문한 후 『주식회사 장성군』을 일본에서 번역출판하자고 제안함에 따라 서로 양해하에 책이 번역되고 출판기념회를 갖게 된 것이다.

　출판기념회에서는 내가 혼자서 강의를 맡게 되었다. 출판기념회 당시 한일관계를 생각할 때 조금은 이례적인 행사였다. 그때 마침 총리로 취임한 김황식 전 총리가 축하메시지를 보내주었고, 취임 후에는 그 출판기념회를 주도했던 분들이 한국을 방문하게 되었을 때, 김황식 총리가 이들을 맞아 환대하며 화기애애한 이야 기를 총리실에서 나누기도 했다.

김황식 전 총리는 대한민국의 역대 총리 중에서 특별히 신뢰와 존경을 받는 총리로 기억된다. 우리 연구원의 40주년 기념식에서 축하도 해주고 연구원의 미래를 구상하는 미래성장발전위원회 위 원장을 수락한 후 연구원의 주요 행사에 참석하여 500여 명의 축 하객들과 함께 연구원의 미래 성장발전에 큰 관심을 보여주었다.

인간개발연구원에서는 2009년 감사원장 재임 중일 때 「국가발 전의 길」이란 주제로, 2011년 국무총리 재임 중일 때에는 「새해 국정운영 주요방향」이란 주제로 강연을 한바 있다.

특히 2011년 강연은 인간개발연구원 창립 36주년 기념 특강이 어서 더 기억에 남는데, 이때 무토 마사토시 주한 일본대사와 마 크 토콜라 주한 미국부대사가 축사를 하고, 이희범 한국경영자총 협회 회장STX에너지 회장을 비롯한 많은 분들이 참석하여 서로 진솔한 의견을 나누며 인간개발연구원 창립 36주년 자리를 빛내주었다.

김 전 총리는 기념특강에서 '공정사회'를 화두로 뜻깊은 강의를 해주었다.

"국정을 수행하며 가장 관심을 갖고 주력할 분야는 공정사회의 구현이다. 한국은 짧은 시간 동안 산업화와 민주화를 동시에 달성하다 보니 개선할 점이 많다. 압축성장이 배태한 결과지상주의, 승자독식, 편법과 반칙 등의 잘못된 관행과 문화를 시정해야 일류 선진국가에 진입할 수 있다. 그래서 공정사회가 정치적 구호나 추상적 선언에 그치지 않고 생활 속에 착근할 수 있도록 5대 분야에 걸쳐 구체적 실천과제를 수립했다.

첫째, 공정하고 엄정한 법 집행을 통해서 공정사회를 이루겠다. 둘째, 기회균등을 보장하고 불합리한 차별을 시정하겠다. 셋째, 편법을 배제하고 정당하게 권리를 행사하는 사회를 만들겠다. 넷째, 약자를 배려하고 재기를 보장하는 따뜻한 사회를 만들겠다. 다섯째, 건전한 시장경제 질서를 확립하겠다.

국내외적으로 많은 도전이 예상되지만 우리가 노력하기에 따라서는 국운융성의 호기를 맞을 수도 있다. 이제는 모든 것을 좌우로 양분하는 이념논쟁의 수렁에서 벗어나 국가의 품격을 높이기 위한 실용적인 국가운영에 역량을 모으자.

국가의 품격을 높이려면 반드시 챙겨야 할 '사소한 것 같지만 중요한' 과제가 있다. 공적개발원조ODA의 체계화와 선진화가 그것인데, OECD 개발원조위원회DAC 가입을 계기로 총리실에서 직접 챙기겠다. 한국은 2차 세계대전 이후 원조를 '받는 나라'에서 '주는 나라'로 발전한 유일한 경우에 속한다. 따라서 국제사회에 대한 기여도를 대폭 확대할 필요가 있다. 현재 GNI의 0.1% 수준에 머물러 있는 기여율을 2015년 0.25%까지 높일 계획이다. 유상원조60~70%와 무상원조30~40%의 비율도 점차적으로 역전시켜 나갈 방침이다. 이를 위해 외교통상부와 기획재정부로 나뉘어 있는 원조업무를 총리실에서 통합·조정하겠다. 아울러 원조의 방향은 '고기를 잡아주는 것'이 아니라 '고기 잡는 법'을 전수하는 것임을 명심하겠다."

김 총리는 이날의 강연에서 원조의 규모와 방식은 물론이고 마음과 자세도 중요하다면서 이왕이면 진심과 정성을 담아 두 손으로 깍듯하게 전달하자고 강조했다. 김 총리가 이런 주장을 펼친 것은 한국이 '고마움을 잊지 않는 나라'로 세계인의 뇌리에 남길 바라기 때문이다. 한국전쟁 60주년이었던 작년에 참전국에 '감사광고'와 '감사편지'를 보냈던 이유도 이와 무관치 않다. 김 총리는 이 밖에도 국가의 품격을 높일 수 있는 여러 방안을 제시하고 설명했다. 우선 G2시대를 맞아 그동안 다소 소홀했던 한중관계를 회복하고 다각적 협력을 강화하는 일에 신경을 쓰겠다고 밝혔고, 다문화 사회에 대한 인식을 제고하고 제도를 개선하는 일, 미래세대에 대한 지원을 강화하는 일, 창의적 인재를 개발하는 일 등에도 앞장설 것을 다짐했다.

그는 국무총리 재임 시 대통령을 모시고 국정을 총괄하는 총리로서 우리 사회와 정부를 위해 어떤 역할을 해야 할 것인지 고민하고 있었다. 그의 머릿속에 늘 떠도는 4개의 단어가 있었는데 공정, 품격, 배려, 염치가 바로 그것이다. 그중에서도 그가 간절히 원하는 것은 '염치 있는 사회'를 만드는 것이었다. 이것을 이루기 위해서는 세 가지 노력이 필요한데 첫째, 법과 원칙을 분명히 세워야 하며 둘째, 소통과 통합을 추구해야 하며 셋째, 나눔과 배려의 문화를 확산시켜야 한다. 특히 그는 법과 원칙을 정립하고 준수하는 일은 결코 포기하거나 양보할 수 없는 기본 전제라고 생각하였다.

그의 말대로 우리 사회에 여러 가지 혼란이 생기는 것도 사실은 모두 이것이 흔들리거나 붕괴되었기 때문이라 할 수 있다. 약자를 배려하는 과정에서도 이 원칙은 반드시 지켜져야 할 것이다.

내가 기억하는 김황식 총리는 '청설聽雪'의 마음으로 국민의 소리를 듣고, 소통과 통합을 추구하기 위해 끊임없이 노력하던 분이다. 총리직에서 물러난 후에는 인간개발연구원 창립 40주년을 맞이하여 역대 강사와 회원 중에서 300명으로 구성된 미래성장발전위원회에서 위원장직을 맡아 연구원의 성장 발전을 위해 기여하고 있다.

김흥식

전 전라남도 장성군
군수

주식회사 장성군의
혁신 이야기

전라남도 장성군의 혁신을 주도한 행정의 달인이자 대기업 회사처럼 바꾼 김흥식 전 장성군수. 내가 만나본 김흥식 군수는 사람을 변화시키는 무한 에너지를 갖고 있었다.

그는 광주사범학교 졸업 후 초등학교 교사와 행정 공무원, 교육위원을 거쳐 기업체에서 CEO를 지냈다. 그래서 공무원과 기업 생리를 잘 알았고 행정에 경영 마인드를 접목해 이름 없는 농촌 마을 장성군을 전국이 주목하는 대표적인 혁신 도시로 만들었다. 1995년 지방자치 민선 1기부터 연속 3선으로 전라남도 장성에서 군정을 이끈 김 군수의 지식경영은 삼성경제연구소의 연구목록에도 올라 있을 정도다.

특히 규정 타령, 예산 타령만 일삼던 공무원을 대기업 회사원처럼 바꾼 마법의 원동력은 "세상은 사람이 바꾸고, 사람은 교육이

바꾼다."는 그의 교육 철학이었다. 이는 우리 인간개발연구원의
"좋은 사람이 좋은 세상을 만든다."는 모토와도 일맥상통한다.

또한 바른 원칙과 바른 생각을 바탕으로 부당한 압력에 굴하지
않고 "결정은 신중하게, 실천은 소신 있게"라는 참다운 리더로서
의 원칙을 지켜낸 용기 있는 리더였다. 그의 재임 동안 빛나는 혁
신 사례들은 양병무 원장이 2005년에 『주식회사 장성군』 책으로
엮어 발간하였으며 당시 노무현 대통령이 전 공무원에게 혁신의
모델로 추천하여 화제가 되었다. 2006년 인간개발경영자연구회
강사로 초청했는데, 그는 「주식회사 장성군의 혁신 이야기」라는
주제로 강연을 했다.

"내가 군수에 취임해서 보니까 공무원들하고 대화가 잘 안 되었다.
공무원들은 고정관념이 강했고 경직된 사고를 가지고 있었다. 간
부회의를 해 보면 내 말이 전혀 통하질 않았다. 얼마나 고정관념
이 강하고 현실적이냐 하면 행자부에서 공문 하나가 오면 도를
거치고 군을 거쳐 읍내까지 나가는데 토씨 하나 안 틀리고 그대
로 나갔다. 행정이 그렇게 되면 안 되기 때문에 실정에 맞게 해야
하는데 전부 천편일률적이었다. 그런 것 하나하나도 지역실정에
맞게 해야 한다고 말했지만 전혀 안 먹혀들었다. 그때를 생각해
보면 19세기 법에 20세기 사람이 21세기 행정을 하는 식이었다.

공무원과 군민들이 가지고 있는 문제점을 발견하고 이대로는

안 된다는 생각을 하고 있을 무렵, 장만기 회장이 장성에 부임 축하인사 겸 찾아왔다. 밤늦게까지 내가 군수에 취임하여 겪고 있는 어려운 이야기를 하면서 깊은 대화를 나누는 중에, 나는 장만기 회장에게 연구원에서 초청했던 명사를 초청하는 등 장성군의 공무원과 군민 지도를 위한 교육 프로젝트를 맡아 달라고 부탁했다.

그러나 막상 교육을 하려고 하니 어려운 점이 있었다. 강사수당을 시간당 7~8만 원밖에 주지 못하는 것이었다. 두 시간에 15만 원 받고 서울에서 누가 오겠는가. 그래서 나는 강사를 모시고 오면 백만 원씩 지불하라고 지시했다. 그런데 그런 규정이 없다며 안 된다고 했다. 그래서 방법을 찾아보라고 했다. 찾아보니 역시 방법이 있었다. 용역을 주고 용역계약을 맺으면 백만 원을 주든 백오십만 원을 주든 법에 저촉이 안 되었다. 그래서 인간개발연구원과 컨설팅 용역 형식의 계약을 체결하였다.

사실 공무원들은 공부를 하기 싫어한다. 그런데 내가 매주 1회씩 교육을 받으라고 하니까 너무 많다며 한 달에 한 번만 하자고 했다. 교육은 반복해야 효과가 있으니까 일주일에 한 번씩 네 번을 해야 한다고 말했지만 역시 반대했다. 반대에도 불구하고 강제로 4번씩 교육을 받을 것을 지시했다. 그러자 공무원들이 반대했다. 공무원들이 반대하니까 지방의회에서도 반대하고 언론도 반대했다.

나는 길 하나 안 뚫고 다리 하나 안 놓더라도 우선 교육 먼저

시켜야겠다며 의회와 다투었다. 여러 우여곡절 끝에 지난 11년 동안 매주 목요일마다 장성아카데미를 단 한 번도 빼놓지 않고 시행했다. 목요일에는 모든 행사를 중지시키고 아카데미교육에만 몰두시켰다. 약 500여 명이 참석하는데 처음 1년은 억지로들 참석했다. 그러나 지금은 자기 고정좌석이 있을 만큼 자진해서 오고 교육을 듣는 태도도 매우 진지하다. 장성아카데미 교육을 해놓고 보니까 장성공무원이 이제는 아주 바람직한 공무원이 되었다."

그의 강연 내용에서도 알 수 있지만 장성군이 개발한 명품 중의 명품, '장성아카데미'가 존재할 수 있었던 것은 그의 올곧은 교육철학 덕분이었다. 그는 시키는 일은 100점이지만 창의성이 없는 공무원 조직을 교육을 통해 바꾸려고 마음먹었고, 그래서 찾아낸 방법이 자신이 직접 얘기할 것이 아니라 전문가를 통해 설득하자는 것이었다. 인간개발연구원과의 뜻깊은 인연도 이때부터 시작된 것이다. 그러나 처음에는 많은 어려움이 있었다. 우선 의회가 반대해 예산을 주지 않았고, 직원들도 새 군수가 와서 괜히 일을 벌인다는 시선이었다. 그럼에도 불구하고 그는 포기하지 않고 실천하는 리더십으로 직원들부터 설득하여, 인간개발연구원에 용역을 주는 방법으로 예산 절감을 가져왔다.

그 결과 장성아카데미는 1995년 9월 15일 이건영 당시 한국국토개발연구원장의 첫 강의가 시작된 이래 현재까지, 명실상부 지방자치 단체가 만든 대표적인 사회교육 모델로 자리매김하고 있다.

20년 이상 매주 2시간씩 조순 전 서울시장, 강진구 전 삼성전자 회장, 문국현 전 유한킴벌리 사장, 임권택 영화감독 등 최고 엘리트 강사들이 장성군 공무원과 군민에게 뿌린 씨앗이 장성을 송두리째 바꿔놓을 수 있었던 것이다. 가장 보수적이고 변화에 대한 저항이 강한 공무원 조직을 변화시킨 김흥식 전 군수의 리더십은 우리 사회 어느 조직이든 변할 수 있다는 가능성을 보여준다. 그것이 가장 본질적인 사람의 변화를 이끌어낸다는 점에서 나는 이 시대 리더들이 배워야 할 뛰어난 리더십이라고 생각한다.

장성아카데미는 후임 군수들도 전통을 이어받아 2017년 6월 22일 1,000회를 기록하며 지방자치 교육의 금자탑을 쌓아 올렸다. 유두석 장성군수는 1,000회 기념식에서 "고 김흥식 전 장성군수께서 '세상을 바꾸는 것은 사람이지만 사람을 바꾸는 것은 교육이다.'라는 캐치프레이즈를 내걸고 시작한 것이 바로 장성아카데미이며, 끊임없이 성장하고 발전해 가고 있는 장성아카데미가 앞으로도 장성의 역사로 기록될 수 있게 군민과 함께 키워갈 것"이라고 말했다.

문용린

한국교직원공제회 이사장,
제40대 교육부 장관

행복교육의
의미와 실천

문용린 전 교육부 장관은 훌륭한 교육학자로서 특히 도덕 심리학과 도덕 인성교육에 정통하다. 그는 말한다. "우리 사회는 조직 자체가 창의적이고 다양한 사고를 억압하는 풍토가 조성되어 있어서 풍부한 잠재력이 마음껏 발휘되지 못하고 있습니다. 그러나 이제는 잠재능력을 마음껏 발휘해도 손해가 되지 않는 사회분위기를 조성해 줘야 합니다." 합리적이면서도 소신을 굽히지 않는 교육학자로서 존경받고 있는 문용린 서울대 교육학과 명예교수의 '인간개발'에 대한 견해이다.

제40대 교육부장관과 제40대 한국교육학회장을 역임한 문 교수는 자신의 전공분야인 도덕 심리에 관한 연구에 평생을 매진해 온 전형적인 교육학자이며 교육행정가이다. 인간 내면의 선악의 판단기준을 측정하는 '도덕판단력검사DIT'를 활용한 연구를 통하여

「한국인의 도덕성 발달과 진단」이라는 연구물을 출간하여 주목을 받은 바도 있다.

아울러 문 교수는 인간에게는 IQ와 같은 8개의 지능이 존재한다는 다중지능이론MI: Multiple Intelligence을 주장하는 『지력혁명』을 집필하기도 했고, 감성지능의 척도인 EQEmotional Quotient를 한국에 도입하여 지식교육에 치우친 우리나라의 교육계에 신선한 정서교육의 바람을 일으키기도 했다. 우리 사회의 인적자원 개발에 관한 이론적 토대를 제공하여, 국가 수준에서의 인적자원 개발 전략수립에도 크게 기여하였다.

문 교수는 개인적인 사회적 활동과 학술관계로도 맺어져 있으며, 몇 차례 중국방문도 함께하는 등 지금까지도 좋은 관계를 유지하고 있다.

또한 서울시 교육감 재직 시 우리 연구회에 강사로 초청했고, 현재 맡고 있는 한국교직원공제회 이사장 취임 후에도 연구원의 프로그램에 적극적으로 협력하고 있다.

그는 우리 연구원의 지방자치아카데미 강연에서 교육투자의 중요성을 주장하는 한편, 2012년 서울특별시 교육감 취임과 동시에 개최된 인간개발경영자연구회의 강연에서는 인적자원 개발의 과제에 대해서 「행복교육의 의미와 실천」이란 제목으로 강연을 했다.

"교육은 희망을 주어야 한다. 이러한 관점에서, 서울시 교육을 맡게 된 후 선언한 행복교육이 어떤 기반 위에서 어떤 주장을 하고 있는지를 말씀드리겠다. 행복교육에는 두 가지 구체적인 목표가 있다.

첫째, 학교에서 학생들을 행복하게 해주겠다. 그동안 우리는 아이들을 공부시키기 위해 긴장을 활용하는 교육을 했다. 시험을 앞에 둔 아이가 TV를 시청하고 있으면 속이 타서 나무란다. 부모들은 아이가 결의에 차고 긴장감을 가지고 공부에 매진하길 원한다. 그러나 아이들도 사람이다. 행복해야 한다. 학습에서도 마찬가지다. 행복할 때 공부가 더 잘된다. 행복할 때 기억이 더 잘되고, 주의집중이 더 잘되고, 창의성이 발휘되고, 문제해결이 더 잘된다. 이것은 이미 교육심리학의 여러 연구를 통해 입증된 사실이다. 따라서 아이들을 행복하게 해줘서 얻는 이득이 훨씬 많다.

둘째, 학생들에게 행복능력, 즉 행복역량을 가르치겠다. 출세하고 성공하고 돈이 많아도, 행복이 연습과 훈련을 통해 습관화되지 않으면 행복하기가 어렵다. 따라서 학교에서는 국·영·수의 수능과목만 가르칠 것이 아니라 행복할 수 있는 능력, 즉 행복역량을 가르쳐야 한다. 이것이 행복교육의 두 가지 목표다."

그는 몇 시간 동안 들어야 할 이야기를 한 시간 정도로 압축해서 강연하였다. 이 자리를 빌려 행복한 삶을 찾아가는 길을 밝혀준 문용린 전 장관에게 감사한다.

문용린 전 장관은 평소에도 우리 연구원에 깊은 관심을 갖고 연구원 발전에 많은 도움을 주고 있다. 창립 30주년을 맞이했을 때 인간개발연구원에 대한 평가와 제안을 부탁한 적이 있는데 그때 이런 대답을 주었다.

"지금까지 너무나 잘해 오셨기 때문에 뭐라 말씀드릴 것은 없지만, 한 가지 이야기한다면 조찬모임이 좀 더 확대돼서 젊은 CEO들의 참여가 활발해졌으면 하는 바람입니다. 그리고 그들에게 미국, 일본, 중국 등의 CEO들과 교류할 수 있는 기회를 제공해 세계의 흐름을 읽을 줄 아는 글로벌 CEO의 역량을 심어주었으면 합니다. 조찬모임뿐만 아니라 연구원에서 실시하고 있는 지방자치아카데미는 인적자원 개발 분야에서 대단히 중요한 역할을 하고 있습니다. 우리의 학교교육이 사람을 키워서 10년, 20년 후에 좋은 일을 하게 만드는 것이라면 연구원의 사업들은 현재 어떤 문제를 해결하고 정책을 집행하는 사람들을 교육하는 것이기 때문에 이들의 의식을 바꾸고 창의력을 높여주고, 가치관을 바꿔주면 바로 효과가 나타나게 되고 이는 곧 사회를 바꾸고 변화시키는 중요한 원동력이 되는 것입니다. 앞으로도 지나온 30년의 역사 위에 더욱 빛나는 업적들로 새로운 역사를 창출해 나가시길 기원합니다."

'인간개발'에 대한 전인교육의 나아갈 방향에 대한 제안도 우리 연구원의 지향점과 일치했다.

"우리 사회에는 학교교육을 통해서만 인적자원이 개발된다고 생각하는 오해가 존재하고 있는데 인적자원은 태어나서 죽을 때까지 훈련되고 개발되는 평생교육의 과제입니다. 즉 학교교육이 잘못해서 창의성 교육이 불가능하다고 하는 것은 전적으로 오해입니다. 가장 중요한 것은 인간은 누구나 창의적이 될 수 있다는 사실이며 창의성을 억압하는 사회분위기에서는 창의성 발휘가 안 됩니다. 우리나라 학생들의 학력은 세계 정상권입니다. 이런 학력을 바탕으로 국가와 사회조직이 창의성을 격려하고 지원하고 칭찬해 주는 시스템으로 변화되면 우리 학생들은 창의성을 마음껏 발휘할 수 있습니다."

교육자로 살아오는 동안 결국은 사람이 제일 소중하고, 가장 중요한 것은 기술이나 지식이 아닌 살아가는 태도이며, 바르게 산다고 하는 것은 지식만 가지고는 안 되기 때문에 용기도 필요하고 더불어 같은 뜻을 가진 동료도 있어야 바른 삶을 유지할 수 있다는 문용린 전 교육부장관! 그는 교육계 활동 이외에도 기본을 지키려는 사람들이 만든 '태평로모임'의 공동대표, 문화시민운동중앙협의회 회장, 푸른나무 청예단청소년폭력예방재단 이사장, 한국문화예술교육진흥원 이사장 등 다양한 사회활동을 병행하면서 우리 사회의 숨은 등불 역할을 하고 있다.

박원순
서울시장

서울은 지속가능한
내일에 투자합니다

인권변호사로 시민활동가로 그리고 소셜 디자이너로, 때로는 작게 때로는 크게 우리 사회를 조금 더 살맛나고 아름답게 만드는 데 힘을 쏟아붓고 있는 이가 있다. 바로 박원순 서울시장이다.

나는 그를 만날 때마다 '소통'의 위대함을 느낀다. 그는 대한민국 최고의 '소통 내비게이터'라는 별칭이 썩 잘 어울린다. 사람이 먼저고 사람이 우선이라는 소통 지향적 마인드를 통해 모두가 꺼려하고 힘들어하는 일과 문제들을 척척 해결해 나가는 그를 보고 있으면 저절로 고개가 끄덕여진다. 이것이 내가 그를 우리 연구원의 강연자로 자주 초청하는 이유이기도 하다.

우리 연구원이 매일경제신문과 함께 개최한 〈로마인이야기 리더십 코스〉에도 강사로 참여하여 연구원의 발 빠른 시대감각에 대한 칭찬을 아끼지 않았다. 내가 회장으로 있는 태평로모임에서

2010년 박원순 시장에게 기본과 원칙을 지키는 리더를 응원하는 '함께 패'를 수여했다. 그 후 박 시장은 태평로모임 회원들을 서울시청에 초청하여 시장의 집무실을 공개하고, 시장으로서 얼마나 치열하게 시정을 이끌어가고 있는지를 실감하도록 보여주었다.

2003년 「한국시민사회NGO의 현실과 그 미래」, 2006년 「소셜 디자이너, 희망제작소가 꿈꾸는 한국의 미래상」, 2014년 「서울은 지속가능한 내일에 투자합니다」라는 주제로 총 세 차례에 걸쳐 강연을 해주었다. 그중에서도 서울시장으로 취임한 후 인간개발연구원 2014년 신년하례회에서의 강연이 기억에 남는다.

"많은 분들이 내게 '도대체 당신은 무슨 시장으로 기억되길 바라느냐?'라는 질문을 하신다. 나는 그 질문에 '아무것도 기억되지 않는 시장으로 남고 싶다.'고 이야기한다. 그동안 역대 시장들께서 너무 큰 것을 하려고 하다 보니 오히려 놓치는 것이 너무 많았던 것 같다.

서울만 하더라도 이미 1천만 명이 넘는 도시이다. 서울은 여러 차원에서 글로벌 도시이다. 이처럼 서울이 굉장한 잠재력을 갖게 됐는데, 물론 집중해야 할 부분도 있지만 어느 한 분야가 아니라 전반적으로 서울은 글로벌 톱5 안에 들어간다고 생각한다. 그래서 너무 한쪽으로만 올인해 개발하는 것은 옳지 않은 것 같다.

내 개인의 문제가 아니라 서울시가 대한민국의 수도로서 또 세계적인 도시로 성장하기 위한 여러 가지 고민을 해야 하는데, 그 중에 내가 정리한 것은 서울시의 많은 현안을 해결하고, 갈등을 줄이고, 삶의 질은 높이고, 미래에 대한 투자를 제대로 해야 한다는 것이다. 갈등조정자로서의 역할이 정말 중요하다.

2011년 런던을 둘러본 적이 있다. 당시 여러 도시의 매니저들을 만났을 때, 하나같이 하는 말이 '일단 만나게 하라.'는 것이었다. 사람이 만나는 공간이 너무나 중요하다. 인간개발연구원의 이 모임이 중요한 것도 그냥 이렇게 만나는 것이 아니라 모여서 뭔가 새로운 사업에 대해 모색하고 교류를 할 수 있기 때문에 나오시는 것이다.

서울시는 100년 후 미래유산 프로젝트를 시작했다. 지금 국가적인 보물은 아니지만 세월이 지나면 보물로 변할 것들이 너무나 많다. 심지어는 일제시대, 해방 이후 있었던 건축물, 유산들이 모두 보물로 변할 날이 멀지 않았다. 이런 것들을 지정해서 보존하고 있다. 그래서 서울의 2030년의 미래를 그리는 '서울플랜'을 만들었는데, 서울시민들이 전부 모여서 정했다. '소통과 배려가 있는 행복한 시민도시'라는 게 서울시 최상위 법정 도시계획의 슬로건이다.

런던에 가서 몇 달 동안 많은 견문을 하고 돌아왔다. 베를린에 가서도 3개월 동안 독일을 배웠다. 런던에 가면 템스 강 근처에 코인스트리트라는 곳이 있다. 이곳에 코인스트리트 커뮤니티

빌드저라고 하는 주민들이 중심이 돼서 도시를 만드는 것을 보고 왔다. 그런데 시찰하는 데 돈을 내라고 했다. 우리 돈으로 70만 원 정도를 내고 봤다. 전국의 시장, 군수님들을 모시고 가서 또 70만 원을 내고 들었다. 그러면서 나중에 서울시는 1천만 원을 받겠다고 다짐했다. 서울에서 이런 프로젝트들을 만들어서 정말 전 세계적으로 사람들이 배우러 오게 하는 도시가 돼야 한다는 생각을 한다. 도시경쟁력을 이것만으로 평가할 수는 없겠지만 서울시의 경쟁력이 점점 높아지고 있다.

무엇보다도 우리에게는 원칙과 상식, 합리성과 균형이 있다고 생각한다. 시장 한 사람이나 고위공무원만이 아니라 집단 지성의 시대에 맞게 많은 전문가들과 시민들과 함께 만들어 간다면 서울시는 정말 절호의 기회, 전환기를 맞을 수 있다. 앞으로 10년만 노력한다면 서울시가 세계의 톱클래스 도시로 우뚝 서지 않을까 하는 의미에서 여러분들과 함께 서울을 정말 좋은 도시로 만들어 가고 싶다."

강연에서뿐만 아니라 박원순 시장은 평소에도 늘 다음과 같은 말을 강조한다.

"눈에 보이는 불은 물로 끄지만 마음의 불은 소통으로 끕니다."

"다른 것 없습니다. 행복해지기 위해 듣는 거죠."

이는 나의 생각과도 일치한다. 인간관계를 개선하는 방법 중에 제일 좋은 방법은 남의 이야기를 잘 들어주는 것이다. 먼저 상대의 말을 경청하는 것이다. 그의 말에 "아, 그렇습니까?" 하고 공감해 주고 내가 하고 싶은 말은 맨 마지막에 가서 하는 것이 소통의 기본이다. 내가 1975년부터 일주일마다 인간개발경영자연구회 조찬모임을 갖고, 1987년부터 전국경영자세미나를 개최했던 것도 모두 이러한 소통을 위해서이다.

과거의 시대가 무엇인가를 더 얻기 위하여 살아온 시대였다면 앞으로의 시대는 무엇인가를 베풀고 배려하고 섬기는 사회를 선도하는 지혜의 시대가 될 것이라고 생각한다. 지혜의 시대에 으뜸이 되는 요소가 바로 소통이다. 이것은 곧 리더들의 지혜와 열정의 삶을 대중과 교육으로 소통하면서 널리 희망의 바이러스를 전파시키고자 하는 인간개발연구원의 비전이기도 하다.

반기문

전 UN사무총장

21세기 국제질서와 우리의 외교과제

　노무현 전 대통령 시절인 2006년 반기문 전 UN사무총장이 외교통상부장관을 맡았을 때 나는 그를 인간개발연구원에 초청하였다. 이 무렵이 북한의 핵문제가 우리나라 외교의 현안문제로 떠오를 때여서 외교통상부장관으로서의 그의 생각을 듣기 위해서였다.

　이때 우리 연구회에서 「21세기 국제질서와 우리의 외교과제」라는 주제로 강연을 하였는데, 우리 외교의 당면 현안문제를 설명하면서 강연 마지막 부분에 현직 외교통상부장관으로 있으면서 UN사무총장에 도전하는 포부를 밝혔다.

　그런데 그것이 단순한 계획으로 그친 것이 아니라 실제로 당선으로 이어짐으로써 '최초의 한국인 UN사무총장'이라는 타이틀을 획득하게 되었다. 이 때문에 그의 강연이 아직까지도 특별한 기억으로 남아 있다.

그가 장관 재임 시에 일본의 지도적인 기업인들이 우리 연구원을 통해 대통령^{노무현}을 방문하고자 했을 때 대통령을 대신해서 따뜻하게 맞이하여 대담을 하고, 그것이 인연이 되어 일본 기업의 CEO들이 반기문 UN사무총장 당선 축하연에 특별 축하의 뜻을 보냈었던 것이 기억에 남는다.

"우리의 안보에 있어서 당면한 문제는 바로 북한의 핵문제이다. 이 문제를 어떻게 평화적으로 조속한 시일 내에 해결하느냐 이것이 우리 외교의 큰 당면 현안으로, 이러한 북한 핵문제가 해결되지 않고 있는 와중에 지난 7월 5일 북한이 미사일을 7발 발사해서 사태를 상당히 복잡하게 만들어 놓고 있는 상황이다. 여러분도 잘 아시겠지만 지난 7월에 UN안전보장이사회에서 북한 미사일 문제에 대해서 결의를 채택했다.

UN역사상 한반도 문제에 있어서 지난번 채택된 것처럼 강력한 결의안이 채택된 적이 없었다. 6·25전쟁 이래 한반도 문제에 관해서 9번에 걸친 안보리 결의가 채택되었다. 우리 생각에는 막연하게 한반도 문제에 있어서 항상 UN에서 통과되는 것으로 아는 분이 많을 텐데, 이번에 채택된 결의안을 보면 6·25 때보다 더 강력한 내용이 포함되었다고 하겠다.

최근에 북한의 핵실험 가능성이 외신을 통해 들어와서 우리를 긴장시키고 있는 상황인데 북한의 핵실험 가능성에 대해서는 우리 정부가 미국을 비롯한 관련국들과 정보를 긴밀히 교류하고 있고, 북한의 움직임에 대해서 면밀하게 모든 수단을 동원해서 파악하고 있다. 그러나 지금 현재 하나의 가능성을 염두에 둔 것이고 여기에 대해서 구체적으로 움직임이 포착됐다거나 하는 것은 아니다. 국민들의 안보문제, 한반도 평화 안전문제 등 모든 가능성을 염두에 두고 최대한의 노력을 하고 있다는 말씀을 드린다.

이와 더불어 나의 유엔사무총장 진출에 많은 관심을 가지고 성원을 보내주신 데 대해 감사드린다. 여러 가지 부족한 점이 있지만 지금까지 외교관으로서 37년간 봉직한 경험과 과거 유엔에서의 경험을 바탕으로 우리나라의 신장된 국력, 민주의식, 경제발전을 통해 국제사회에 좀 더 기여하고자 한다. 이는 나 자신의 결정보다는 대통령과 정부의 결정으로 후보에 추천된 것이다. 개인적으로 영광으로 생각한다.

과연 한국인이 유엔사무총장이 가능하냐는 문제를 제기할 수 있다고 생각한다. 우리 정부 또한 결심하기까지 그런 점을 많이 생각했다. 우리가 분단국가이고 북한의 핵문제, 미사일문제, 인권문제가 있는데도 불구하고 과연 유엔사무총장으로서 진출하는데 장애요인이 없는지, 가능성이 있는지에 대해 검토했다. 다른 면에서 보면 한국처럼 유엔과 특별한 관계를 가지고 있는 나라도 없고 또 한국처럼 유엔이 추구하고 있는 이상과 목표를 단시일 내에 모두 달성한 나라도 드물다. 정치발전, 경제발전, 민주주의, 시장경제가 유엔이 창설한 이래 지난 60년간 추구해 온 이상과 목표이다.

유엔은 60년간 변하지 않아 국제사회에 여러 가지 도전에 대해서 제대로 대응하기 어려운 구조를 갖고 있기 때문에, 개혁을 해야겠다는 것이 유엔의 최대과제이다. 개혁과 혁신에 있어서 세계적인 모범을 보인 나라가 개인적으로 한국이라고 생각하고 국제사회도 이를 인정하고 있다. 한편으로는 북한 핵문제를 해결하는 데 있어서 한국이 상당한 외교적인 역량과 주도력을 보여 왔다. 이러한 능력을 가지고 있는 나라의 국민이 유엔에서 국제사회의 복잡한 문제들을 해결하면 경험이 없는 사람보다 더 낫지 않겠느냐는 긍정적인 측면도 있다. 이런 긍정적인 측면이 작용이 돼서 지난 7월 예비투표에서 좋은 평가를 받았다고 생각한다.

이 과정이 앞으로 몇 달 더 남아 있고 몇 차례 투표가 더 있을 예정이다. 지난 투표는 상임이사국과 비상임이사국을 구분하지 않은 전반적인 예비투표였기 때문에 가늠이 안 될 수도 있다. 하지만 지난번의 긍정적인 평가를 더욱 발전시키고 국제사회의 광범위한 지지를 받을 수 있도록 많은 노력을 해나가겠다. 그러나 이것은 나와 정부의 노력만으로는 안 된다. 국민들의 지원이 함께 필요하다.

후보로 활동하는 과정에서 사회 각계각층의 분들이 전폭적인 성원을 보내주신 데 대해 다시 한번 감사드린다. 앞으로 기대에 어긋나지 않고 국제사회에서 우리가 이룩한 여러 경험과 이상을 펼쳐 나갈 수 있도록 그래서 한반도 평화안전은 물론 국제사회의 평화 및 공동발전을 위해서 최대한 노력해 나가겠다."

외교통상부장관을 거쳐 UN사무총장에 취임한 후에도 그는 신뢰와 인내, 중용과 겸손을 바탕으로 굵직한 국제문제를 때로는 과감하게, 때로는 온화하고 조용하게 풀어내며 수많은 성과를 만들어냈다. 이처럼 외교에 관한 식견과 견해가 뛰어나고 개인이 가지고 있는 역량 측면에서 보아도 국내외적으로 인기가 많은 분이다. 반총장은 8년간의 UN사무총장직을 성공적으로 수행하고 귀국하여 그의 경륜을 나라를 위해 봉사할 것으로 기대되고 있다.

반기문 총장을 연구원에 초청하는 역할을 한 분이 바로 월간 영어 외교 전문잡지 〈디플로머시〉의 발행인 임덕규 회장이다. 임 회장은 국회의원을 지내고 외교전문지를 발간하면서 각국의 대사들과 친분이 두텁고 전 세계의 대통령, 총리 등 300명이 넘는 정상들을 인터뷰한 것으로 유명하다. 그는 반기문을 사랑하는 사람들의 모임인 '반사모' 회장이 되어 UN사무총장을 당선시키는 데 큰 역할을 담당했다.

백영훈
한국산업개발연구원 원장

21세기 한민족 시대, 최고경영자의 비전과 선택

 한국산업개발연구원
Korea Industrial Development Institute   www.kid.re.kr

개인적으로 지금까지 좋은 관계를 유지하고 있는 백영훈 한국 산업개발연구원 원장은 내가 인간개발연구원을 시작하기 전부터 만난 사이다. 그는 박정희 전 대통령을 수행하면서 독일어 통역을 한 특별한 이력을 가지고 있다. 국고가 텅 비어 있을 때여서 대통령이 직접 외국을 다니며 돈을 빌리던 시절이었다. 그러니 고생은 물론이고 수모도 많이 당할 수밖에 없었다. 그 지난했던 역사의 한복판에 백영훈 원장이 있었다.

그는 독일 유학생으로서는 최초로 독일 경제학 박사학위를 받은 사람으로 알려져 있으며, 5·16혁명 후 박정희 대통령을 독일에 안내하고 최초로 외국에서 차관을 도입하도록 주선하고, 독일에서 한국 경제성장 발전의 길을 제시받아 한강의 기적을 일으킨 분으로 높이 평가받고 있다.

조국이 CEO들에게 어떠한 역사적 테마를 제공하고 있는지 고민해 보는 시간을 갖기 위해, 2011년 그를 초청하여 「21세기 한민족 시대, 최고경영자의 비전과 선택」이란 주제로 강연을 들었다.

　"내가 군대 생활을 끝내고 중앙대 교수로 있을 때 청와대에서 비서관이 나를 찾아왔다. 대통령이 날 찾는다는 것이다. 청와대에 갔더니 박정희 대통령이 나에게 한 가지 부탁이 있다고 하였다. 독일에 가는데 통역관이 없으니 통역 좀 맡아달라는 것이었다.
　36명의 수행원을 데리고 독일에 갔더니 독일사람들이 태극기를 흔들며 우리를 반겨주었다. 그 광경을 상상해 보라. 이 광경을 본 박정희 대통령은 눈물을 흘렸다. 가슴 뭉클한 역사의 현장이었다. 다음 날 광부들을 찾아서 탄광촌에 갔다. 우리 광부들 얼굴이 모두 새까맸다. 모두들 눈물을 흘렸다. 대통령도 울고 나도 울고 모두들 울었다. 그 광경이 아직도 눈에 훤하다. 고속도로인 아우토반을 올라오는 데 3시간이나 걸렸다. 독일수상과 정상회담을 하면서 박정희 대통령이 돈을 빌려달라고 하면서 눈물을 흘렸다.
　대통령을 모시고 12일 동안 독일에서 고생을 정말 많이 했는데, 마지막에 독일수상이 박정희 대통령에게 부탁을 했다. 일본과 손을 잡으라는 것이었다. 대통령 얼굴이 갑자기 빨개졌다. 지금까지 한 얘기가 모두 이 얘기를 하기 위한 것이었구나 싶었다. 분위기가 가라앉자 독일수상이 독일과 프랑스는 역사에서 16번 싸웠다면서, 지도자는 미래를 봐야 한다고 돌려서 말했다. '우리는 일본과 싸운 일이 없다. 일방적으로 당했다. 그런데 일본 사람들은 사과도 하지 않는다.'라고 답했다. 그랬더니 수상이 놀란 표정으로 '일본이 사과도 하지 않았느냐?'며 '우리가 사과하게끔 도와주면 어떻겠냐?'는 것이었다. 그러자 박 대통령은 '그렇다면 우리도 아량이 있다.'라고 답했다.

그날이 1964년 12월 7일이었다. 결국 일본과 국교를 맺음으로 인해 일본이 우리에게 사과를 하고 우리는 3억 달러를 받았다. 이게 얼마나 큰돈인가. 얼마 후 대통령이 청와대에 오라고 해서 갔더니 이 3억 달러를 어디에 썼으면 좋겠냐고 물었다. 우리 조상들이 피 흘린 이 돈을 어디에 쓰면 좋겠는지 연구해 보라고 했다.

일본조사관과 합동으로 연구를 했는데 운이 좋았다. 일본조사관들은 한국에 대해서 정말 잘 알고 있었다. 그 사람들도 말하기를 한국은 전부 산이니 소양강댐을 막으라고 했다. 즉 국토관리를 하라는 것이다. 두 번째는 팔당댐을 막으라는 것이다. 그래서 그 보고서를 가지고 대통령께 보고를 했다. 대통령이 감탄을 했다. 그래서 만든 것이 수자원개발공사였다. 그리고 남은 돈으로 경부고속도로를 만들었다.

우여곡절이 정말 많았다. 일본조사관이 고속도로를 만들고 나니 앞으로는 전자산업을 하라고 조언했다. 앞으로 전자산업이 최고의 산업이 될 것이라는 게 그들의 의견이었다. '전자산업은 일본이 세계를 이끌어가는 기술이다. 당신네 나라도 앞으로 전자산업을 해야 한다.'고 말했다. 단, 세 가지 조건이 있어야 하는데 첫째, 공기가 맑아야 한다. 둘째로는 물이 맑아야 한다, 셋째로는 손 재주가 있어야 한다. 이 모든 조건을 갖춘 나라가 바로 한국이라는 것이다. 그래서 구미에 공업단지를 만들었다. 전 세계적으로 식민지로부터 독립된 나라가 147개국이다. 그런데 146개 국가는 지금도 발전이 멈춰 있다. 나머지 하나 바로 한국만이 역사에 엄청난 변화를 가져온 국가다. 우리 대한민국뿐이다.

여기에서 여러분께 꼭 드릴 말이 있다. 우리 국토는 정말 좁다. 세계 지도에서 우리 국토가 차지하는 비율이 0.075%다. 1%도 채 안 된다. 거기서도 대부분이 산이다. 이 좁은 땅에서 2010년에 4,900억 달러를 수출했다. 이 엄청난 역사의 현장을 만든 사람은 바로 여러분들이다. 하지만 우리는 21세기의 역사 앞에서 다시 한 번 반성해야 한다.

경영철학가 슘페터는 CEO가 가져야 할 경영철학 5가지를 말했다. 첫째, 인류의 미래를 창조하는 것은 예술이고 사상이고 철학이다. 경제의 목적은 이윤추구가 아닌 성취의 희열이라는 것이다. 둘째, 경영은 학문의 지식이 아니라 실천을 위한 지혜이다. 셋째, 경영은 끊임없는 혁신의 과정이다. 어제보다는 오늘이 더 나아야 하고, 오늘보다는 내일이 더 나아야 한다. 넷째, 경영은 조직의 힘, 즉 조직력이다. 공동체 의식 속에서 경쟁력이 나오는 것이다. 다섯째, 경영에서 가장 소중한 자산은 자본도 기술도 아닌 인적자산이다. 사람이 가장 소중한 자산이다. 소중한 인적자산의 관리를 위해 CEO는 부하와 대화를 해야 한다. 또한 부하를 설득해야 한다. 부하를 믿어야 한다. 부하를 참여시켜야 한다. 마지막으로 부하와 같이 성취를 이뤄야 한다.

이 다섯 가지를 꼭 좀 기억하시길 바란다. 여러분들께서는 이 귀중한 시간에 역사의 현장에 서 계시는 것이다. 우리가 앞으로 100년을 내다보면서 비록 좁은 국토를 가졌지만 세계를 걸어갈 수 있는 리더가 되어야 하지 않겠는가?"

자유당 시절 독일로 국비유학을 가서 경제학 박사를 취득하고 돌아와, 박정희 대통령의 독일방문 시 독일어 통역을 맡아 가난한 조국을 위해 쉼 없이 뛰어다녔던 백영훈 원장.

세계 어느 나라도 주지 않는 차관을 얻기 위해 광부와 간호사를 독일로 파견하는 방법을 찾아내고, 그것을 보증으로 차관을 얻어냄으로써 한강의 기적을 이루는 데 토대가 된 그와 같은 분들이 있었기에 오늘날의 대한민국이 존재할 수 있는 것이라고 생각한다.

손병두
호암재단 이사장

이병철 삼성회장과
김수환 추기경을 생각한다

HOAM
호 암 재 단   hoamprize.samsungfoundation.org

 손병두 호암재단 이사장은 오랫동안 삼성그룹에서 일한 '삼성
맨'이자 경영인, 교육자, 언론인, 사회운동가이다. 삼성그룹 회장
비서실 이사, 제일제당 이사, 한국생산성본부 상무, 동서경제연구
소 사장, 동서투자자문사 사장, 한국경제연구원 부원장, 전국경제
인연합회 상근부회장, 코피온 총재, 제12대 서강대학교 총장, 한
국사립대학총장협의회 회장, 한국대학교육협의회 회장, KBS이사장,
삼성꿈장학재단 이사장, 박정희대통령기념재단 이사장 등을 지냈다.
나와는 삼성그룹의 고 이병철 회장의 비서실차장 시절부터 인연
을 맺고 오늘에까지 이어지고 있다.

 호암재단 이사장직을 맡은 이후 인간개발연구원이 주관하는 인
간경영대상 시상식에 빠지지 않고 참여하면서 협력 및 격려를 아
끼지 않고 있다. 이런 인연을 바탕으로 인간개발연구원에서 2001

년 전경련 상근부회장 시절에는 「IMF 이후 한국재계 위상변화와 향후 과제」란 주제로, 2010년 KBS 이사장 시절에는 「호암 이병철 회장과 김수환 추기경을 생각한다」란 주제로 두 차례 강연을 한 바 있다.

그는 2001년 강연에서 IMF 위기를 맞게 된 원인을 여러 가지 측면에서 분석하면서 대응방안에 대한 평가도 제시했다.

"총체적으로 소위 IMF 경제위기가 어디서 왔느냐 하면, 세계적으로 제2의 세계화가 진전이 되고 있는데 우리가 그것을 제대로 알지 못하고 거기에 대한 대책을 세우지 못했다는 것이 큰 원인이었다고 생각한다. 그때까지 우리는 정부가 주도적으로 경제를 운용하고 시스템을 짜서 성공을 해 왔다. 그 성공신화에 우리가 얽매여 있었던 것이다. 과감하게 세계가 어떻게 변화되고 있는 것을 알고 거기에 맞도록 빨리 시스템을 바꾸고 운용의 틀을 바꾸었더라면, 우리가 위기를 맞지 않아도 됐을까 하는 아쉬움이 있다. 시장경제라는 것은 두 가지 바퀴가 필요하다. 하나는 시장경제에 맞는 법과 제도, 시스템을 만드는 것이고, 또 하나의 바퀴는 경제 주체의 윤리와 도덕이다. 두 바퀴가 같이 가줘야 발전할 수 있다. 그런데 윤리와 도덕과 정신이 얕으면 천민자본주의가 된다. 우리가 아무리 교통법규를 만들고 길을 닦고 신호등을 만들어 놓아도, 운전하는 사람이 위반하겠다고 하면 교통사고가 나는 것은 어쩔 수가 없다. 앞으로는 경영자들이 투명경영을 해야 하고, 윤리경영을 해야 하고, 환경경영, 지식경영을 해야 한다고 생각한다."

2010년 강연에서는 자신의 스승 두 분인 이병철 삼성회장과 김수환 추기경을 화두로 삼았다.

"이병철 회장님의 기업생활 50년 중에 나는 그 5분의 1인 10년 가까이를 삼성 회장비서실에서 그분을 모실 수 있는 행운을 가졌다. 그분은 60대로 한창 기업가로서 성공하여 수확하는 시기였고, 나는 30대의 젊은 나이로 그분을 모시면서 많은 것을 배울 수 있는 시기였다. 호암 이병철 회장은 누가 뭐래도 우리나라 자본주의의 초석을 다진 분 중의 한 분임을 인정해야 하겠다. 6·25전쟁 후 폐허 속에서 최초로 근대적인 공장을 지으면서 40여 개의 기업을 창업 또는 인수 경영하며 사업보국의 험난한 길을 걸어왔다.
사실 인수는 어쩔 수 없이 맡아야 하는 경우였고 새롭게 만드는 것을 좋아했다. '헌 집을 뜯어고치는 것보다는 새집을 짓는 것이 훨씬 편하고 좋다.'고 이야기하곤 했다. 국가에서 인수하라는 사업도 많았지만 웬만하면 인수를 안 하였다. 이병철 회장은 돌다리도 두드리면서 건너는 사람을 보고 건넌다고 할 정도로 치밀하고 심사숙고하는 스타일을 보였다.
그분의 경영활동 저변에 흐르는 철학과 생각은 논어에서 많은 배움과 깨우침을 얻었다고 한다. 한 손에는 주판을 들고, 다른 한 손에는 논어를 들고 우리나라가 제대로 된 선진강국이 되기 위한 길을 외롭게 개척해 나갔다. 그분의 생전에는 많은 오해와 비난이 있었지만 인내로 참아내었다. 후세 역사에 평가를 맡긴 것이라고 생각한다. 그분은 이利의 세계에 있었지만 의義를 버리지 않았고, 의리합일義利合一을 터득한 분이었으며, 논어와 주판의 합일合一을 이룬 분이라고 믿는다.

김수환 추기경과 같은 성직자들은 당연히 이웃에 사랑을 실천하고 소외되고 가난한 이들을 위해 봉사해야 한다고 생각할 것이다. 그런 것은 우리도 알고 있지만 실천을 못하고 있기 때문에 실제로 그런 삶을 산 김 추기경을 존경하는 것이라고 생각한다. 김수환 추기경은 가난한 사람을 보살피면서 가난의 극복을 생각했던 분이다. 나라의 경제가 발전해야 이 가난한 사람들을 구할 수 있다고 믿었다.

의義의 세계에 살았지만 이利를 결코 경시하거나 소홀히 한 적이 없었다. 나를 만날 때마다 신앙의 문제보다는 주로 경제문제에 대해서 대화를 하였다. 경제에 대한 지식도 일반의 수준을 넘는 것이었다. 그분은 '성경과 주판'의 합일을 보고 있었던 것이 아닌가 생각한다. 그분은 결코 사업하는 분들을 경시하지 않았다.

자본주의 시장경제의 위기가 올 때는 바로 윤리도덕이 뒷받침되지 않을 때라고 생각한다. 오늘을 사는 우리 기업인들뿐만 아니라 국민 모두에게 꼭 필요한 것이다. 우리가 선진국으로 도약하기 위해서는 국민이 정직하고 남을 배려하며, 윤리도덕 의식이 높고 준법정신이 강해야 한다.

오늘 이 자리에 오신 많은 CEO분들이 정직·윤리·도덕이 부족하면 개인과 회사의 발전은 물론 국가의 발전도 없다는 사실을 명심해 주길 바란다. 기독교 신자들은 '성경과 주판'의 합일을 이루고, 유교전통을 따르는 분들은 '논어와 주판'의 합일을 이루어 대한민국을 세계 초일류의 제대로 된 선진국으로 만들어 나가는 데 앞장서 주길 간절히 소망한다."

손병두 이사장은 우리 사회가 사농공상의 전통 위에서 부를 천시하고 기업과 기업가를 멸시하며, 반 시장경제의 정서가 강해서는 선진 자본주의 국가가 되기 어렵다고 생각하였다. 사실 국부를 증진시키는 기업가야말로 가장 존경받고 높이 평가되어야 할 것이다. 동시에 기업가도 고도성장 시대의 결과 지상주의에서 벗어나 노블레스 오블리주의 실천을 위해 최선의 노력을 기울여야 한다. 우리 사회가 행복하고 아름다운 공동체가 되기 위해서는 이웃과 더불어 사는 따뜻한 시장경제가 실천되어야 하겠다.

오명
동부그룹 제조유통부문 회장,
부총리 겸 제6대 과학기술부 장관

새로운 국가 과학기술체제
어떻게 구축할 것인가?

 동부 www.dongbu.co.kr

나는 오명 회장이 체신부장관 재직 시 알게 되었다. 우리나라 통신분야 발전에 많은 기여를 한 분으로 '한국 IT의 그랜드 디자이너'라고 부르기도 한다. 그가 아주대학교 총장 재임 중일 때 우리 연구원이 발간한 〈Better People Better World〉의 표지인물로 선정돼 특별초대 인터뷰를 한 인연도 있다.

대전엑스포 조직위원장을 맡고 있을 때에도 연구원 강사로 초청, 엑스포 성공을 위한 협력자로 함께했던 기억이 새롭다. 그의 직업이 무엇이냐고 물으면 '장관'이라고 할 만큼, 정권에 관계없이 계속 장관직에 임명되었다. 5공과 6공 때는 체신부장관을 지냈고, 문민정부에서도 교통부장관과 건설교통부장관을 역임하였으며, 참여정부에서는 과학기술부장관과 부총리를 지냈다. 또 고속철도 때문에 고생도 많이 했고 인천국제공항건설에도 기여했다.

우주인 이소연 씨를 우주에 올려 보내고 러시아와 협상하여 우주 로켓을 쏘아 올리는 데도 기여하였다.

인간개발연구원에서는 과학기술부총리 시절 그를 초빙하여 강연을 들을 수 있었다. 그의 강연은 늘 해학이 넘치고 지루하지 않았다. 그 덕분에 청중들의 웃음이 끊이지 않았다. 「새로운 국가 과학기술체제의 구축방향」 강연도 예외가 아니었다.

"나는 전자공학을 공부했다. 한 번은 KBS 대담을 나가니까 '선생님께서는 어떻게 전자공학을 가르치시기에 제자들이 전자공학이 쉽다고 합니까?'라면서 사회자가 질문을 했다. 전자공학은 공학 중에서도 눈에 보이지 않기 때문에 가장 어렵다고 해서 '전자철학'이라고도 한다. 나는 간단하게 '어려운 것을 가르치지 않고 쉬운 것만 가르쳤다.'고 대답했다.

내가 아주대 총장으로 있을 때 '조금 쉽게 가르치고 학점도 잘 주고 해야 학생들이 이공계를 선택하지, 공부하기 어렵고 학점도 잘 안 나오면 누가 이공계를 지원하겠는가?'라고 교수들에게 당부했더니 한 교수가 '제 프라이드가 있는데 어떻게 적당히 가르칩니까? 저는 어느 수준이 안 되면 절대 점수를 주지 않습니다.'라고 답했다. 나는 교수가 많이 아는 것도 중요하지만 어떻게 학생들이 이해하도록 가르칠 수 있느냐는 것이 더 중요하다고 생각한다.

어떤 30대 교수는 자신이 박사과정을 밟을 때의 노트를 가져와 가르치면서 요즘 학생들의 수학실력이 형편없다고 얘기한다. 내가 보기에는 그렇지 않다. 우리나라는 60대보다는 50대가 낮고, 50대보다는 40대가, 그리고 40대보다는 30대가 낮다고 생각한다.

우리나라가 발전 과정에 있기 때문에 당연한 이야기다. 30대 교수는 자신이 배운 것을 모두 가르치려 하고, 40대 교수는 자신이 아는 것을 가르치고, 50대가 되어야 비로소 학생 수준에 맞게 가르친다고 한다. 원로교수의 명강의를 들으면 쉬우면서도 머리에 쏙쏙 들어간다는 말이 허언이 아닐 것이다."

「한국경제와 과학기술의 뉴 패러다임」 강연에서는 그가 1980년 마흔의 나이에 청와대 경제 비서관으로 관직에 들어선 후 체신부 차관 및 장관으로 8년여 일하며 '한국정보통신혁명'의 기틀을 닦은 이야기가 소개되었다. 그는 TDX전자교환기 개발, 4MD램 반도체 개발 등 획기적인 연구개발 사업을 성공시켰고, 80년대 초만 해도 전화를 신청하면 1년여를 기다려야 했던 것을 불과 7년 만에, 신청하면 당일 설치하는 세계에서 가장 빠른 서비스를 실현하여, 세계 통신전문가들로부터 '대한민국의 통신혁명'이라고 갈채를 받았다.

또 80년대에 행정전산망을 성공시키고 '88서울올림픽의 정보통신 서비스'를 완벽하게 실현하여 전 세계 매스컴으로부터 '88서울올림픽의 정보통신은 금메달'이라는 칭찬을 받았다. 그 공로로 그는 모교인 뉴욕주립대학교스토니브룩의 '뉴욕유니버시티 프로페서'로 임명되었고, 대학의 '명예의 전당'에 첫 번째로 입성하는 영광을 가졌다. 오명 회장이 지금도 '한국 정보통신 혁명의 살아 있는 전설'로 불리는 이유다.

"나는 경험이 전혀 없는 상태에서 41세에 체신부 차관이 되었다. 당시 체신부는 8만여 명의 직원이 있는 대단히 큰 부서였고 국장들의 평균 나이는 50대 중반이었다. 41세의 공학박사 차관이 왔으니 체신부에 난리가 났다. 나는 첫 번째도 겸손, 둘째도 겸손, 그리고 모든 사람들의 의견을 경청했다. 8만여 직원들의 복지 문제를 발 벗고 나서서 해결했다. 그리고 매주 한 번씩 미래사회에 대한 토론을 통해서 간부들과 비전을 공유했다. 그렇게 1년여를 노력한 끝에 직원들의 마음을 얻고 간부들과 비전을 공유했다.

그리고 2000년 계획을 정부부처 중 처음으로 발표했다. 정보화 사회에 대한 확실한 그림을 그리고 정보화 사회를 리드하는 부처로서의 자부심을 공유한 것이다. 이후로 모든 일이 순조롭게 진행되었다. 간부들이 각자 자기 맡은 분야에 대한 청사진을 가지고 소신껏 일하게 된 것이다. 자연스럽게 체신부는 정보혁명을 리드하는 부처가 되었다."

이와 더불어 그는 과학기술부총리 시절의 일화도 설명했다.

"'우주인을 왜 올려 보내느냐, 돈을 많이 쓰면서.'라고 말하는 사람도 있었다. 우주인을 올려 보낸 나라가 43개국이고 우주인이 421명이나 있다. 페루, 스페인, 몽골까지 올라갔다 왔는데, 세계

11위 경제대국에서 우주인을 올려 보내는 데 인색할 필요는 없다.

미래를 위한 투자를 과감히 해야 한다. 예산이 부족하면 과학기술채권을 발행해서라도 재원을 만들어야 한다. 우리가 쓸 복지예산을 위해 채권을 발행해서 후손들에게 부담을 주는 것은 바람직하지 않다. 그러나 과학기술 투자는 후손을 위한 것이므로 그 혜택을 받을 후손들이 부담하는 것이 옳다고 생각한다. 지금 투자해서 10년, 20년 후 후손들에게 크게 도움이 될 수 있다면, 가급적 많은 투자를 해줘야 한다."

이외에도 오명 회장은 리더에 관하여 "권한을 과감하게 위임해 줘야 한다. 부하직원 각자가 창의적인 아이디어를 가지고 스스로 열심히 뛰도록 만들어줘야 한다. 리더는 전체의 방향을 설정하고 흐름을 조율하는 역할만 해야 한다. '똑게이론'이라는 것이 있다. 똑똑하고 부지런한 리더보다 똑똑하고 조금 게으른 리더가 성공할 가능성이 많다는 이야기다. 멍부^{멍청하면서도 부지런한 리더}가 설치면 조직이 망가진다." "윗사람 눈치 보지 말고 아랫사람에게 존경받아야 한다."라고 강조했다. 이러한 리더십이 있었기에 그는 역대 정권에서 부름을 받은 한국의 대표적인 테크노크라트로 손꼽히게 된 것이리라.

윤석철
서울대학교 명예교수

인의仁義경영학과
경영학의 진리체계

www.snu.ac.kr

　　한국 경영학계의 거목으로 손꼽히는 윤석철 서울대 명예교수는
자신이 1958년 서울대 독어독문학과에 입학할 당시 한국의 국민
소득은 1인당 80달러 수준인 데 반해 독일은 라인 강의 기적을 이
뤄내고 있음에 자극을 받아, 독일을 한국 발전의 모델로 삼겠다는 뜻
을 품고 독일의 문학, 철학, 역사를 공부하기 시작했다고 한다. 그러
나 한국이 후진국적인 상황에서 탈피하려면 과학과 기술 발전이
급선무라는 사실을 깨닫고 과감히 물리학과로 진로를 바꿔 물리,
화학, 수학을 공부했다. 윤석철 명예교수는 김우중 전 대우회장의
매제이기도 한데, 좋은 배경을 갖고 있으면서도 독자적으로 조사
연구하여 삼양타이어금호타이어 전신의 성공신화를 이룬 분이기도 하다.
특히 '한국 경영학계의 피터 드러커'로 불릴 만큼 경영학의 거두
로서, 10년을 주기로 하여 한 권의 명저를 저술·출간하는 분으로,

그중에서도 『삶의 정도』가 명저로 회자되고 있다. 2002년 강연에서는 「인의(仁義)경영학을 통한 생존경쟁의 법칙」을 그만의 독특한 시선으로 설명하여 주목을 받았다.

"생존경쟁 속을 살아가는 것은 사실상 복잡하고 다양한 것처럼 보인다. 그러나 곰곰이 따져보면 4가지 대안밖에 없다. 생존경쟁이라는 것은 '사느냐' '죽느냐'의 문제를 놓고 '너'와 '나' 사이에 전개되는 싸움이다. 따라서 '너'와 '나'라는 이분법적 두 주체와 '사느냐' '죽느냐' 하는 이분법적 두 술어를 합치면 4가지 기본 모형 즉 '너 죽고 나 살고', '너 죽고 나 죽고', '너 살고 나 살고', '너 살고 나 죽고' 등으로 나타난다.

첫 번째, '너 죽고 나 살고' 모형은 뺑소니운전사 모형이다. 5억 3천만 년 전 바다에서 생겨난 약육강식의 모형이 여기에 속하고, 인간사회의 생존경쟁도 그것이 제로섬 게임일 경우에는 본질적으로 이 모형이 많다. 두 번째, '너 죽고 나 죽고' 모형은 한국형 부부싸움 모형이다. 왜 이것이 한 단계 위냐 하면 너도 죽고 나도 죽고 공평하게 해결하므로 공평성이 들어간다. 한국의 라이벌 기업 간의 경쟁모형이 이 모형이다. 우리나라 건설 회사들의 해외 수주 입찰에서도 나타나, 막판에 우리 한국기업끼리 경합이 붙어 가격 깎아내리기를 하다가 결국 너 죽고 나 죽고 한다.

세 번째, '너 살고 나 살고' 모형은 공자의 '인(仁)'에 해당되는 모형이다. 어질 인(仁)은 사람 인(人)과 두 이(二)의 합성어이므로 너와 나,

둘이 다 살아야 한다는 사상이다. '너 살고 나 살고'를 가능하게
하는 실제적인 방법론만 발견된다면 이 모형은 가장 이상적인 생
존모형이 될 것이다. 네 번째, '너 살고 나 죽고' 모형은 예수 그리
스도 모형이다. 예수에게 있어서 '너'는 죄 많은 인간들이었고, 그
래서 이들을 구하기 위해 당신께서 십자가에 못 박혔다. 한국에
서는 월남전 당시 강재구 소령 같은 분이 이 모형에 속한다. 자기
가 거느리고 있는 병사 몇 명을 살리기 위해 본인은 수류탄을 몸
으로 덮어 산화하였다. 이것이 가장 성스러운 모형이지만 우리는
성인이 되기는 어려우므로, 이 모델을 가지고 생존경쟁에 임할 수
는 없다."

2005년 「세월 속에 생각하는 인생과 기업」 강연에서는 앨프레
드 테니슨의 시 '참나무'로 경영이론을 쉽게 설명하여 공감을 얻었다.

"기업을 보자. 굿모닝 신한증권연구소에서 지난 1995년 2월
9일부터 2005년 2월 14일까지 주가 상승률을 조사했다. 결과를
보니 당연히 삼성전자가 1등일 줄 알았는데749% 증가 아주 의외의
결과가 나왔다. 라면 만드는 회사가 1,297%로 압도적으로 1등을
한 것이다. 이것을 설명할 수 있는 경영학 이론은 세계 어디에도
없다. 이것을 이해하려면 내가 좋아하는 앨프레드 테니슨의 시
'참나무'를 소개할 필요가 있다. 이 시에 겨울에 서 있는 참나무의
모습을 묘사하는 벌거벗은 힘Naked strength이란 시어가 나온다. 이 벌

거벗은 힘만이 이 결과를 설명할 수있다. 농심의 주력제품은 신라면이다. 신라면 한 봉지의 가격은 600원이다. 농심의 시장조사팀은 보통 동대문이나 남대문시장에 점심시간에 조사를 나간다. 그들에게 조사원들은 만약 신라면이 1,000원으로 올라도 먹겠느냐고 묻는다. 소비자들은 처음에는 그렇게 오르면 먹겠느냐 하다가 곰곰이 생각해 보고는 그래도 먹겠다고 답한다.

고객은 제품 혹은 서비스에서 느끼는 가치 때문에 제품 혹은 서비스를 구입한다. 소비자들이 신라면을 먹는 이유는 세 가지이다. 첫째, 신라면은 충분히 한 끼 식사대용이 된다. 둘째, 편의성이 있다. 셋째, 얼큰하고 시원한 한국 전통의 맛을 가진다. 조사원들이 살펴보았을 때 신라면이 만약 천 원으로 오른다고 해도 이 세 가지를 만족시킬 수 있는 다른 제품이 없었다. 또한 사람들 역시 신라면이 천 원이 된다고 하더라도 역시 먹을 수밖에 없다고 답했다. 현재 신라면은 600원에 팔리면서 400원이라는 잉여가치를 가진다. 이것이 소비자들에게 기부되는 효과가 있다. 그래서 가치가 가격보다 크다는 부등호가 나온다. 부등호로부터 큰 쪽에서 작은 쪽을 뺀 양이 소비자의 순 혜택이 된다. 고객이 100원의 가치를 느끼는 제품을 100원에 팔면 되지 않겠느냐 할 수 있다. 그러나 그렇게 되면 벌거벗은 힘이 제로가 된다. 그러면 기업이 성장·발전할 수 있는 원동력이 될 수 없다.

그렇다면 상대적으로 적어지는 다른 쪽의 부등호는 어떻게 만족시켜야 할까? 그것은 원가절감으로 보충할 수 있다. 택시를 타던 것을 버스를 타는 식으로 절충하여 두 개의 부등호가 만족될 때 인생이 행복해진다. 기업과 인생이 근본적으로 같다.

인간은 완벽하기 어렵다. 그렇기에 항상 잘못된 생각을 가지고 있다. 그렇지만 우리 인간은 그것으로부터 항상 냉정해야 한다. 이 것은 죽기 전까지 생각해야 할 과제이다. 인생과 기업에서 이렇 게도 중요한 벌거벗은 힘을 기르기 위해서 나는 어떤 노력을 해 야 하고, 생존부등식에서 상대방이 느끼는 가치가 상대가 치르는 값보다 큰지를 생각해 주길 바란다."

위의 강연에서 알 수 있듯 윤석철 명예교수는 독문학과에서 시 작한 인문학, 물리학과에서 배운 자연과학, 그리고 경영학과에서 연구한 사회과학적 방법론을 가지고 인간과 조직을 다양한 각도 로 조망하고 해석해 내는, 우리나라 경영학계에서 독보적 존재 중 한 명이다. 또한 그는 영어, 불어, 독어, 중국어, 한국어로 된 시 2,000수 정도를 암송할 정도로 시를 좋아하는 것으로도 유명하다. 어떤 학문을 하든지 인문학적 소양이 중요하다고 강조하면서 자 신이 시를 몰랐다면 인생과 경영을 연계시키지 못했을 것이라고 강조했다.

이경숙

아산나눔재단 이사장,
전 숙명여자대학교 총장

21세기 한국대학, 그리고
CEO총장의 역할과 리더십

아산나눔재단 asan-nanum.org

숙명여대 총장과 국회의원, 이명박 대통령 당선 인수위원장을 지낸 이경숙 명예교수는 숙명여대가 낳은 훌륭한 지도자이다. 특히 숙명여대가 어려움에 처해 있을 때 교지校地를 찾아내어 숙명여대의 재건에 앞장선 분이기도 하다.

2005년 이 총장 재임 시에 인간개발연구원과 뜻을 같이하여 연구원 30주년 행사를 숙명여대의 후원으로 100주년 기념관 대강당에서 개최하였고, 400여 명의 경영자들이 기업포럼 행사에 참가하였다. 그 덕분에 전 보직 교수들을 대상으로 폴 마이어 LMI리더십 교육을 할 수 있었다. 지금도 우리 연구원에 많은 배려를 해주고 재임 내내 교육자로서의 참다운 여성리더십을 보여준 이 총장에게 감사하는 마음이 크다.

2003년 「21세기 한국대학, 그리고 CEO총장의 역할과 리더십」이란 주제로 인간개발연구원에서 열린 강연은 우리나라 대학에서의 교육자의 역할과 섬기는 리더십에 관해 또 한 번 곱씹어볼 수 있는 좋은 기회였다.

"나는 68년 미국에 유학을 갔다. 맨 처음 유학한 대학이 미네소타에 있는 학생 수가 2,000명 정도 되는 마카레스터^{Macalester} 대학이었다. 그 대학은 강의실에도 카펫이 깔려 있었다. 그리고 최첨단의 기자재가 설치되어 있어서 나는 정치학과인데도 시뮬레이션 랩에서 국제정치 쟁점에 대한 모의실습을 하면서 공부를 했다. 나로서는 문화적인 충격이었다. 우리나라에서는 컴퓨터를 거의 쓰지 않을 때 컴퓨터를 접하고 72년에 인터넷을 경험하게 된 것이다. 94년 총장이 되었을 때 유학하던 당시 강의를 들었던 교수님의 말씀이 생각났다.

'앞으로 컴퓨터가 세상을 놀라게 하고, 엄청난 변화를 가져올 것이다. 일류가 되고 싶은가? 일등을 하고 싶은가? 이 컴퓨터 능력을 전부 갖도록 해라.'

지금은 우리나라가 정보화 순위에서 전 세계 10위 안에 들지만 94년 3월 처음 총장 취임 당시에는 그런 분위기가 조성되지 못했다. 총장선거 공약으로 인터넷을 연결하고 랜을 구축한다고 하니까 총장선거가 끝나고 나서 연설내용이 무슨 소리인지 묻는 교수들이 있었다. 그 정도로 정보화가 안 되어 있을 때 나는 그 구상을 시작했다. 착실하게 종합전산망을 구축하고 학교 전체를 정보화 대학으로 만들어갔다. 다행히도 이것이 시의적절했다. 95년 5월 30일에 정부의 교육개혁안이 나왔는데 그때 세계화, 정보화 중심의 교육개혁안이 나왔다. 그런데 우리 대학은 벌써 1년 반 전에 정보화를 시작해서 종합전산망이 이미 구축되기 시작했고 사이버 교육프로그램을 만들기 시작했던 것이다.

숙대가 결정적으로 발전할 수 있는 모멘텀을 만든 것은 제2창학 발기인대회를 성공적으로 치렀기 때문이다. 숙대를 세계 최상의 명문여대로 만들겠다는 제2창학의 비전을 달성하기 위해서 필요한 재원이 1,000억 원이 넘었다. 그때까지 숙대가 모금한 실적은 2억 원이었는데 1,000억 원을 모금하겠다고 하니까 학교 구성원들의 반응은 매우 차가웠다. 온갖 비방과 냉소와 비협조적인 분위기가 팽배했다. 불평과 불만과 비방이 심해져 문제가 어렵고 힘들수록 문제 속에 빠져 들어가면 안 되고, 한 명쯤은 밖에 서서 풀어가는 사람이 있어야 한다고 생각했다.

취임 초기에 그동안 밀렸던 세금고지서가 계속 날아오고 분위기가 힘들어지니까 처장들이 방에 들어올 때 한숨부터 쉬면서 '아휴, 죽겠다!'라고 말했다. 그렇게 한 달쯤 경험하고 나니까 나도 죽게 생겼다. 리더십 강연을 하면서 긍정적인 언어를 쓰고 표정도 밝게 하고 늘 웃으라고 말했는데 막상 닥쳐보니 같이 죽게 생겼고 불평이 생기고 짜증이 났다. 그때 나는 분위기를 바꿔야겠다는 생각을 하게 되었다. 그래서 처장들에게 앞으로 한숨 쉬면서 죽겠다고 할 사람은 총장실에 들어오지 말라고 했다. '아휴, 죽겠다!'는 말 대신에 '아휴, 살겠다!'로 바꾸라고 했다. 그랬더니 들어오면서 '아휴'라고 말을 시작하다가도 내 얼굴을 보면 '살겠다!'라고 하는 것이다. 그것이 너무 재미있어서 한바탕 웃고 나면 분위기가 살고 마음에 여유가 생기면서 해결책을 강구하게 되자 일이 풀리기 시작한 것이다.

10년 동안 학교 부지가 대지는 2배가 늘고 건평은 3배가 늘었기 때문에 학교로서는 상당히 발전을 체감하고 있었다. 거기에 대해 자부심을 느끼니 협조가 되고 신뢰가 생기는 분위기가 되었다. 정직하고 투명한 경영을 할 때 리더십을 잘 발휘할 수 있다.

한 대학이 변화하기 위해서는 사람, 시스템, 문화가 바뀌어야 한다. 사람은 어느 정도 바뀌고, 제도는 모두 다 고쳤다. 문화를 바꾸는 것이 굉장히 힘든데 갈등 구조로 되어 있는 것을 어떻게 바꿀까 고민하다가 궁리한 것이 서로 섬기는 운동을 전개하는 것이었다. 교수 채용을 할 때 '당신들이 지금 최고 명문대를 나오고 박사가 되고 교수가 되었으니까 최고로 대접을 받고 싶겠지만 우리 학교는 섬기는 대학입니다. 이제부터는 직원과 학생들을 섬겨주세요. 그러면 아마 섬김을 받게 될 것입니다.'라고 말했다.

그 결과 서로 섬기는 운동이 벌어졌고 숙대는 6년 연속 교육개혁 우수대학으로 선정되었으며, 고객만족도 조사에서 대학가 3년 연속 1등을 하고 있다. 학생을 고객이라고 생각하면서 교수들이 가르치고 직원들이 행정서비스를 하는 체제로 바뀌자 면학분위기가 조성되고 친절한 문화와 서로 칭찬하는 분위기가 조직문화로 자리 잡아가기 시작했다고 여겨진다."

숙대 수석입학, 수석졸업생이자 총학생회장 출신으로 '영원한 숙대인'이라는 애칭을 가진 이 명예교수는 13, 14, 15, 16대 총장으로 16년 동안 헌신했다. 재단이 임명하는 방식이 아닌 전체 교수 직선투표에 의해 4번 연임해서 총장직을 맡게 된 것이다. 그만큼 동료교수들과 학생들의 신임이 두터웠다는 방증이다.

이 총장은 총장 재임 내내 '세상을 바꾸는 섬김의 리더십'을 강조하였는데, 공동의 이익을 추구하는 과정에서 타인을 존중하고 배려하여 부드럽게 영향력을 발휘하는 섬기는 리더십이야말로 교육자뿐만 아니라 정치가와 기업인들 또한 반드시 새겨두어야 할 덕목이라고 생각한다.

이 총장은 현재 아산나눔재단 이사장으로 나눔과 봉사의 삶을 살아가고 있다.

이명박 제17대 대통령

정주영 회장의 경영철학, 나는 이렇게 생각한다

    이명박 전 대통령은 정치인으로서뿐 아니라 현대건설을 세계적인 기업으로 키워 성공신화를 이끈 주역으로도 유명하다. 정주영 고 현대그룹 회장이 이명박 전 대통령에게 회사의 모든 것을 맡길 만큼 신임이 두터웠고, 그가 직접 키운 사람이라 해도 과언이 아니다. 그런데 정 회장이 정치의 길로 들어서면서 두 분의 사이가 멀어지기 시작했다. 정 회장이 대통령 후보로 정치하는 것을 이명박 전 대통령이 반대했기 때문이다.

    나는 정주영 회장이 돌아가셨을 때 문상을 다녀오다가 우연히 이명박 전 대통령을 만난 적이 있다. 그때 내가 "이 시기를 놓치면 안 됩니다. 공이 이쪽으로 날아왔으니 돌아가신 분하고 화해를 하십시오. 자기를 길러준 분에게 아무 변명도 하지 말고 진심으로 애도를 표하고, 두 분의 사이가 서먹해진 데에는 시대의 아픔이 있었다고 이해를 구하세요. 그렇게 함으로써 이 회장님에게 가졌던 정 회장님의 서운함을 완전히 바꿔놓으세요."라고 영혼의 화해를 하라고 충언을 했던 기억이 난다.

그리고 그는 2001년 서울시장이 되기 전에 우리 연구원에서 「정주영 회장의 경영철학, 나는 이렇게 생각한다」라는 제목으로 강연을 하여 화제가 되었다.

"현대건설이 경부고속도로를 맡게 되었을 때였다. 당시 우리나라에서 고속도로를 건설해 본 기업은 현대건설밖에 없었다. 박정희 대통령은 나를 감옥에 보내고, 직장에 제대로 들어가지 못하도록 한 사람이다. 그러나 경부고속도로를 만들어 국가경제를 발전시키려고 하는 것을 보면서 생각이 많이 바뀌었다. 또한 돌아가신 후 개인적인 치부를 남겨두지 않았다는 것도 대단한 것이라고 생각한다. 그 뒤에 나온 대통령 두 분과 비교해 보면 더욱 두드러질 것이다.

경부고속도로 공사를 하면서 정주영 회장의 진면목이 드러났다. 정 회장이 경부고속도로 공사를 하면서 돈을 벌려고 하지는 않았다고 생각한다. 정 회장이 그토록 열심히 일했던 것은 자신을 알아주고, 현대의 능력을 알아주는 박 대통령으로부터 인정받고 싶었기 때문인 듯하다. 대통령의 강한 의지, 정주영 회장과 같은 모범적 기업가, 도덕적 공직자들이 모두 합심하여 이루어낸 것이 바로 경부고속도로였다.

1977년 1월 1일 나는 현대건설 사장이 되었다. 만 35세였다. 내가 자격이 있어 사장이 되었다고는 생각할 수 없어 한 달 동안 고사하다가 결국 공동 사장을 만들어 달라는 조건으로 사장을 맡게 되었다. 나는 아직도 정 회장이 무슨 생각을 가지고 그런 결단을 내렸는지 궁금하다. 어느 날 정주영 회장의 인터뷰 기사를 보던 중 그 일과 관련된 내용을 읽게 되었다.

'나는 그 사람을 신입사원으로 뽑았는데 과장 일을 하고 있었다. 과장을 시켰더니 부장 일을 하고 있었다. 부장을 시켰더니 상무 일을 하고 상무를 시켰더니 사장 일을 하더라. 내가 시키려고 했던 것이 아니고 나는 그 사람이 하는 일에 맞춰 정신없이 발령을 낸 것뿐이다.'

그렇다면 왜 나와 정주영 회장은 헤어지게 되었는가? 나로서는 그분과 멀어진 이유를 설명하는 데 있어, 오랜 인연을 가지고 있던 정주영 회장께 본의 아니게 누가 될 수도 있을 것 같다는 생각에 얘기 꺼내기가 조심스럽다.

정 회장은 유난히 박정희 대통령에 대해서 존경심을 가지고 있었던 것 같다. 그 후의 대통령들의 행태 때문에 더했을 것이다. 자꾸 돈을 달라고 하면서도 계속 무시를 당하니 오기도 생겼을 것이다. 외국에서는 10명만 고용시키는 기업을 만들어도 박수를 받는다. 20만 명의 종업원을 거느린 기업에 대한 정치인들의 무시와 견제는 견디기 힘들었을 것이다. 싫은 소리를 했다는 이유로 세무검사를 받아 1,500억 원의 돈을 내야 했다. 기업이 흔들릴 정도의 돈이 잘못된 결정에 의해 왔다 갔다 하는 것이 우리나라다. 기업하는 사람들을 반사회적인 사람으로 치부해서는 나라가 발전할 수 없다. 그러던 와중에 곁에서 끊임없이 대권에 대한 격려를 하는 사람들 때문에 방황을 많이 하셨다. 나는 계속해서 반대 의견을 말씀 드렸다. 몇 달의 고민 끝에 그분이 내게 왜 반대를 하느냐고 물어왔다. 나는 솔직하게 '회장님께서 대통령이 안 될 것이라는 것이 아니라 회장님은 대통령이 되어서는 안 되신다.'라고 말했다. 그날의 대화가 서로에게 충격을 주었을 것이라고 생각된다. 현대가 정권을 잡게 되면 다른 삼성, 대우 등의 기업들도 똑같이 할 수 있다고 생각할 것이다. 나는 단기간으로 보면 발전적이라고 할 수도 있지만 긴 안목으로 보면 나라 발전을 위해서는 바람직하지 않다고 생각했다.

대신 이런 말씀을 드렸다. '회장님이 능력으로는 대단한 분으로 알려져 있지만 윤리, 도덕 쪽으로 가면 좀 약하십니다. 그러니 김수환 추기경님, 한경직 목사님들을 만나 이 땅의 도덕, 윤리질서를 확립하는 운동을 전개하십시오. 그런 운동을 3년 정도 하시면 회장님의 도덕성이 김수환 추기경님의 반열에 비슷하게 올라갈 수 있을 겁니다.' 정주영 회장은 아이디어가 좋다고 생각되면 바로 실천하는 분이라 그날 오후 바로 김수환 추기경을 찾아갔다. 그런데 그 후 다른 사람들이 계속 대권을 부추겨 결심이 바뀌었던 것이다. 그들 중에는 자신이 대권을 부추겨 놓고서도 나중에는 반대했다고 얘기하는 사람들도 있다. 그들에 비하면 정주영 회장은 자신이 생각한 바를 끝까지 책임지는 면이 있었다.

정주영 회장이 일찍 돌아가신 것을 보면서 나는 모든 일에 최선을 다했는가 하는 생각을 했다. 기업 일을 하듯 정치를 반대하는 데도 최선을 다했는가 하는 아쉬움이 남아 있다. 정주영 회장의 기업가정신, 개척정신, 과감한 인재등용 등은 정말 높이 살 만한 가치들이다. 많은 사람들이 피상적으로 정주영 회장을 높이 평가하지만 그것보다는 그의 시대적 기업가정신이 아직도 살아 있다는 것을 느끼고 그래야만 우리의 미래도 있을 것이라고 생각한다."

그가 대통령에 당선되기 이전에도 몇 번 연사로도 모셨고 서울시장 때는 내가 직접 인터뷰를 직접 하기도 했다. 2008년 이명박·푸틴한·러 정상회담이 러시아의 상트페테르부르크에서 개최되었는데, 그때 나도 방문단으로 함께 러시아를 가게 되었다. 그런데 밤늦게 정상회담 실무책임 담당자에게서 전화가 걸려왔다. 내일 아침 VIP와의 조찬에 10여 명의 주요 인사들을 초대한다고 했다. 그 행사에서 이 대통령이 "인간개발연구원 잘하고 계시지요?"라는 질문으로 포문을 열어서 대통령의 연구원에 대한 깊은 관심으로 동석하신 분들 중 한태규 한국외교협회 회장 등 우리를 모르는 분들도 관심을 가지게 되어 제주포럼 등 글로벌사업 파트너들을 만나게도 되었다.

이배용

영산대학교 석좌교수,
전 이화여자대학교 총장
제2대 국가브랜드위원회
위원장

한국역사 속의
창조적 리더십

 이화여자대학교 www.ewha.ac.kr/

　이배용 총장은 미국 사우스플로리다대학 글로벌 지도자상을 비롯하여 국내외 유수한 지도자상을 수상할 만큼 모범적인 교육자이자 여성 지도자로서 그동안 한국학의 세계화·전문화·대중화에 기여해 왔다. 우리나라 전통 교육의 본산인 서원의 유네스코 세계유산 등재 추진 등 한국 문화유산의 브랜드를 높이고 자긍심을 키우는 데 앞장서고 있는 분이다. 이화여대 총장 외에도 한국대학교육협의회 회장, 국가브랜드위원회 위원장, 한국학중앙연구원 원장 등을 역임하였다. 이 총장은 2015년 인간개발연구원 40주년 기념행사에서 다음과 같이 축사를 했다.

　"외국인들이 한국인들만큼 공부하기 좋아하는 민족은 유례를 찾아보기 힘들다고 말한다. 새벽을 열고 조찬포럼의 시대를 개척한 공로도 바로 인간개발연구원의 미래지향적인 혜안을 통해서 비롯된 것이다. 이제는 다양한 지식문화와 운동을 펼쳐서 국민적 참여를 열고 있다. 교육으로 소통과 화합의 장을 실천하는 원대한 꿈을 갖고 계시다. 정말 장만기 회장님은 이 시대의 보석이라고 생각한다. 나도 그동안 인간개발연구원이 주관하는 여러 강좌에 강사로, 좌장으로 참석하면서 많은 감동을 받았다. 특히 교통의 접근성이 어려운 지역에도 파고들어가서 지방자치단체 강좌를 펼칠 때 지역주민들 수백 명이 참여해서 자긍심을 느끼는 모습을 보면서 교육자로서 숙연해지며 사명을 갖게 되었다.”

2010년 이화여대 총장으로 재직 시에는 「한국역사 속의 창조적 리더십」이라는 제목으로 강연을 한 바 있는데, 이 강연을 통해 최고의 창조적 리더십과 창의성은 역지사지의 사고, 즉 배려의 마음에서 나올 수 있는 것임을 강조했다. 역사적 인물들을 예로 들면서 자칫 딱딱할 수 있는 주제를 부드럽고 재미있게 풀어내었던 것이 기억에 남는다.

“내가 역사공부를 하다 보니 방송국에서 사극을 할 때마다 자문을 많이 요청해 왔다. 그중 〈여인천하〉라는 드라마에는 깊숙이 관여를 했고 방송사상 최대의 시청률을 올렸다. 요즘 인기리에 방영된 〈선덕여왕〉은 2년 전에 소재를 방송사 사장님께 드린 것이다. 내가 20여 년 전에 선덕여왕에 대한 논문을 새롭게 썼다. 그런 것에 대한 의미들을 이야기하고 작가까지 와서 공부해 가지고 시나리오를 만든 것이지만, 대체로 사극은 70% 이상은 픽션이고 20% 내지 30% 정도만 사실이기 때문에, 그걸 오인해서 다 역사라고 보면 여러 가지 역사적 이해에 왜곡이 있을 수 있다.

내가 작가들에게 얘기하는 것이 있다. '역사적인 사실을 드라마에 다 담으려면 교과서 같아서 재미가 없어지겠지만, 역사가 주는 메시지는 꼭 전달해야 한다. 그래서 다 수용할 수는 없겠지만 역사가 주는 메시지 세 가지는 꼭 염두에 두면서 사이사이에 정신을 넣어주면 사극이 종영되었어도 시청자들의 가슴에 남을 수 있을 것이다.'

여기서 역사적 메시지는 첫째, 지나치고 무리하면 화를 자초한다는 것이다. 인간의 욕망은 한도 끝도 없지만 역사의 시작과 결말을 보면 자제하고 절제해야 한다는 많은 교훈을 주고 있다. 궁예가 고려의 길을 제일 먼저 닦았지만 무참하게 무너지고 왕건이 고려의 건국을 완성한 데는 이유가 있다. 궁예의 인간을 믿지 못하는 불신과 의심과 무리한 욕망이 신뢰를 잃게 했고 그러면서 왕건의 포용의 리더십이 역사의 열매를 딸 수 있게 했다. 조선왕조 태조 이성계 임금이 400여 년 이상 된 고려를 타도하고 천신만고 끝에 조선을 건국했는데, 고작 6년밖에 못 하고 아들들이 일으킨 왕자의 난으로 권좌에서 물러나게 된 것은 후계자 책봉에 무리함이 있었기 때문이다. 건국에 공을 세운 아들들을 제치고 11살짜리

막내아들 방석을 후계자로 내세우면서 무리와 화를 자초하게 되었다.

둘째로 좋은 능력도 좋은 인연과 얽혔을 때에 자기의 인생도 바르게 나갈 수 있고, 역사를 제대로 발전하며 기여할 수 있는 것을 역사는 많이 보여준다는 것이다. 여기 계신 지도자 분들도 능력이 있어도 좋은 인연이 있을 때 발휘할 수 있는 기회가 생기는 것을 무척 많이 경험하셨으리라. 나는 세종임금을 존경하는데 세종임금은 훌륭한 인재들을 좋은 인연의 틀 속에서 키워주었다. 그것이 결국 우리의 민족문화를 꽃피게 하고 1,000년 이상 우리 민족의 미래의 길을 닦아 자긍심을 가지고 잘살게 하는 기반을 만든 것이다. 그런데 연산군 시대에는 절대로 훌륭한 신하가 나설 수 없었다. 뭘 좀 하려면 견제하고 의심해서 죽이니까 피바람 부는 데 나가지 않기 위해서 좋은 사람들이 다 숨어버렸다. 좋은 능력도 좋은 인연으로 맺어졌을 때 빛을 발한다.

세 번째 메시지는 내일 지구가 멸망해도 오늘 사과나무를 심는 심정으로 역사 속에서 보면 씨를 뿌리는 사람이 있고, 그 씨를 지키고 가꾸는 정성을 쏟는 사람이 있다는 것이다. 깊이 새겨야 할 것은 지금 우리가 사는 세상만이 모두가 아니기 때문에 우리가 역사를 다음 세대에 넘겨주는 다리의 역할을 해야 한다는 것이다. 우리 조상들이 그런 역할을 해준 덕택에 오늘의 우리가 있을 수 있다. 바로 가까이 35년의 일제 압제 속에서 우리 조상들이 피나는 각고의 노력을 기울여 독립의 정신, 민족의 자존심을 갖고 오늘의 대한민국을 찾아준 것이다. 좌절하지 않고 긍정의 힘으로 희망을 가져야만 역사는 지켜지고 발전할 수 있다. 미래의 길을 향해 씨를 뿌리고 그 씨 뿌린 것을 다음 시대는 가꾸고, 지키고, 이어주어야 한다. 우리를 뒤따라오는 다음 시대를 생각해야만 역사는 부단히 이어지고 가꿔질 수 있다. 그것이 이 시대를 살아가는 21세기 지도자로서의 가장 큰 사명이라고 생각한다."

이 총장이 한국대학교육협의회 회장 재직 시 가장 많이 중점을 두었던 것은 초등·중등 교육 학생들의 우리 역사에 대한 따뜻한 긍정심을 키우는 것이었다고 한다. 사교육을 없애는 것보다 공교육에서 자긍심과 긍정심을 키우는 교육을 정상적으로 이루어지게 하는 것부터 시작해야 한다는 것이 이 총장의 지론이었다. 그래서 전국 곳곳 문화유산의 현장을 찾아 탁월한 기억력과 풍부한 콘텐츠를 가지고 감동적인 스토리텔링을 펼치는 것으로 유명하다.

특히 '없어지고, 흘러가 버린 역사가 아니라, 현재를 다지고 미래를 열어가는 핵심 키워드로서 역사가 살아나야 된다.'는 역사에 대한 참된 고찰이 인상적인데, 이화여대 총장 시절부터 우리 연구원에 초청되어 강연을 해준 이 총장은 작년까지 한국학중앙연구원전 한국정신문화연구원을 이끌어 오면서 우리 연구원과 같이 행사를 할 만큼 친밀한 관계를 유지하고 있다. 현재는 영산대학교 석좌교수로 활동중이다.

이시형

무엇이 한국을 정상으로
달리게 하는가?

　　이시형 박사는 나와 같은 '태평로모임'의 회원인 동시에 저명한
신경정신과 전문의이자 뇌과학자이다. 우리에게는 병원 없는 사
회를 꿈꾸는 '국민의사'로 더 유명한 분이다. 그는 실체가 없다고
여겨지던 화병Hwa-byung을 세계 최초로 정신의학 용어로 만든 정신
의학계의 권위자이면서 『배짱으로 삽시다』, 『이시형처럼 살아라』
등의 베스트셀러를 쓴 유명 작가이기도 하다.

　　경제적으로는 예전보다 훨씬 윤택해진 데 반해 정신적으로는
오히려 더 피폐해지고 있는 우리 사회 구성원들의 정신건강을 위
해, 2010년 이 박사를 인간개발연구원에 초청하여 「무엇이 한국
을 정상으로 달리게 하는가?」라는 주제로 특별강연을 들었다.

　　"사회정신의학을 연구하는 사람으로서 '도대체 무엇이 한국을

이렇게 정상으로 달리게 했을까?' 하는 것이 나의 요즘 화두다. 이제 세기가 바뀌었다. 20세기는 산업사회로 하이테크의 시대다. 고급기술을 가지고 있는 나라가 20세기를 선도했다. 그러나 21세기는 문화의 시대이다. 이제는 감동을 주는 시대다. 지성과 이성보다는 감성적인 것이 세계 변화 중의 하나다. 어찌 보면 20세기는 공격적이며, 치열한 격정의 세기를 살았다. 그래서 밤새도록 나이트클럽에서 열광하고 스포츠에 열광하였다. 이제는 차분하게 세로토닌적인 삶을 살아야 한다. 세로토닌적인 문화가 있어야 우리가 옳은 대접을 받는다. 다리가 무너지고 백화점이 무너지는 이런 원시적인 사고가 일어나서는 안 된다. 뛰고 생각하는 것이 아니고, 생각하고 뛰자. 좀 효율적으로, 합리적으로, 이성적으로. 이제는 이런 문화가 정착이 되어야겠다.

세로토닌 호르몬은 조절 호르몬이다. 세로토닌 신경의 분포는 생명 중추에 있고 가지는 전 뇌에 뻗쳐 있다. 이 부분은 생존을 위한 기본적 리듬운동을 할 때 가장 많이 자극이 되며, 그때 세로토닌이 분비된다. 동물도 마찬가지다. 본능적인 행위를 할 때 행복하고, 즐겁고, 기분이 좋다. 시원한 아침에 한번 걸어 보라. 걷는 것이 인간의 본능이라는 사실을 여러분이 이해해야 한다. 심호흡도 마찬가지다. 아랫배로 천천히 호흡을 하는 것이 연상호흡이며, 이 호흡이 세로토닌 호흡이다. 마음이 편안해진다. 사랑도 그렇다.

이런 것들이 우리에게 모두 부족하다. 우리는 극단에서 극단으로 간다. 술을 마셔도 한 놈이 죽어야 집에 가지 안 그러면 절대 집에 안 간다. 이런 문화는 바뀌어야 한다. 우리는 2002년 월드컵 때 서울광장에 40만 명이 모였지만 이날 휴지 한 장 안 떨어졌다. 외국의 사진기자들이 이 광경을 사진 찍어 기사화했었다. 기적처럼 우리가 잘한다. 그런데 손님 떠나가니 완전 개판이 되었다. 이게 우리의 한국이다.

내가 정리를 해 보겠다. 기마민족은 도전적이고, 진취적이며, 공격적이다. 나는 이 대표적인 인물이 현대의 정주영 회장이 아닌가 생각한다. 그리고 무교적인 기질은 한국인이 다 그렇다. 지난 월드컵 한 달 동안을 빨간 옷 입고 춤추고, 노래하고, 얼마나 신나게 놀았는가? 어떻게 보면 전 국민이 무당임을 온 세계에 자랑한 날이 그날이 아닌가 한다. 신기에 불만 붙이면 우리는 죽을힘을 다한다. 그 다음은 농경기질이다. 이것은 세계에서 우리를 따라올 사람이 없다. 끈기가 많고 부지런하다. 지구상에 공부를 더 못 하게 법으로 막는 나라는 우리나라밖에 없다. 우뇌형 기질이라는 것은 설명이 필요할 것 같다. 우뇌형이라는 것은 이미지적이고, 감성적이고, 대충대충 살아가는 것이다. 기마민족, 농경민족 이것이 다 정확하게 자로 재며 사는 게 아니다. 척 보면 삼천리다. 이런 우뇌형 기질이 있다. 또 반도적 성질로 굉장히 눈치가 빠르고, 어디에 붙어야 할지 기가 막히게 빠른 사람이 한국사람이다. 그 다음은 유교적 기질로 죽으라고 공부한다. 그러면서 예절이 바른

민족이다.

우리가 이런 지난 반세기, 지난 1세기를 지나면서 양면형 기질이 되었다. 이것을 잠시 설명하면 굉장히 급하기 때문에 빨리빨리를 외쳤다. 그 빨리빨리 문화는 어찌 보면 역동적이고, 다이내믹하다. 인천공항이나 다른 공항에서 내리면 벌써 비행기 안에서부터 공기가 달라진다. 외국인은 그것을 보고 굉장히 다이내믹한 한국인이라고 한다. 그러니 여러분도 주변에 일어나는 일을 그냥 보지 말기 바란다. 우리 한국은 무슨 기질이든지 좋은 면, 나쁜 면이 있다. 이 모든 기질이 절묘한 밸런스를 가지고 있다. 그래서 오늘의 한국은 세계 누구도 따라올 수 없는 엄청난 폭발적인 힘으로 발전하게 되었다는 것이 나의 요약이다.

나는 세로토닌 문화운동을 하고 있다. 이제는 차분해야 한다. 이것은 세로토닌 3개 기능 중 하나다. 차분한 열정으로 국격을 높여야 한다. 그렇게 품격을 높여야 한국인이 어디를 가더라도 대접을 받을 수 있고, 메이드 인 코리아가 옳은 값을 받을 수 있다. 이것이 세로토닌 운동의 요점이다. 그 다음에 창조적인 공부를 해야 한다. 산에 가면 산새소리, 물소리를 들으면 기분이 참 좋다. 이럴 때는 주의를 집중하게 되고, 정신이 맑게 되고, 창조적이 된다. 옛날에 수도원이나 절이 산속에 있는 이유가 사실은 세로토닌을 찾아갔다고 볼 수 있다.

내가 '선마을'을 만든 것은 이 때문이다. 그곳은 모든 것으로부터 단절되어 있다. 휴대폰도 안 되고, 비디오도 없고, 컴퓨터도 없다. 조금은 불편하지만 모든 것으로부터 해방되어 세로토닌을 얻게 된다. 재미가 없으니 자연히 눈길이 자연으로 가게 된다. 그 다음은 잔잔한 감동으로 행복을 바꾼다. 세로토닌 문화운동을 하는 이유가 여기 있다. 내가 이렇게 자랑스럽게 이야기하는 것도 여러분 덕분이다. 시민의 한 사람으로서 여러분에게 다시 한 번 감사인사를 드린다."

비행장에서 경비를 서다가 졸았다는 이유로 미국인 상사에게 매를 맞은 뒤 예일이나 하버드대학에 가겠다고 다짐했던 소년. 그 소년은 정말 예일대에 가서 사회정신의학을 공부했다.

이시형 박사는 허리디스크로 고생하면서 자연의학에 눈을 돌리게 되었고, 2007년 국내 최초의 웰니스마을 '힐리언스 선마을'을, 2009년에는 '세로토닌문화원'을 건립하며 뇌과학의 대중화를 이끌고 있다. 1995년 대한신경정신학회 벽봉학술상을 수상했고 2011년 국민훈장을 받았으며 "욕심 부리지 않고 간단하고 여유롭게 살자. 자연체로 살아야 행복하다."는 철학으로 우리 시대의 멘토 역할을 톡톡히 하고 있다.

이심

사회를 책임지는 노인

　한국은 OECD 국가 중 가장 낮은 수준의 노인복지가 이루어지고 있는 나라이다. 참으로 안타까운 일이 아닐 수 없다. 이러한 때 누구보다 열정적으로 노인문화 창달에 앞장서고 있는 이심 회장의 존재는 사막의 오아시스와도 같다. 우리 연구회 회원이었던 안필준 전 회장이 돌아가신 후 대한노인회 회장을 맡고 있다. 이심 회장이 이끌고 있는 대한노인회는 16개 시·도 연합회, 245개 시·군·구 지회, 2,055개 읍·면·동 분회로 구성돼 있다. 전국 65세 이상 노인 중 절반 가까운 300만 명이 노인회 회원이다.

　그는 특히 노인회 활동 중 노인의 경제적 자립을 돕는 활동을 제일 중시하면서, 노인도 인적자원임을 강조한다. 노인일자리 알선사업은 물론이고 자살예방 프로그램 개발에도 심혈을 기울이고 있다. 또한 다른 세대와의 연대도 추진하여, 방학기간을 이용해 한자교실이나 예절교실을 열어 1세대인 노인이 3세대인 어린이들의 인성교육, 예를 들어 교직자 출신 회원이 학생들에게 독서와 논술을 지도하는 등의 역할을 맡게 하고 있다.

100세 시대를 맞이하여 우리나라 노인문제의 해결방안을 모색해 보고자, 2011년 그를 초청하여 「사회를 책임지는 노인」이란 주제로 강연을 듣게 되었다.

"노인에 대한 정의를 다시 할 필요가 있다. 소나무가 오래되면 노송이라 부른다. 술이 오래되면 노주라고 부른다. 오래된 점퍼는 노퍼이다. 사람이 오래 살면 노인인데, 그걸 거부하려고 한다. 뒷동산의 오래된 노송은 우리가 숭배를 할 정도로 가치 있게 여긴다. 술도 오래된 것일수록 비싸다. 그만큼 가치를 인정해 주는 것이다. 노퍼도 대대로 물려줄 정도로 소중히 여긴다. 그런데 왜 노인만 경멸하는가.

대한민국이 노인 때문에 망하는 것처럼 보는 언론보도가 많았다. 일본의 예도 많이 든다. 그러나 일본이 쇠퇴하는 것은 맞지만 이유는 노인들이 돈을 움켜쥐고 쓰지 않기 때문이다. 한국의 노인들은 다르다. '노노케어', 노인이 노인을 돌봐주는 운동이 전개되고 있다. 가장 아름다운 모습이다. 동물의 세계에서도 사슴의 무리를 이끌고 지휘하는 것 또한 가장 늙은 사슴이다. 거위 떼에 앞장서는 것도, 까마귀도, 원숭이도 가장 연장자가 앞에 서서 지휘를 한다.

이제 노인을 정말 힘없는 노인으로만 볼 것이 아니라 새로운 눈으로 보자는 것이다. 꼬부라지고 흰머리를 한 노인이 길을 간다고 할 때 우리는 이걸 어떤 눈으로 볼 것인가? '집에서 애나 보지…' 이렇게 봐서는 안 된다. 노인의 허리가 꼬부라지고 머리가 희더라도 길을 다닐 때의 그 아름다움, 그 가치를 인정해 줘야 한다.

왜 그럴까? 첫째, 노인이 그렇게 걸어 다님으로써 본인의 행복지수가 상당히 높다. 둘째, 가정의 평화를 유지할 수 있다. 집에만 있다 보면 우울증, 당뇨, 고혈압 등 병이 온다. 아프면 네가 모셔라, 누가 모셔라, 각종 시비가 일어난다. 그 시비로 형제간 우애가 끊어지는 경우가 많다. 양로원은 자식들이 남의 눈 때문에 못 보낸다. 결국 본인의 건강을 지키는 것이 가정의 행복을 지키는 것이다. 뿐만 아니라 우리나라 총 의료비 지출 64조 6천억 원 중 노인의료비 지출액이 약 24조 5천억 원을 차지하고 있다. 우리나라 노인 인구비율이 약 14%이나 노인 의료비는 노인 인구비율 대비 2.7배가 높은 38%를 차지하는 것으로 나타났다. 이는 노인이 건강함으로 인해 노인의료비 지출액이 엄청나게 절약될 수 있음을 말해 준다. 결국 돈만 주머니에 넣고 다니는 추한 모습이 아니라 행복하고 아름다운 모습으로 살아가는 노인의 모습을 연구하고 공부해야 한다.

지금 노인의 수준이 어느 정도인가. '노티즌'이라는 말이 있다. 노인들이 인터넷을 즐기는 경우가 많다. 그 정보, 힘은 대단하다. 인터넷에 90세 노인이 영어를 다시 시작한다는 이야기가 화제가 된 적이 있다. 58세에 정년퇴직을 해서 할 일이 없으니까 그냥 즐겁게 살겠다는 생각으로 지내다 90세를 맞고 보니까, 일했던 30년과 놀았던 30년이 맞먹는다는 것을 알게 됐다. 그걸 느끼고 자신이 100세가 됐을 때 인생을 후회하지 않기 위해서 영어공부를 다시 시작했다고 밝혀 화제가 되었다. 우리가 노인이 되었다고 뒷짐 지고 있기에는 우리 안에 너무 많은 보물단지가 들어 있다. 이 보물단지에 들어 있는 향기를 품어줘야 하고, 그 보물을 인정하는 사회를 만들어야 한다. 좋은 생각을 하면 좋은 일이 생기고 나쁜 생각을 하면 나쁜 일이 생긴다.

일본인 시바타 도요는 92세에 시인이 되어 2009년에 자비로 시집을 출간했다. 이 시집이 엄청 팔려서 다시 아사히 신문사에서 책을 냈다. 그중 2편을 소개한다.

살아가는 힘

나이 아흔을 넘기며 맞는 하루하루 너무 사랑스러워 / 뺨을 어루만지는 바람 친구에게 걸려 온 안부전화 / 집까지 찾아와주는 사람들 제각각 모두 나에게 살아갈 힘을 선물하네

저금

난 말이지 사람들이 친절을 베풀면 마음에 저금을 해 둬 / 쓸
쓸할 때면 그걸 꺼내 기운을 차리지 / 너도 지금부터 모아 보렴 /
연금보다 좋단다

이 시 2편이 우리에게 주는 감동의 메시지가 있다. 이렇게 혼을
살찌우면 삶 자체가 아름다워지고 보기 좋은 노인이 되지 않을까
생각한다.

마지막으로 퍼거슨 맨체스터 유나이티드 감독이 한 말이 있다.
'은퇴는 보다 젊은 사람들이 하는 것이다. 늙어서 은퇴하면 무슨
일을 할 수 있는가. 나는 은퇴하기에 너무 늙었다. 건강이 허락
할 때까지 은퇴는 없을 것이다.' 사회를 책임지는 우리나라 700
만 노인들에게 있어서 건강이 허락하는 한 은퇴는 결코 없을 것
이다."

이심 회장은 강연 끝머리에 "한 분야에 매진해서 정부의 지원
없이 순수 민간의 힘으로 운영해 온 곳은 인간개발연구원밖에
없다. 그렇게 꿋꿋이 해서 대한민국 지방자치 발전에 큰 역할을
했고, 지금은 군부대 교육까지도 하고 있다. 이런 것이 진짜 성공
이라고 할 수 있다."라고 말했다.

이심 회장은 2010년부터 2017년까지 대한노인회를 헌신적으로 이끌다가 지난 7월 아쉬움 속에서 대한노인회 활동을 마무리했다. 비록 노인회를 떠났지만 노인들의 복지와 삶의 질 향상을 위한 이심 회장의 관심과 열정은 계속될 것이다.

이어령

창조는 문화의 인터페이스
혁명에서 나온다

평론가에서 언론인, 교수, 그리고 문화부장관에 이르기까지 다양한 영역에서 종횡무진 활약해 온 이어령 장관은 한마디로 이 시대 지성을 대표하는 석학이다. 그는 스스로 자신의 동력을 지적 호기심이라고 할 만큼 오늘날까지 쉴 틈 없이 지적 여정을 계속하고 있다.

"내 머리로 끊임없이 생각할 때 1초 전의 나와 1초 후의 나는 달라진다." 그의 글은 누구나 알고 있는 평범한 사실을 새롭게 확장시켜 또 다른 눈으로 바라보게 만드는 힘이 있다.

교수, 장관, 고문, 위원장 등 여러 직함을 가지고 있지만, 남이 한 번도 하지 못한 일을 하는 창조적인 사람, 즉 크리에이터creator 라고 불리는 것이 가장 좋다는 이어령 장관.

우리 연구회에서는 그의 창조 정신을 나누고자 2005년, 2011

년 초청하여 「디지로그 시대를 앞서가는 한국인」, 「창조는 문화의 인터페이스 혁명에서 나온다」라는 주제로 강연을 들었다.

"우리가 흔히 일할 때 쉬엄쉬엄 일한다고 한다. 놀면서 일하는 것이 바로 한국사람들의 특징이다. 그래서 언제 일을 시작하고 언제 일이 끝나는지 잘 알 수 없다. 속담에도 '뽕도 따고 임도 본다.' 했다. 그저 뽕만 따는 일만 하라고 하면 어떤 사람도 좋아하지 않을 것이다. 하지만 일을 하면서 좋아하는 사람도 볼 수 있다면 마다할 사람 또한 없을 것이다. 오히려 더 먼저 일을 찾아서 할 것이다. 이것은 일을 놀듯이 하고 노는 것을 일하듯이 할 수 있을 때 가능한 일이다.

이러한 훌륭한 경영이론을 우리의 오랜 전통문화로 가지고 있었음에도 불구하고 서양사람한테 선수를 뺏겼다는 것이 안타깝기 그지없다. 히딩크가 4강 신화를 이룩할 수 있었던 비결을 보면 단지 한국 팀을 한국식에 맞게 훈련시켰을 뿐이다. 우리의 코치와 감독들이 그와 같은 성공을 먼저 이룩하지 못했던 것은 그처럼 한국 팀을 한국식에 맞게 가르치지 않았기 때문이다. 그들은 전부 다 일본 또는 서양의 기술만을 배웠고 또 지도하였다. 죽기 아니면 까무러치기로 경기에 이길 것만을 강요했다. 그러나 히딩크는 재미있는 축구, 즐기는 축구를 지향했고 선수들에게 요구했다. 이것은 히딩크가 처음 한 생각이 결코 아니다. 우리나라 사람들이 이미 오랜 역사를 통해 우리 몸 안에 가지고 있었다.

'사이버'라는 말은 희랍어로 '키잡이'를 의미한다. 좌우를 조정하는 키잡이가 없으면 배가 극단으로 치닫는다. 사회에 키잡이가 없으면 정부가 없고 경영자가 없게 된다. 이것이 바로 어른들이 하는 일이다. 젊은 사람들은 쏠림현상이 있어야 움직인다. 그것은 곧 배를 움직이는 살아 있는 원동력이다. 그렇지만 균형을 잡는 키잡이가 없으면 배가 난파된다.

사이버로 만들어진 세계 한가운데로 목표를 적당히 절충하여 앞으로 향해 나아가 극단화된 사회를 막는 것이 바로 '디지로그'이다. 남북 간 분열, 지식과 무지의 분열, 지역 간 분열 등은 사이버의 힘으로 한가운데로 몰리게 하여 융합시킬 수 있다. 젊은이는 젊은이답게, 어른은 어른답게 하면 된다."

특히 2011년 강연은 인간개발경영자연구회의 1,700회 기념특강이어서 더 기억에 남는다.

"나도 말을 많이 해서 손해 보는 사람 중 하나이다. 강연할 때마다 시간을 지켜달라는 부탁을 받는다. 그러나 50년 동안 말을 해왔음에도 시간을 어기면서도 후련하게 내게 있는 것을 모두 털어놓고 청중들과 토론해 본 적이 없다. 오히려 나는 늘 시간에 쫓겨서 할 말을 다 못했다. '인터페이스Interface'가 나쁘기 때문이다. 청중이 한눈에 들어오는 구조라면 5~6분 정도 얘기해 보면 이건 더 설명하자, 여기서 끝자 하는 피드백이 되니까 들으시는 분들과 끝없이 조정이 가능하다. 이것이 인터페이스이다. 세상 어떤 연사도 마이크 나쁘고 조는 청중들 있으면 말을 못한다. 그래서 강연이 잘된 날은 내가 잘한 것이 아니라 인터페이스가, 듣는 사람과 말하는 사람 사이에 호흡이 맞아서 리듬이 오가고, 여기에 마이크가 좋아서 외치지 않더라도 속삭이듯이 얘기할 수 있는 것이다.

나는 늘 한국말을 제대로 배우라고 이야기한다. 그럼 인터페이스가 가능하다. 우리말에서 '버리다', '둔다'와 영어의 'keep', 'draw'가 어떻게 같은가. 버리는 것과 'keep'하는 것이 어떻게 같을까? 전 세계에서 '던져라', '버려라', 그리고 '둬라'라고 이야기하는 것은 한국사람밖에 없다. '버려둬', '내버려둬'라고 이야기한다. 버리면 버리는 것이고 두면 두는 것이지 어떻게 버리면서 두는가. 그런데 우린 실제로 버려뒀다. 김치가 삭아서 버려야 하는데 그냥 두니까 묵은지가 됐다. 쌀밥 짓다가 누르면 누룽지가 되는데, 일본이나 중국은 대개 버린다. 그런데 우리는 버려야 할 탄 밥을 누룽지 문화로 만들었다. 천 조각을 버리지 않고 조각보로 만들었다. 이게 버려둔 것이다. 모든 창조는 버려둔 데서 나온다.

그렇다면 생일 축하케이크는 먹으려고 살까 축하해주기 위해 살까? 경제상으로는 밀가루 값, 수송비, 설탕 값 등 비용을 계산해서 시장에 내놓지, 빵과 생일 축하케이크가 어떻게 다른가를 생각하지 않는다. 생일케이크는 촛불 켜고 축하해 주는 것 자체로 상품이 되는 것이다. 생명자본주의라고 하는 것은 생일케이크에서 케이크를 버리자는 게 아니다. 케이크에 촛불을 꽂고 생명의 불을 켜는 것을 경제행위 속에 집어넣으라는 것이다. 문화와 경제의 인터페이스는 생일케이크이다. 돈을 주고 샀고 빵과 크림을 섞어 만들었지만 촛불 켜고 박수 치고 노래 부르는 것은 문화이다. 그러니까 모든 생산이 빵공장이 되어버린 지금, 빵공장을 만들어버린 그 빵에 촛불을 켜고 박수 쳐주고 노래를 불러주는 것이 앞으로 오는 생명자본주의이다. 이걸 하는 나라는 살고, 빵만 파는 나라는 그냥 빵공장으로 전락할 것이다.

'사람은 빵만으로 살아갈 수 없느니라. 하나님 말씀으로 살아간다.' 그 하나님을 여러분들이 각자 마음속에 갖는 것이 나의 결론이다. 크리스천은 하나님 말, 그렇지 않은 사람은 즐거움 등을 마음속에 갖길 바란다. 모두가 빵만으로는 살 수 없다는 데서부터 생겨나는 경제학, 그것이 문화와 만나는 인터페이스 혁명이라는 것이 내 결론이다."

이어령 장관은 우리 연구원에서 강의를 가장 많이 한 강사 중한 분이다. 1997년 경영자연구회 1,000회를 맞이하여 뉴밀레니엄을 준비할 때, 어떻게 밀레니엄을 선택할 것인가에 대한 연구원이 나아갈 중요한 지표를 선택하는 자리에도 참석하여 강의한 바있다.

이용섭 일자리위원회 부위원장

4차 산업혁명 시대, 대한민국의 일자리창출 전략

    이용섭 일자리위원회 부위원장은 전남 함평에서 농사꾼의 6남매 중 장남으로 태어났다. 전남대 무역학과를 졸업하고 행정고시에 합격했다. 호남의 지방대 출신으로 정부에서 그가 넘어야 했던 학연·지연의 벽은 무척 높았다. 이러한 벽을 숱하게 뛰어넘어 공직사회 성공신화를 세운 덕에 '담쟁이'라는 별명도 생겼다. 차관급 기관장을 두 번^{관세청장·국세청장}, 장관직을 두 번^{행정자치부 장관·건설교통부 장관} 수행한 데 이어 국회의원도 두 번 지냈다. 노무현 대통령 때 청와대 혁신관리수석비서관도 지냈다. 그리고 문재인 정부에서 가장 중요한 자리인 일자리위원회의 부위원장에 올랐다. 위원장은 문재인 대통령이다.

    인간개발연구원에서는 2005년 이용섭 부위원장이 노무현 대통령 혁신관리수석비서관 시절일 때 초청하여 「정부혁신의 방향과 과제」라는 주제로 강연을 한 바가 있다. 2017년에는 「4차 산업혁명 시대, 대한민국의 일자리창출 전략」을 주제로 두 번째 강연을 들었다. 이날 좌장은 노무현 대통령 때 청와대 동료였던 이원덕 사회정책수석비서관이 맡아 『주식회사 장성군』 책에 관한 일화가 소개되었다. 이원덕 수석이 책을 노무현 대통령에게 드렸고, 책을 읽고 감동한 대통령이 이용섭 수석에게 혁신 활용방안을 검토하라고 하여 2006년 신년메시지 '공무원에게 보내는 노무현 대통령 편지'가 탄생했다고 한다.

이용섭 부위원장은 한국경제에 대한 진단으로 강연을 시작했다. 한국경제를 '겉으로는 풍채가 그럴듯해 보이지만 병病주머니를 차고 사는 환자'에 비유하면서 한국경제의 밝은 면을 먼저 소개한 후 어두운 면을 지적했다. 그는 한국경제가 앓고 있는 4대 중병으로 저성장 기조 고착화, 일자리의 양과 질 악화, 깊어지는 사회 양극화, 국민 행복지수 추락을 제시했다.

"첫 번째 중병인 '저성장 기조 고착화'부터 짚어보자. 1970년대 10%를 넘었던 경제성장률이 2015~2016년 2.8%까지 떨어진 가운데 국민소득이 2006년 2만 달러에 진입한 이후 11년째 3만 달러의 장벽을 넘지 못하고 있다독일과 일본은 2만 달러 진입 이후 5년 안에 3만 달러 돌파. 두 번째 중병인 '일자리의 양과 질 악화'도 심각한 수준이다. 우선 고용 없는 성장이 지속되고 있다. 1990년 72.2명이던 취업유발계수가 2014년 12.9명으로 추락했다. 구직자가 선호하는 제조업 일자리도 지속적으로 감소하고 있고, 정규직-비정규직, 대기업-중소기업의 격차도 갈수록 벌어지고 있다."

설상가상으로 2015년부터 베이비붐 세대의 2세인 에코붐 세대가 고용시장으로 진입하기 시작했다. 따라서 앞으로 5년 동안 청년고용 여건은 더욱 악화될 가능성이 높다고 이 부위원장은 전망했다. 세 번째 중병인 '깊어지는 사회 양극화'도 무시할 수 없는 수준에 도달했다. 상·하위 20%의 소득격차가 갈수록 확대되고, 상대적 빈곤율도 추세적으로 상승하고 있다.

"중산층 비중은 감소한 반면 저소득층 비중은 2배나 증가했다. '불환빈 환불균不患貧 患不均, 백성은 가난이 아니라 불평등을 우려한다'이라는 송나라 육상산의 경구와 '미국이 망한다면 그것은 사회 양극화 때문일 것'이라는 토머스 프리드먼의 경고는 사회 양극화의 위험성을 웅변한다. 실제로 이런 불평등 현상은 네 번째 중병인 '국민 행복지수 추락'과 각종 암울한 경제사회 지표들세계 최고의 자살률, 세계 최저의 출산율, OECD 최고의 이혼율로 나타나고 있다. UN 세계행복보고서2017년 56위 157개국, OECD2016년 28위38개국라는 구체적 수치로 드러난 낮은 행복지수는 불평등, 불공정 등에서 그 원인을 찾아야만 할 것이다."

이런 상황에서 문제점들을 어떻게 해결할 수 있을까.

"선진국 문턱을 넘어설 것인가, 중진국 함정에 빠질 것인가? 기로에 선 한국경제는 성장의 틀과 체질을 바꿔야 산다. 매킨지도 2013년 보고서에서 '한국경제는 뜨거워지는 물속의 개구리와 같다. 신 성장공식을 찾지 못하면 추락할 것'이라고 경고했다. 저성장과 양극화 극복을 위한 경제 패러다임의 대전환을 모색하기 위해 탄생한 것이 'J노믹스'다. 재인Jae-in의 J, 일자리Job의 J, J-curve정책의 안정화를 위한 조정과정의 J라는 3가지 의미를 통합한 것으로, 경제정책을 일자리 중심으로 개편해 지속적 성장을 실현하겠다는 의지를 담았다. 일자리경제, 소득주도성장, 공정경제, 혁신성장이라는 4륜구동 시스템을 갖춘 J노믹스는 ILO의 임금주도성장, OECD의 포용적 성장을 융·복합한 한국적 경제발전 모델이다.

문재인 정부의 일자리 정책은 4가지 차별성을 가지고 추진된다. 첫째, 무엇보다 먼저 대통령이 강한 의지를 가지고 있다. 취임과 동시에 내린 1호 지시가 일자리위원회 구성이었고, 자신이 직접 위원장을 맡았다. 둘째, 일자리 정책을 효율적으로 추진할 행정체계를 빠른 시간에 완비했다. 청와대에 일자리 수석실을 신설하고 정부 부처와 17개 광역 지자체에 일자리 전담부서를 설치했다. 셋째, 고용영향평가제, 청년고용의무제 등 다양한 정책수단을 동원한다. 일자리를 많이 창출하는 산업과 기업에 예산, 세제, 금융지원을 집중하고 정부 부처, 지자체, 공공기관 평가에도 일자리 창출을 핵심지표로 추가한다. 넷째, 일자리 창출의 마중물 역할을 담당할 공공부문공무원 17만, 사회서비스 64만에 초기 역량을 집중한다.”

이 부위원장에 따르면, 예산규모 100억 원 이상의 정책이나 입법을 추진할 경우에는 반드시 '고용영향평가'를 실시한다. 일자리를 많이 만드는 기업에 '고용탑'을 수여해 사회적 존경과 칭송을 받을 수 있는 환경도 조성한다. 지금까지 정책 추진의 평가와 격려의 수단으로 활용된 '환경영향평가'와 '수출탑'을 연상케 한다. 물론 일자리 정책은 민간 부문에 가장 많다.

이 부위원장은 일자리위원회 홈페이지의 대통령 인사말 소개로 강연을 마쳤다. “일자리가 성장이며 복지이고 행복한 삶의 시작입니다. 단 1원의 국가예산이라도 반드시 일자리 만드는 것으로 이어지도록 하겠습니다. 좋은 일자리를 늘리고, 노동시간과 비정규직은 줄이며, 고용의 질은 높이는 '늘리고, 줄이고, 높이고' 정책으로 일자리 문제를 해결하겠습니다.”

이용섭 부위원장은 다양한 경륜을 바탕으로 정확한 통계와 경제이론을 인용하면서 진솔하고 설득력 있게 강의를 하여 참석자들의 일자리정책에 대한 궁금증과 오해가 상당 부분 해소되었다는 평가를 받았다.

이해인

성베네딕도 수녀원 수녀,
시인

행복한 인생으로의 힐링,
다시 시작하는 기쁨으로

이해인 수녀는 자연과 삶의 따뜻한 모습, 수도사로서의 바람 등을 서정적으로 노래하는 시인으로, 그녀의 시를 읽고 있으면 자연스럽게 인생을 긍정적으로 생각하게 된다. "먼저 대접해야 행복이 밀려온다."는 이해인 수녀의 가치관이 시 속에 오롯이 배어 있기 때문에 더 그렇다. 이 시대는 경제성장과 함께 국민들의 행복이 정치 사회의 화두가 되고 있는 만큼 기업의 성장과 행복이라는 균형 있는 리더의 안목을 키우고, 시대적 가치를 공유하는 한편 그 창조적인 결과물을 미래의 유산으로 남기기 위해 우리 모두 함께 노력할 때이다.

이를 위해 2013년 제주 롯데호텔에서 열린 인간개발연구원 제주 CEO하계포럼에 이해인 수녀를 가족 강연자로 초청하여 「행복한 인생으로의 힐링, 다시 시작하는 기쁨으로」라는 주제의 강연을

들게 되었다. 이전에도 제주도포럼에 초청한 적이 있었는데, 그때
는 암 진단을 받은 상태여서 나오지 못하였다. 다행히 암에서 회복
되어 두 번째 초청에 기꺼이 나와줘 무척 기뻤던 기억이 난다.

"5년 동안 항암치료를 하면서 깨달은 것은 모든 세상에 사는 사
람들이 다 가족같이 마음을 지니고 서로 작은 위로를 건네면서 사
는 것, 작은 위로와 격려를 주는 것이 중요하다는 것이었다.

우리는 다 부족한 사람이기 때문에 누구도 단죄하지 말자. 마음
과 언어를 잘 갈고 닦는다면 그것이 수행의 첫 번째 덕목이고 우리
가 가장 중점을 둬야 하는 실천사항인 것 같다. 날마다 새롭게 노력
할 실천덕목 5가지를 소개한다.

1. 날마다 새롭게 선한 마음 겸손한 마음을 갈고 닦고 키웁시다.
2. 날마다 새롭게 당연한 것을 놀라워하는 경탄의 감각을 키웁
   시다.
3. 날마다 새롭게 평범한 것에서도 기쁨과 감사를 발견하는 지
   혜를 키웁시다.
4. 날마다 새롭게 나만 생각하는 이기심을 줄이고 다른 이를 배
   려하는 넓은 사랑을 키웁시다.
5. 날마다 새롭게 '고운말쓰기학교'의 충실한 학생이 되겠다는
   결심을 키우며 실천합시다.
이 글은 여러분에게 드리는 말이라기보다 아침에 씻으면서 나

자신에게 다짐하는 다섯 가지 마음가짐이다. 마음도 우리가 세수하는 것처럼 갈고 닦아주지 않으면 어디로 튈지 모르는 것 같다. 그래서 복잡한 정보의 홍수 시대에 살면서 내 마음을 갈고 닦는 노력을 해야 한다. 좀 착해져라, 선해져라, 밝아져라. 계속 마음의 주인으로 명령을 하면서 오늘 조금 더 겸손해지자.

수행의 두 번째 덕목은 날마다 새롭게 당연한 것을 놀라워하는 경탄의 감각을 키우는 것이다. 전에 '수술실에서 눈을 떴을 때 처음 세상을 바라보는 그런 새로운 마음가짐으로 감탄하고 감동하는 그런 삶을 살고 싶다.'란 시를 쓴 적이 있다. 그런데 정말 내가 수술하고 마취에서 깨어났을 때 '예전에 내가 그런 시를 쓴 적이 있었는데 실천할 때구나.' 하고 어렴풋이 생각이 들어 나도 모르게 '울고 싶어도 못 우는 너를 위해 내가 대신 울어줄게. 마음 놓고 울어줄게.'란 시를 외웠다. 속으로 다른 사람들은 마취에서 깨면 나쁜 말로 한다던데 나는 시를 외웠으니깐 체면을 세웠구나 생각하며 다시 한 번 평탄한 것을 감탄하는 삶을 살아야겠다고 생각했다.

수녀원에서는 이기심을 버리기 위해 만년필도 우리 만년필이라고 하고 가방도 우리 가방이라고 한다. 심지어 배가 아파도 우리 배가 아프다고 한다. 나는 이렇게 이야기하는 것도 처음에는 너무 힘들었다. 하지만 우리라는 단어를 쓰다 보니 스스로도 이기심에서 벗어나는 것을 배우게 됐다. 그리고 날마다 새롭게 고운

말쓰기학교의 충실한 학생이 되자 등 다섯 가지 다짐을 보며 수도생활을 하면서 말로 실수도 많이 하고 마음도 많이 상하게 했던 것을 어느 날 깊게 반성했다. 그래서 이제는 말을 무조건 막연하게 잘해야겠다가 아니라 어떤 상황에서 어떻게 할까? 생각하며 그것을 열 가지로 만들어서 고운 말 차림표를 만들었다.

1. 아무리 화가 나도 막말은 하지 말자.
2. 비교하는 말을 할 땐 신중하게 하자.
3. 나에게도 남에게도 도움이 되지 않는 푸념, 한탄, 불평은 자제하자.
4. 애정을 가지고 상대방의 말에 맞장구치자.
5. 사람이든 사물이든 함부로 비하하는 말을 삼가자.
6. 농담이나 유머를 지혜롭게 하자.
7. 비록 흉을 보더라도 좀 더 고운 말로 순화시켜서 하자.
8. 자신을 표현할 땐 잘난 체하지 않는 겸손함을 지니자.
9. 때와 장소에 맞는 말을 하자.
10. 기분 좋은 상징 언어들을 자주 사용하자.

일부러 우리가 좋은 말을 하다 보면 뇌도 알아듣고 격려하고 행복했던 것을 기억하고 사용하는 것이다. 그리고 긍정적인 맞장구를 하는 것이 좋다. 동의어, 공감, 격려형, 정리형 등의 아름다운 메아리를 달아주자. 은연중에 반대의 맞장구를 하지 않도록 조심하자. 흥을 보더라도 고운 말로 순화시켜서 표현만은 순하게 하되 막말의 단어들을 말하지 말자.

부정적인 말이 나올 때 순화해서 따뜻하게 가도록 노력해야겠다. 실수로 부정적인 말을 하더라도 마무리만 잘하면 그 모임을 꽃과 같이 마무리할 수 있다고 생각한다. 험담이 아닌 깨끗한 마음을 가지려는 노력을 하자."

이해인 수녀는 암 투병 중에 방사선 치료를 받고 독한 약을 먹을 때에도 운 적이 없다고 한다. 그런데 노을이 지거나 아름다운 음악을 듣거나 까치집을 볼 때는 감동이 전해지면서 눈물이 나온다고 했다. 차분한 어조로 병상의 얘기를 풀어내면서도 삶을 긍정적으로 수용하는 시인의 모습에 감동받았던 기억이 난다. 나는 개인적으로 이해인 수녀의 〈말을 위한 기도〉란 시를 무척 좋아한다.

이현재
제20대 국무총리
한국의 인력성장과
인간개발

　서울대 3대 경제학자 중 한 명인 이현재 선생님은 인정이 많은
분으로 충청도 선비 중의 선비이다. 또한 우리 인간개발연구원에 많
은 영향을 주고 있으며 언제나 나를 고무하고 격려해 주는 분이다.

　2014년 연구원 창립 39주년 행사 시 여러 강연자 분들이 다 모
였을 때 이현재 선생님을 강사로 초청할 만큼 많은 분들의 존경을
받고 있다. 그때 「한국의 인력성장과 인간개발」이란 주제로 특강
을 했다. 지난해에도 인간개발연구원 행사에 참석해서 축하 말씀
과 시상도 해주었다.

　"인간개발연구원이 설립된 1975년은 우리나라가 제3차 경제개
발 5개년계획을 세운 3차 연도에 해당하던 때로 한창 개발연대의
꽃을 피우던 시기였다. 이렇게 특수한 시점에 미래를 전망하면서

경제 및 사회 발전에 기여하기 위해 연구원이 설립됐던 것이다.

연구원이 우리 사회의 여러 차례 정변과 사회적 혼란 속에서도 39년의 긴 역사를 이어오면서 국가와 사회를 이끌어 갈 인간개발의 노력을 기울여 온 것은, 유사기구는 물론이고 사회적으로도 희귀한 사례이다. 결국 연구원을 통해 그동안 직능과 전문성을 달리하는 우리 사회의 지도적 인사들이 서로 새롭고 다른 지식을 교환하고 공유하며 사회적으로 두터운 지식대, 즉 지식의 끈을 형성해 온 셈이다.

각 사회의 이념형의 차이는 필연적으로 그 사회를 주도하는 인재형도 다르게 만들기 마련이다. 즉 이상주의적 사회에는 이상주의적 인재형, 현실주의적 사회에는 현실주의적 인재형이 형성되게 마련이다.

공자와 맹자를 추종하는 공맹의 윤리를 신봉했던 조선조 시대에는 자연적으로 이상주의적 인재가 성장할 수밖에 없었다. 유교의 이상주의에 압도되어 다산이나 추사와 같은 실학주의자들의 교육을 받은 인재가 성장할 수 있는 토양은 성숙할 수가 없었다. 당시 최고 학부였던 성균관의 유생들은 모두가 공맹의 이상주의적 영향에서 벗어날 수 없었다. 조선시대에 현실주의적 인재가 육성될 여지가 거의 없었으며 서양열강에서 볼 수 있는 국가나 사회 발전을 이룩할 수 없었음은 더 말할 나위가 없다.

일제강점기에는 더구나 한국국민 스스로의 의지에 의한 발전이념이란 있을 수 없었고, 따라서 독자적 인재형 형성이 어려웠다. 당시는 불가불 일본의 교육제도에 따른 피동적 교육과 자신의 경제적 사회적 입장에 따른 중등 및 고등 교육의 선택적 취학이 있었을 따름이다. 이들에게는 초중등학교 교사나 공무원 취업이 최고의 직업선택일 수밖에 없었다. 산업 부문은 소수의 민족자본 기업이나 총독부 공기업에의 좁은 진로가 있었을 따름이다. 인재형으로 보면 현실적응형과 제한된 출세주의형이었다고 규정할 수 있다.

해방 직후의 소위 해방공간은 해방의 감동 속에 정치적 혼란을 겪으면서, 마치 프랑스혁명기와도 흡사한, 이념적이고 이상적인 관념의 논쟁과 투쟁이 지속되면서 혼돈된 정치적 이상주의의 시기라고 할 수 있다. 이 시기에는 남북 양쪽에 단독정부가 수립되었으나 곧바로 전쟁상태가 이어졌다. 해방공간과 그에 이은 전쟁 기간의 국가사회 운영에는 일제강점기에 중등 내지 고등 교육을 받았던 인력이 중심적 역할을 담당했다. 특히 그 핵심이 일제강점기의 공무원 출신이었다는 점에 대해서는 친일파 정리의 미흡이라는 관점에서 논란도 있었으나, 당시 달리 기성 인재 축적층이 없었기 때문에 현실적으로는 고육지책이나마 다른 선택의 여지가 없었다.

굳이 이념형적으로 규정짓는다면 해방 후 본격적인 현실주의적 이념에 의해서 국가 및 사회 운영이 시작된 것은 제1차 경제개발

5개년계획이 개시된 시기부터라고 봐야 할 것이다. 당시 각 부문을 선도해 나갈 수 있는 인재의 수요가 급증하게 되었다. 이에 대응하기 위해 대학의 인문사회 분야에서도 실용적 학과와 자연과학 분야, 특히 공학관련 학과 등의 교원, 학생의 증원 및 증과, 교육시설의 확충 등이 급격히 이루어지게 되었다.

인간생활에서는 경제원리, 전형적으로는 비용–편익Cost-Benefit 원리적 경향과 이것을 넘어서 인간성을 깔고 생각하는 두 가지 경향이 있다. 인간성을 깔고 비용–편익 원리를 넘어선 인간생활이란 구체적으로는 투철한 시민정신을 들어야 할 것이다.

시민정신은 한마디로 공자의 '자신이 원하지 않는 바를 남에게 하지 말라.' 즉 기소불욕 물시어인己所不欲 勿施於人'이거나 도산 안창호 선생의 '자신을 사랑하면 남도 사랑한다.'는 애기애타愛己愛他의 정신이라고 할 수 있다. 최소한의 개인적 희생의 제공에 의해 최대의 집단생산성을 얻고자 하는 것이다.

사회생활에서는 자신을 규율하는 두 가지 측면이 있다. 그 하나는 타율적으로 자신의 행동을 규율하는 법률· 제도와 같은 것이 있고, 또 하나는 자율적으로 스스로를 규율하는 측면으로 전형적으로는 시민정신이 있다. 자율적 규제가 많은 사회에는 타율적 규제가 그만큼 적어도 문제가 없다.

시민사회와 맞먹는 다른 측면인 기업사회와 관련해서는 투철한 기업가정신과 직업정신을 들 수 있다. 자기직능에 사명감을 깃들인 정신이 바로 이것이다. 현실주의적 사회 및 경제 발전 원리에 투철한 시민정신, 공동체의식, 직업의식이 사회적으로 팽배하게 된다면 효율성과 인간성이 균형적으로 확보될 것이다."

경제학자, 서울대 총장을 지낸 이현재 선생님은 노태우 정부가 출범한 1988년에 20대 국무총리로 취임했다. 보통 사람의 시대에 어울리는 매우 소탈하고 서민적인 총리로 직원들의 입장에서는 총리라기보다는 아버지와 같은 느낌이 들 정도였다고 한다.

양복도 한 벌, 구두도 한 켤레, 그야말로 단벌신사라는 별칭이 붙을 정도로 무척 검소한 분이었다. 이 총리뿐만 아니라 사모님과 세 아들 모두가 소박하고 예의 바른 모범적인 가정의 일원들로 명성이 자자했다.

총리직에서 물러난 이후에는 한국문화경제학회 고문, 대한민국 학술원 정회원, 호암재단 이사장 등을 역임했고, 현재 서울대학교 명예교수이다.

임권택
영화감독

나의 삶,
영화 이야기

한국의 대표적인 영화감독인 임권택 감독은 전남 장성군 출신이다. 그는 1950년 광주의 기독교 계통의 중학교에 입학하였으나 아버지의 좌익 활동으로 인한 도피와 자수 등으로 사실상 학업을 중단하고 만다. 그의 학력이 중학 중퇴인 이유이다. 그는 좌익 연좌제에 희생되어 불우한 청소년 시절을 지냈다. 1962년 26세에 〈두만강아 잘 있거라〉로 영화계에 데뷔하였으며, 1981년 〈만다라〉 이후 국내외에서 주목을 받기 시작했다.

1990년 이후에는 〈장군의 아들〉과 〈서편제〉가 연이어 한국영화 흥행기록을 경신했다. 2002년 〈취화선〉으로 칸영화제 감독상을 수상하여 세계적으로 주목받는 감독이 되었다. 2007년엔 그의 100번째 작품으로 〈천년학〉을 발표하여 다시 주목을 받았다. 그리고 같은 해에 부산의 동서대학교에서 임권택 감독의 이름을 딴 임권택 영화예술대학이 설립되었다. 또한 임 감독의 고향인 장성군 야외조각공원에 가면 동상이 있을 정도로 지역의 존경을 받고 있는 분이다.

우리 연구원에서는 2011년 임권택 감독의 칠순을 기념하여 초청하였는데, 「나의 삶, 영화이야기」라는 제목의 강연에서 우리나라를 대표하는 영화감독으로서 자신만의 영화이야기를 진솔하게 들려주어 뜻깊은 시간이 되었다.

"외국 영화제에 나가서 '어떻게 영화 100편을 찍었느냐?'는 질문을 받을 때마다 참으로 난처했다. 실제로 감독 초기 10년 동안 무려 50여 편을 '가케모치겹치기'로 찍어내던 남작濫作의 시절이 있었다. 솔직히 당시엔 좋은 작품을 후세에 남기겠다는 생각보다는 먹고사는 방편으로 영화를 찍었다. 그러다가 '앞으로 어떤 감독으로 살아갈 것인가?'라는 본질적 고민을 거듭하던 중에 '한국사람이 아니면 만들 수 없는 한국영화를 만들자.'는 결론을 내리기에 이르렀다. 그때부터 나는 두 가지를 작심했다. '거짓말을 하지 말자.', '한국사람의 삶을 찍자.'가 바로 그것이었다."

임 감독은 삶과 전혀 무관한 픽션을 거부하고 당대를 살아낸 민초의 수난과 질곡을 영화에 담아내기 시작했다. 그러면 자신의 영화가 기법상 미숙하다고 할지라도 한국인 고유의 문화적 개성은 돋보일 것이라고 믿었다. 미국영화와 다른 한국영화를 찍으려면 속도감과 현란함으로 무장한 할리우드 영화에서 벗어나야만 했다. '체질 개선'에 꼬박 10년이 걸렸다.

"김창숙에게 아태영화제 여우주연상을 안겨준 국책영화 〈증언〉1974년을 찍었을 무렵의 일이다. 이 작품이 대만에서 열리는 아태영화제에 출품됐는데, 고생했으니 영화제에 참석하라는 정부의 허락이 떨어졌다. 빨치산 출신 아버지 때문에 연좌제에 시달리던 나는 이때 생전 처음 외국에 나가게 되었다. 한국은 나에게 영화를 찍을 기회를 제공한 동시에 엄청난 정신적 압박도 가하던 나라였다. 그런데 비행기에 타자마자 그런 한국이 별것 아닌 존재로 바뀐 것이다. 사실 당시 세계는 가난, 분단, 전쟁, 독재의 나라 한국에 관심이 없었다. 나 역시 평소부터 기회만 되면 일본으로 이민을 가겠다는 생각을 갖고 있었다."

그러나 대만에서 그의 생각이 바뀌었다. 세계의 버림을 받은 이 나라를 자신마저 버리면 안 될 것 같았다. '남북으로 갈려 서로 총질이나 하는 나라에서 산다는 것은 고통이지만 나마저 조국을 버리고 다른 나라로 도망친다면 이 불쌍한 나라는 누가 사랑해 줄 것인가?' 아무리 싫어도 결국 자신이 태어난 이 땅을 끌어안고 살아야 한다는 회심回心이었다.

"한국으로 돌아온 나는 이전의 내가 아니었다. 내가 살고 있는 이 땅의 아름다움이 보이기 시작했다. 다른 사람에겐 별다른 풍경이 아니었을지 모르지만 나는 거기에 정情을 붙였고, 영화에 그것을 오롯이 담아냈다. 그런데 도리어 세계 영화계는 그렇게 만들어낸 한국영화를 주목했다. 〈만다라〉가 굉장한 관심을 받더니, 강수연이 〈씨받이〉, 신혜수가 〈아다다〉로 여우주연상을 받기에 이르렀다. 그러자 주변에서 '해외에 여배우상만 사냥하러 다니느냐? 이제 네 상도 챙겨야 할 것 아니냐?'고 비아냥거렸다. 영화적 완성도를 높이면 내게도 무슨 성과가 있을 것이란 기대를 가지고 열심히 작업에 임했다. 그런 시기에 김두한을 소재로 삼은 〈장군의 아들〉을 찍자는 제의를 받았다."

임 감독은 저질 액션영화를 양산하던 악몽의 시절이 떠올라 기분이 나빴다. 하지만 "흥행도 안 되는 영화를 만들어 해외에 출품하느라 지쳤으니 우선 흥행영화 한 편만 찍자."는 제안을 수용했다. 대신 배우 전원을 신인으로 기용하는, 당시로선 상상할 수 없었던 일대 모험을 시도했다. 박상민, 신현준 등의 신인을 이때 기용했는데 한국영화의 흥행기록을 깼다.

"실제로 그 다음에 촬영에 들어간 작품이 〈서편제〉였다. 판소리를 영화로 찍겠다는 것은 감독 초기부터 가슴에 품어온 내 평생의 화두였다. '절대 흥행할 일이 없으니 망해도 좋다.'는 편안한 생각으로 출발했지만 문제는 그게 아니었다. 판소리는 사실 듣기도 어렵고 배우기도 어렵지만 그 진미를 맛보는 것은 더 어렵다. 그런데 감히 나는 영상으로 판소리가 보이는 영화를 만들겠다는 욕심을 가지고 있었다. 하지만 어떻게 찍어야겠다는 구체적 상(像)이 없었기 때문에 제작진 전원이 서로에게 배워가면서 촬영에 들어갔다. 그런데 신기하게도 작업이 술술 풀려나갔다. 예컨대 적절한 장소를 찾지 못해 막막해할 때도 조금만 이동하면 좋은 장소가 나타났다. 오정해, 김명곤이 열연한 〈서편제〉는 국내 최초 100만 관객 돌파 기록을 세웠다. 자신감을 얻은 나는 판소리를 소재로 한 본격적 영화 〈춘향뎐〉에 도전했다. 신세대 배우 이효정, 조승우를 발탁한 이 영화는 칸영화제 본선과 미국 영화시장에 진출하는 성과를 거두었다.

미국에서 시사회를 가졌을 때의 일이다. 실험영화의 대가인 스탠 브래키지가 만나자고 하더니 이런 말을 했다. '당신 영화 잘 봤다. 판소리도 처음에는 생경하게 들렸지만 듣다 보니 아주 좋았다. 한국인만 즐겼던 춘향전을 이제 세계인이 공유할 수 있게 되었다.' 나는 이 말을 들으며 전율을 느꼈다. 〈서편제〉도 어디까지나 모험의 산물이었다. 모험과 도전이야말로 지금까지 나를 살아 있게 하고, 최근까지 작업을 할 수 있게 하는 원동력이다. 그래서 평론가들이 '임권택은 시행착오의 대가'라고 하는 모양이다. 영화인생을 끝낼 때까지 나 스스로 만족하는 영화는 만들지 못할 것 같다. 그러나 완성을 향해 필사적으로 노력하는 것도 가치 있는 일이라고 생각한다."

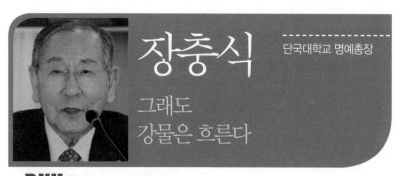

　　장충식 명예총장은 교육자이면서 정치적 의식도 갖고 있는 분이다. 김영삼 대통령 시절 많은 어려움을 겪었으나 단국대학교를 새롭게 만드는 데 일익을 담당했다.

　　따스한 성품의 학자로서 학계와 체육계를 비롯하여, 국제 문화교류사업 등에 오랫동안 헌신해 온 장충식 총장은 2003년 자전적 대하소설 『그래도 강물은 흐른다』를 출간하여 화제를 모은 바 있다. 소설에서는 항일 독립운동가의 후손으로 중국과 북한에서 일제 식민통치를, 광복 이후에는 북한에서 공산통치를 겪어낸 저자와 그 가족사를 소설기법을 빌려 기록하고 있다.

　　우리 연구원에서는 위의 책과 동일한 제목으로 2013년 강연을 했다.

"내가 단국대 총장이 된 사연은 복잡하다. 국가의 권한으로 감정풀이를 하여 사람을 고문하는 사람은 가만두면 안 되겠다고 생각하고 있을 무렵, 아버지는 단죄하려는 나를 말리기 위해 그토록 반대하던 미국행을 양보했다. 주위에서는 학교를 어떻게 자기 것으로 만들지 작당하는 사람들이 끊이지 않았다. 병석에서 돌아오라고 하는 아버지를 뿌리치지 못해 석 달 만에 돌아왔다. 반혁명과 아무런 관계가 없는, 나이 많은 사람을 수갑 채워서 중앙형무소로 데려가는 것을 볼 수밖에 없었다.

장면 박사는 종친회 회장의 입장에서 도와준 것이고 장도영 씨는 일가친척이라고 찾아왔기 때문에 말을 건네준 것뿐이다. 그런데 이것을 반혁명사건이라고 하여 학교를 폐교시키고 아버지를 수감하는 정부의 횡포를 보면서 단국대학교가 재기해야 한다고 생각했다. 실상 단국대학교는 재기할 수 없는 상태였다. 상해 임시정부의 이념과 단국대학의 이념이 너무나 같기 때문에 이승만 대통령이 이끌어가는 정부 하에서는 단국대학은 존재할 수 없었다. 결국 군사정권이 들어서면서 아버지가 돌아가시고 학교는 폐교되었다.

그래서 박정희 대통령을 만나야겠다고 마음먹고 귀국했다. 대구사범학교 박정희 대통령의 동기생을 다 만났지만 모두 거절당했고, 고려대학교 왕학수 선생님은 내가 고려대학교 대학원 출신이고 거기서 강의를 했기 때문에 부탁을 들어주었다. 왕학수 선생님이 청와대에 연락하여 박정희 대통령을 만났다. 다짜고짜 '대통령께 바치겠습니다.'라고 말했더니 대통령이 무엇을 바치는지 물었고 대학을 바친다고 대답했다. '각하의 부하가 단국대학을 폐교시켰으니 단국대는 대통령께서 운영하십시오.'라고 말하자 왜 폐교되었는지를 물었고, 정황을 설명하니 '당신은 효자다.'라는 한마디를 했다. 그리고 그 자리에서 반대하는 문홍주 장관에게 단국대학교를 종합대학으로 해줄 것을 명했다.

폐교되었던 대학이 대통령 한마디에 종합대학이 되었다. 중앙정보부장이었던 김형욱은 문홍주 장관과 안 좋은 사이였는데 문홍주 장관을 잡아넣기 위해 나를 희생시켜야겠다고 생각하고, 종합대학을 인가하는 데 도움이 된 부하들을 데려다가 내 앞에서 고문했다. 이런 고초를 넘기고 단국대학교가 폐교 70일 만에 종합대학이 되었다. 나를 배격하던 사람들이 내게 학장, 총장을 맡기게 되어 총장자리에 오르게 된 것이다.

이후 단국대학교를 이끌어 나가는 중에 입각의 권유를 받았으나 거절했다. 정원을 정부에서 정해 주는데 이것을 지키는 것은 목마른 사람들에게 물을 한 숟갈 떠주는 것과 같다. 즉 정원을 지키려면 학교를 제대로 운영할 수 없기 때문에 나라가 시키는 것을 하지 않고, 장관직을 고사했다.

또한 노태우 대통령에게, 전두환 대통령처럼 백담사에 가지 말고 단국대 총장으로 올 것을 권유했다. 그런데 박정희 대통령과 김영삼 대통령의 사이가 좋지 않았기 때문에 단국대학교는 김영삼 대통령에게도 좋지 않은 인상을 주었다. 모든 사립대학에 대한 비리는 사면하되 단국대학교만은 사면이 없다고 했다.

내가 석사학위를 준 내 고향의 문교부차관 하던 사람을 관선이사로 보내고, 서울사대 선배인 오병문 선생을 문교부장관으로 보내서 노태우 대통령에게 받은 300억 원이 어디 있는지 물었다. 3원도 받은 적이 없었기 때문에 떳떳했으나 감사를 하는데 동네가 창피할 정도로 자택수색을 당했다. 실로 가지고 있는 돈이라곤 장례비 치를 정도뿐이었다.

그런 어려움을 겪을 때 다산 선생을 연구하는 박석무 이사장은 공정한 입장에서 단국대학교를 살려놓고 물러난 존경스러운 분이다.

조선일보를 보지 말고 인터뷰도 하지 말라는 말을 듣지 않고 인터뷰하고 어려운 일을 도왔다. 이러한 행동으로 총장직을 6개월 만에 그만두었다. 매체를 접할 권리를 박탈하는 것은 부정이기 때문이다. 적십자에 가서도 월급을 타지 않았다. 전 총재들의 월급은 700만 원에 육박하며 좋은 에쿠스 차를 몰고 다녔지만 나는 거절했다. 국민의 피로, 헌혈로 유지해 나가는 대한적십자사의 총재가 어떻게 그런 고급차를 타고 월급을 받을 수 있겠는가.

이러한 사고방식을 가지고 있었기 때문에 자녀에게도 총장 등의 고위직을 오래 하지 말 것을 당부했다. 그래서 손자들은 현재 영업사원으로 열심히 뛰고 있다.

나는 현재 소설을 쓰고 음악을 하고 있으며, 이것이 내가 걸어왔고 걸어가는 길이다. 남북문제를 해결하는 데 있어서 정치인들보다는 우리와 같은 교단에 선 사람들이 정부의 고관직에 오르지 않고 남북화해에 힘써야 한다. 남북 지도자들이 좋은 뜻을 가지고 민족의 장래를 위해, 화해를 위해 화합하여 평화스러운 남북관계가 형성되기를 바란다."

「그래도 강물은 흐른다」라는 강연제목처럼 역사도 그렇다. 나는 우리나라가 상승기라고 생각한다. 어떤 일이 있어도 계속 발전하고 성장하고 큰 나라가 될 것이다. 근래에도 조금씩 쌓아가고 올라가고 있다.

장충식 총장은 현재도 범은재단 이사장과 단국대학교 명예총장으로 대학발전에 기여하고 있다.

정호승 시인

내 인생에
힘이 되어주는 시

　　정호승 시인은 한국 시단을 대표하는 서정시인으로, 40여 년을
웃도는 세월 동안 변치 않는 모습으로 독자들의 꾸준한 사랑을 받
고 있다. 시가 노래로도 만들어지고 교과서에도 실릴 만큼 유명한
시인인 동시에, 정제된 서정으로 비극적 현실세계에 대한 자각 및 인
간의 사랑과 외로움의 본질을 노래하는 시인으로 알려져 있다.

　　우리 연구원과도 친밀한 관계를 유지하고 있는데, 제주포럼과
지방자치 강의에도 자주 참가하고 있다. 2015년 인간개발연구원
창립 40주년을 축하하기 위해 〈인간의 희망의 금강송이 되라〉라는
헌시를 지어 감동을 선사했다. 2013년에는 「내 인생에 힘이 되어주
는 시」라는 주제로 강연을 하여 참석자들을 위로하고 격려해 주었다.

　　"지금 밖에는 봄비가 내린다. 만일 우리 삶에 봄이 오지 않는다

면, 봄이 와도 봄비가 오지 않는다면 그 얼마나 삭막하겠는가. 만일 봄비가 오지 않는다면 봄날에 피어나는 꽃들이 아름답게 피어날 수가 없다. 시도 마찬가지다. 우리 인생에 시가 없다면 우리 인생이 아름다워질 수가 없다.

나는 지금까지 시를 내 인생의 소중한 가치로 생각하고 살아왔다. 오늘은 시를 통해 인생의 비밀들을 다시 한 번 생각해 보는 시간을 가지고자 한다. 내 인생을 돌아보고 성찰해 보는 봄날의 아침시간을 함께 가지게 되었다고 생각해 주면 좋겠다.

이제 우리의 인생에는 '극복의 자세'보다 '견딤의 자세'가 더 중요하다. 인생의 힘은 이제 극복의 힘에서 나온다기보다 견딤의 힘에서 나온다. 소설가 박완서 선생님은 1988년에 남편을 병고로 잃으시고 바로 4개월 뒤에 26세 아들을 사고로 잃으셨다. 이 얼마나 고통스러우셨겠는가. 박완서 선생님의 산문집에 보면 '밥을 먹고 싶어도 너무 고통스러워서 밥을 먹을 수가 없었다. 밥이 입에 넘어가지 않아 맥주만 한두 잔씩 먹고 고통의 하루를 보냈다.'라는 기록이 있다. 박 선생님은 고통의 시간이 어느 정도 지나가고 나서 어느 잡지 기자와 인터뷰를 하게 되었는데, '선생님, 그러한 고통을 어떻게 극복하셨습니까?'라는 질문을 받고 '그것은 극복하는 것이 아니고 그냥 견디는 겁니다.'라고 대답했다.

인생에는 견딤이 중요하다는 그 말씀을 나는 잊어본 적이 없다. 인생의 가장 바람직한 자세는 극복의 자세가 아니라 견딤의 자세라는 것을 박완서 선생님을 통해서 알게 되었다. 참을 인^忍 자는 칼 도^刃 자와 마음 심^心 자의 합성어이다. 우리는 누구나 심장에 칼끝이 다가와 있는 그런 상황을 살아가는 것이다. 그런데 그런 상황을 어떻게 해야 하겠는가. 그러한 상황은 박완서 선생님의 말씀대로 참고 견디는 수밖에 없는 것이다.

내 시 〈수선화에게〉는 그런 이야기를 담고 있다.

울지 마라
외로우니까 사람이다
살아간다는 것은 외로움을 견디는 일이다
공연히 오지 않는 전화를 기다리지 마라
눈이 오면 눈길을 걸어가고
비가 오면 빗길을 걸어가라
갈대숲에서 가슴 검은 도요새도 너를 보고 있다
가끔은 하느님도 외로워서 눈물을 흘리신다
새들이 나뭇가지에 앉아 있는 것도 외로움 때문이고
네가 물가에 앉아 있는 것도 외로움 때문이다
산 그림자도 외로워서 하루에 한 번씩 마을로 내려온다
종소리도 외로워서 울려 퍼진다

외로움은 인간의 본질이다. 그 외로움 또한 견디는 일이다. 고통의 비바람이 몰아칠 때 왜 이리 비가 오느냐, 절망의 눈보라가 몰아칠 때 왜 이리 눈보라가 몰아치느냐고 하지 말고, 눈이 오면 눈길을 걸어가고 비가 오면 빗길을 걸어가는 긍정적인 삶의 태도가 중요하다.

'왜 외로운가?'라고 생각하기보다 외로움의 모순된 본질을 이해하는 게 중요하다. 인간은 사랑받고 싶은 존재한테 사랑을 받지 못하면 외롭고 누구를 진정 사랑해도 외롭다. 사랑하기 때문에 외롭고 사랑을 받지 못해서 외로운 것이다.

우리는 이제 남은 인생 동안 더 뼈저린 외로움을 느끼게 될 것이다. 그럴 때마다 '내 인생이 왜 이렇게 외로운가?' 하고 자책하거나 부정하기보다 인간의 본질적 요소로서의 외로움을 받아들이고 긍정하는 태도가 중요하다. 하나님도 외로워서 눈물을 흘리실 때가 있다. 절대적 존재를 상대적 존재로 이야기할 수는 없지만 하나님도 눈물을 흘리시는데 하물며 인간인 우리는 오죽하겠는가.

우리는 감사함을 잃을 때 가장 가난해진다. 독일의 어느 신학자는 '감사함을 통하여 우리는 부유해질 수 있다.'고 했다. 내 삶에 감사가 없으면 가난해질 수밖에 없다.

지금 내리는 봄비처럼 시의 봄비가 여러분의 마음속에 가득 들어 있다. 올 봄에 피는 꽃들처럼 여러분들의 가슴속에 시의 꽃이 활짝 피어 있다. 그것을 소중히 여기고 부디 버리지 말기를 바란다."

    정호승 시인은 어두운 시대를 사는 슬픔과 의지를 노래한『슬픔이 기쁨에게』[1979], 민중의 고통스러운 삶에 대한 슬픔과 그 속에서의 희망을 담은『서울의 예수』[1982], 사랑의 상처와 고통 그리고 그 다스림의 내면적 풍경을 드러낸『사랑하다가 죽어버려라』[1997], 고독한 인간의 숙명과 완전한 사랑에 대한 갈망을 보여주는『외로우니까 사람이다』[1998], 약하고 고통받는 이들에게 따뜻한 시선을 보내는『이 짧은 시간 동안』[2004], 삶과 죽음에 관한 통찰을 담은『포옹』[2007],『밥값』[2010],『여행』[2013],『나는 희망을 거절한다』[2017] 등 12권의 시집을 간행하였다.

고은 나무는 자기의 그림자가
구부러지는 것을 싫어하나
고통의 무게를 견딜 줄 아는
굵은 나무는 자기의 그림자가
구부러지는 것을 싫어하지 않는다

- 정호승

조동성
인천대학교 총장

포스트 재벌, 벤처경영 시대의
기업지배 구조와 전문경영자

 인천대학교 www.inu.ac.kr

하버드대학 출신의 조동성 총장과는 지금도 가깝게 지낸다. 나와 동문 관계이기도 하지만 서울대 경영대 교수직에서 은퇴한 후 중국에서 정교수를 할 정도로 열정 넘치는 분이기도 하다. 경영학과 전략에 정통한 '경영의 대가'로 불리는 그는 지속경영, 혁신경영, 창조경영, 디자인 경영, 메커니즘 경영 등 경영과 새로운 분야의 융합을 연구해 왔다.

연구뿐만 아니라 적극적인 실천을 통해 기업과 국가가 나아가야 하는 방향에 새로운 관점을 제시하고 있어, 변화와 혼란의 시기를 지나고 있는 한국 사회에 그가 어떤 방법론을 제시할지 기대하는 사람들이 많다. 2000년과 2014년 「포스트 재벌, 벤처경영 시대의 기업지배 구조와 전문경영자」와 「공유가치 창출과 자본주의 5.0」을 주제로 각각 강연을 한 바 있다. 여기서는 2000년에 발표한 포스트 재벌에 관한 주제를 중심으로 살펴본다.

"이제 재벌의 시대가 종언을 고하고 새로운 시대로 나아가고 있다. 이러한 의미에서 포스트 재벌의 벤처경영에 대해 정리해 보고, 또한 과거 2~3년 전부터 관심을 끌어왔던 기업지배 구조 문제에 관하여 다시 한 번 정리를 한 후 이 두 가지를 연결시켜, 앞으로 나타나게 될 기업의 모습에서 경영자와 주주는 어떤 관계를 이뤄야 하는가에 대해 말씀드리도록 하겠다.

우선 포스트 재벌의 벤처경영에 대해 정리를 하고자 한다. 벤처에 대한 정의에는 전통적인 개념과 새로운 개념이 있다. 서울대학교의 예를 들겠다. 서울대학교에서도 예전에 벤처라고 하면 공과대학이나 자연과학대학 내에서 교수들과 학생들이 하는 사업으로 여겼었다. 따라서 경영대나 법대 쪽의 학생들은 벤처를 자신과는 거리가 먼 개념으로 생각했고, 접근이 용이치 않는 개념이라 여겨왔었다. 그러나 작년부터 엄청난 변화가 일어나기 시작했다. 벤처의 요람이 더 이상 공대만의 전유물이 아니다. 경영대에도 벤처에 대한 관심이 높아지고 있다. 그로 인해 사회과학대학 학생들이 가지고 있던 기존의 고시열풍이 최근 1년 동안 벤처열풍으로 바뀌었다. 사회과학대학 학생들도 과거에는 기술을 가지고 있어야만 벤처를 시작할 수 있다고 생각했던 것에서 이제는 소비자에 대한 이해, 유통과정에 대한 이해를 바탕으로 기존의 방식과 다른 새 사업을 시작하면 그들도 벤처를 할 수 있다고 생각하게 된 것이다. 이러한 일은 벤처개념의 변화를 바탕으로 나타난 새로운 현상이라 할 수 있을 것이다.

　그렇다면 벤처는 시대적으로 또 사회적으로 어떤 의미를 가지고 있는가. 한국사회는 지난 40년간 후진국에서 중진국으로 숨 가쁘게 발전해 왔다. 후진국에서 중진국으로 발전하는 데 있어 가장 큰 과제는 투자재원이었다. 이런 상황에서 정부는 정부가 모을 수 있는 해외자금을 몇 개의 기업에 제한적으로 나눠줌으로써, 재벌을 육성하고 이 재벌을 통해서 경제 발전을 성공적으로 이루어냈다. 그리고 재벌은 이와 같이 정부가 제공한 자원을 독식함으로서 생산요소 시장에서 독점적인 혜택을 받았으며, 또 정부가 자금을 재벌에게 지원한 만큼 그 재벌이 사업에 실패할 경우 정부에게 책임이 돌아오게 되는 상황에서, 정부 또한 국내시장을 보호하는 과정에서 완제품 시장에서의 재벌 독점을 용인하고 이득을 주게 되었다. 다시 말해 정부는 생산요소 시장에서는 물론 상품시장에서도 재벌에게 독점적인 혜택을 줌으로써 이것을 기반으로 재벌들은 성장을 이룰 수 있었다. 그러나 앞으로 대한민국은 선진국으로 가야 한다. 선진국으로 가는 데 필요한 것은 다른 선진국과 상품시장에서의 경쟁을 통해 이길 수 있는 국가경쟁력이다. 그런데 국가경쟁력은 독점이 아니라 경쟁에서 나온다. 그 때문에 경쟁을 기반으로 하지 않은 경제에서는 선진국이 나올 수 없다. 그래서 우리가 선진국으로 가기 위한 방법에는 자력으로 성장하는 벤처기업이 치열한 경쟁을 통해 경쟁력을 확보하고 그것을 가지고 세계시장과 겨뤄 우리나라를 선진국의 대열에 올려놓는 것밖에 없다. 동시에 독점을 기반으로 한 재벌기업이 경쟁 속에서 살아남는 벤처기업과 같이 바뀌어야 하며, 이런 변화가 있을 때 비로소 대한민국이 중진국에서 선진국으로 갈 수 있을 것이다.

그러면 벤처전략은 어떤 방향으로 세워져야 할 것인가. 여기에는 네 가지의 키워드가 있다. 하나는 속도전쟁이다. 벤처기업은 남보다 앞서 남이 하지 않은 일을 해야 한다. 두 번째는 현실공간과 가상공간의 결합이다. 이것을 두고 보통 온라인과 오프라인의 결합이라고도 한다. 결국 수익모델은 이 두 가지가 결합되는 데서 창출될 수 있을 것이다. 세 번째는 사람과 일의 연계이다. 즉 네트워크를 형성하여 이것으로부터 부가가치의 원천이 되는 사업의 영역이 구축될 수 있을 것이다. 네 번째는 고객의 세계화이다. 국내시장만을 대상으로 기업을 한다면 세계적인 경쟁력의 확보에는 실패할 수밖에 없을 것이다. 속도, 결합, 연계, 세계화 이 네 가지가 바로 벤처전략의 방향이라고 할 때 한국기업이 선진국을 향해 나가기 위해서는 어떤 전략을 수립해야 하며 그 전략을 기반으로 한 한국경제는 어떻게 재정립되어야 할 것인가. 결국 한국경제는 2개의 커다란 지주로 구성되어야 한다. 하나는 전문화된 제조기업으로 변신한 재벌기업이고, 다른 하나는 네트워크로 연결된 벤처기업이 될 것이다.

바로 여기에서 한국의 비전을 만들어 낼 수 있을 것이라고 본다. 온라인과 오프라인의 결합, 즉 오프라인에 기반을 두고 있는 대형 제조기업들이 온라인으로 연결되는 벤처기업과 결합을 하는 것이다. 세계의 다른 국가들과 비교한다 하더라도 제조업의 측면에서 한국만큼 탄탄한 기반을 가진 나라도 많지 않다. 이와 동시에 온라인에서 한국만큼 활성화된 분위기를 가진 나라도 없다. 따라서 이 두 가지가 결합만 된다면 한국은 세계 최초의 막강한 '오프라인 제조업을 기반으로 한 온라인 사업모델'이 가능해지는 국가가 될 것이다. 그것은 동시에 최고의 국가가 되는 것을 의미하는 것이기도 하다. 최초, 최고의 제조업과 벤처의 연합군. 이런 온라인과 오프라인이 결합된 기업군을 만들 수 있는 절호의 기회가 바로 대한민국에 있으며 이것이 성공한다면 대한민국은 능히 G7뿐 아니라 G3에도 올라갈 수 있을 것으로 생각한다. 이것이 바로 우리가 추구해야 할 한국의 비전일 것이다."

조동성 총장은 하버드대에서 경영학 박사를 취득한 후 1978년부터 2014년까지 36년간 서울대 경영대학에서 교수로 봉직하며 국제대학원 원장과 경영대학 학장을 역임했다. 또한 하버드대, 듀크대, 미시간대, 도쿄대, 시드니대 등 13개 외국 대학의 초빙교수를 지냈다. 2014년부터는 서울대 명예교수와 중국 북경에 있는 경영전문대학원인 장강상학원에서 전략학 교수로 학생들을 가르치고 있으며, 현재는 인천대학교 총장으로 재직하고 있다.

　학계, 관계, 정계를 섭렵한 국가원로 조순 회장은 특별히 우리
연구회와 각별한 인연으로 맺어져 있다. 내 대학원 졸업장에 지도
교수로 사인해 준 분도 바로 조순 회장이고, 책『성공비결 101가
지』는 조순 회장과 내가 공저한 것이다. 더욱이 서울시장 재임 시
부터 우리 연구원에서 강연했고, 한나라당을 거쳐 정계에서 은퇴
한 후에는 나와 함께 중국에 가서 강연을 하기도 했다. 그 후 우리
연구원의 명예회장직을 맡아주었다. 매주 목요일 아침 인간개발
연구원의 경영자연구회에도 참석하여 종합정리closing remark를 하면
서 참가자들에게 경제학계의 석학이자 존경받는 원로로서 족집게
처럼 명쾌한 정리를 해주었다.
　신언서판身言書判을 조화롭게 갖추고 '산신령', '포청천'이라는 별
명을 들으며 참신성과 후덕함을 보여준 삶. 동양과 서양을 넘나드

는 해박한 지식과 열정을 가지고 달려온 인생. 이제 전공인 경제학에 집착하지 않고 보다 편안한 책을 읽고 좀 더 자유로운 시간을 갖고 싶다는 소박한 꿈. 바쁜 일정을 보내는 조순 회장을 찾아가 지금까지의 삶을 돌아보면서 보람 있었던 일과 아쉬웠던 점들을 회고하고 경제전망과 취미생활 등에 대해 진솔하게 들어 보았다.

2003년 당시 양병무 인간개발연구원 원장이 대담한 내용을 소개한다.

Q. 회장님은 학계와 관계 그리고 정계를 두루 섭렵하셨는데 각 분야에서 활동하시면서 보람 있었던 일과 아쉬웠던 점을 소개해 주시지요. 우선 학계 얘기부터 말씀해 주시겠습니까?

A. 대학에서 학생들을 가르칠 때의 보람은 무엇보다도 맹자의 인생삼락人生三樂의 하나인 천하의 영재를 얻어서 교육시키는 보람이며 필설로 형언할 수 없지요. 잊을 수 없는 일은 1974년에 경제원론 교과서를 집필할 때 일요일도 쉬지 않고 매일 아침 일찍 연구실에 나와 새벽 한 시까지 9개월 동안 고생한 후 탈고했을 때였습니다. 학생들에게 근대경제학을 쉽게 가르쳐주기 위해 교과서를 만들었는데 지금도 경제원론으로 공부한 사람들이 서울대에서 저한테 직접 배우지 않았더라도 찾아와 인사할 때는 그렇게 반가울 수가 없지요. 아쉬웠던 점은 교수로 재직하던 때가 70년대와 80년대였기 때문에 학교의 수난시대라고 할 수 있죠. 박정희 대통령과 전두환 대통령 때 학생들이

감옥에 가고 제적되고 하는 모습을 바라볼 때는 암울한 심정이었습니다.

Q. 정부에서 일하시던 때의 소감을 말씀해 주시지요.

A. 경제기획원 장관을 1년 3개월 하고 한국은행 총재는 1년 하고 물러났기 때문에 재임 기간이 짧아서 성과를 제대로 내지 못해 상당한 아쉬움으로 남아 있죠. 하지만 재직기간 중 공무원들이 헌신적으로 도와주어 대과 없이 직무를 수행한 것은 다행으로 생각되고요. 한국은행과도 원만한 관계를 유지하며 큰 마찰 없이 경제정책을 펼 수 있었던 점도 감사할 일이지요. 특히 인플레 억제정책과 구조개혁의 기본방향을 강조하여 안정적인 경제성장의 기틀을 마련한 것을 보람으로 느끼고 있습니다.

Q. 초대 민선 서울시장으로서 남다른 감회가 있을 것 같은데 말씀 좀 해주시겠습니까?

A. 서울시장은 임기가 정해져 있어서 기간은 문제가 없었으나 구청장들이 민선이다 보니 마음대로 지휘할 수가 없었기 때문에 많은 어려움을 겪었죠. 그렇지만 안전, 교통, 환경 분야에 중점을 두고 정책을 추진하여 소기의 성과를 거둘 수 있었죠. 서울의 전 교량을 점검하고 당산철교와 성수대교를 새

로 만들고 지하철을 점검하는 등 안전관리에 심혈을 기울였어요. 여의도에 공원을 만드는 것을 시작으로 서울 전역에 공원을 만드는 일을 착수하여 푸른 서울 가꾸기에 진력한 점도 큰 보람이었습니다. 교통문제에 대해서는 전문가의 의견을 존중하면서 혼잡통행료를 징수하고 대중교통을 확대하는 등 교통 마스터플랜을 만들다가 행정부를 떠나게 되었어요.

Q. 정계에 진출해서는 다른 느낌이 있으실 것 같은데 어떠했습니까?

A. 많은 사람이 후회하지 않느냐고 묻는데 솔직히 말해 후회는 없어요. 왜냐하면 정치가 무엇인지를 매일 실습하면서 산 공부를 했기 때문이죠. 우리나라의 정치구조 자체가 누가 정치를 하든 실패할 수밖에 없는 구도라는 것을 알았지요. 그래서 성공한 정치인을 길러내지 못하는 겁니다. 정치가 성공할 수 있는 시스템을 구축하는 게 중요하다고 믿어요. 가장 힘들었던 일은 자기 생각을 마음대로 얘기할 수 없다는 것이었어요.

Q. 경제학계의 석학으로서 우리나라의 경제문제를 어떻게 보시는지요.

A. 과거 우리의 경제성장은 압축성장 전략이었습니다. 냉전체제 하에서는 성장과 수출 일변도로도 돌진이 가능했지요. 그러나 자꾸 앞으로만 달려가다 보니 균형과 조화가 깨져 중용을 잃어버렸고 IMF 외환위기를 맞이한 것이죠. 외교도 반공을 앞

세우고 미국만 바라보면 되었으니 문제가 없었습니다. 그러나 동서 냉전체제가 붕괴되면서 이제 회색지대가 확산되어 길이 어디에 있는지 보이지 않아요. 이제 성장잠재력은 5%만 되어도 만족을 해야 합니다. 성장률 1% 가지고 일희일비할 필요가 없다고 생각해요. 특히 경제개혁의 고삐가 느슨해지고 있는 것을 경계해야 합니다. IMF 개혁은 아직도 미완성인데 경제 주체들이 자꾸 과거로 돌아가려고 해서 걱정스러워요. 압축성장의 유혹에 빠지면 경제는 또다시 수난을 겪게 될 것입니다. 이제 각 경제 주체가 거품을 제거하고 경제발전도 저축, 투자, 물가, 국제수지의 차원에서 벗어나 문화를 중시하는 경제로 발전해 나가는 것도 질적인 경제성장을 위해 염두에 두어야 하겠습니다.

Q. 회장님께서는 저희 연구원에 매주 참석하셔서 Closing remark를 해주실 뿐만 아니라 다른 활동도 열정적으로 하고 계시는데 한 말씀 부탁드립니다.

A. 인간개발연구원에 매주 나가 다양한 주제를 접하고 공부하는 게 큰 즐거움 중 하나죠. 가능하면 빠지지 않고 나가려고 노력하고 있어요. 장만기 회장님이 지금까지 한 주도 빠지지 않고 연구회를 이끌어 온 데 대해 경의를 표하며 연구원의 발전을 위해 미력한 힘이나마 도움이 되고 싶습니다.

조순 명예회장은 요즘은 예전처럼 매주 연구회에 참석은 못 하지만 늘 연구원에 관심을 갖고 계신다. 내가 찾아뵐 때마다 인간개발연구원의 역할과 사명을 강조하면서 격려의 말씀을 잊지 않는다.

제2편

기업인 (25명)

구자관
삼구아이앤씨 대표이사

신용과 사람
그리고 휴머니티

Samkoo   www.samkoo.com

    우리 연구원의 이사이기도 한 구자관 대표는 자신의 직함을 책임대표사원이라고 얘기한다. "어떠한 일에도 직원들의 책임은 나 자신이 진다."는 의미로 대표사원이 되었다고 설명한다. 그의 회사는 19개의 가족사가 있는 아웃소싱 그룹으로 23,000여 명이 넘는 직원들이 있다. 항상 겸손한 자세로 임하는 구 대표는 현장직원을 만나도 정중히 인사한다. 진심에서 우러나오는 인사는 상대방의 마음에 전달된다고 믿기 때문이다. 그의 올곧은 언행들로 인해 모범적인 이미지를 갖고 있는 기업가이다.

    또한 그는 인간개발연구원[HDI]이 창립 40주년을 맞아 인간존중의 경영정신을 실천하는 경영자를 찾아, 우리 국가산업사회에 널리 알리자는 의미에서 제정한 HDI인간경영대상에서 종합대상을 수상하기도 했다. 종합대상을 받은 구자관 책임대표사원은 기업의 이익은 함께하는 직원들이 만들어 준다는 철학으로 직원들과 이익을 공유하고 스스로는 검소한 삶을 실천하는 '서번트 리더십'의 롤 모델 기업인으로 꼽혔다. 그는 2015년 「신용과 사람 그리고 휴머니티」라는 주제로 강연을 했다. 그의 인생역정과 봉사하는 삶을 중심으로 소개한다.

그는 선친의 사업 실패로 춥고 배고픈 시절을 보내면서 초등학교 졸업장도 타지 못했다. 어린 시절 입에 풀칠하기 위해 구두닦이, 신문 배달, 아이스케이크 판매, 메밀묵 장사 등 닥치는 대로 일했다. 그가 다닌 중학교는 정릉천 주변에 한 경찰관이 사비로 운영했던 천막학교였다. 고등학교도 검정고시로 힘들게 다녔다.

그는 솔 생산, 왁스 사업을 거쳐 경비용역 사업으로 방향을 틀어 국내 최대 규모의 아웃소싱 그룹을 일궜다. 먹고사느라 배움에 한이 맺혔던 그는 사업에 성공한 후에 뒤늦게 대학 문을 두드렸다. 61세 때인 2004년에 용인대학교 경찰학과에 늦깎이로 입학해 2008년에 졸업장을 받은 것이다. 여기서 그치지 않았다. 평소에 잘 알고 지내던 서강대 남성일 경제학과 교수의 조언을 바탕으로 2009년 서강대 경제대학원에 입학해 2012년 최우수논문상을 수상하고 졸업하는 영광을 누렸다.

구 대표는 평소에도 소외계층을 위한 봉사활동에도 솔선수범하고 있다.

그는 2012년 인천혜광학교에 재학 중인 시각장애인 학생들을 대상으로 강의를 한 적이 있다. 인천혜광학교에 다니는 학생들은 심한 중증 시각장애인들이다. 시력을 잃어 눈이 함몰되거나, 검은 동공이 없이 흰자위만 있는 학생, 시력을 잃은 좌우 눈이 따로 노는 학생들이 초·중·고 과정에서 수업을 받고 있다. 중도에 시력을 잃은 일부 사람들도 일반 학교 과정을 밟고 있다. 재학생은 총 140명. 1956년 임경삼 목사가 인천시 송월 3가 3번지 자택에서 6명의 실명 어린이를 양육하면서 시작된 곳이다.

그는 40여 분간 눈물을 쏟은 후 겨우 감정을 추슬러 30분간 강의를 했다. 비록 짧은 시간이었지만, 천형을 안고 살아가는 어린 학생들에게 정성스레 자신의 불우했던 어린 시절의 삶과 척박한 환경 속에서 용기와 희망을 갖고 인생을 개척해 나간 이야기를 전달했다. 어린 학생들은 그의 고난에 찬 삶을 들으면서 공감을 표시했다. 강의 중간 중간에 수차례 박수를 쳤다. 말미에 그는 "여러분들은 제 이야기를 듣고 싶어 했지만, 내가 오히려 여러분들로부터 많은 것을 배우고 간다."라는 마음 깊은 이야기를 전했다. 구 회장은 강의가 끝난 후 교장 선생님에게 외부의 도움이나 개안수술을 통해 시력을 회복할 수 있는 학생이 있냐고 물어봤다. '가능성 제로'라는 답변만 들었다. 그는 "그럼 이들에게 희망의 사다리를 제공할 수 있는 방법이 무엇인가?" 하고 물었다. 교장 선생님은 "그들이 고통스러운 삶의 무게를 이겨내고, 자립할 수 있는 유일한 방법은 인공 눈, 즉 의안義眼수술을 해주는 데 있다."고 말했다.

이들 어린 학생들이 사회에 나가서 생계를 이을 수 있는 수단은 거의 없다. 안마가 유일한 밥벌이 수단이다. 하지만 이들이 의안을 하지 않은 상태에서 안마를 하면 고객들이 부담스러워하는 게 큰 문제다. 이들의 비정상적인 눈 때문에 고객들이 안마받는 것을 꺼리기 때문이다. 이들이 인공의안을 착용하면 외견상 정상적인 눈을 갖게 되는 점이 가장 큰 장점이다. 안마로 수입을 얻는 데 결정적인 힘이 된다는 것이다. 문제는 현재의 의료법상 인공의안이 성형수술로 분류돼 의료보험의 혜택을 받지 못하고 있다는 점. 구회장은 "중증의 시각장애인들이 생계를 위해 하는 인공의안 착용이 미용사항으로 간주돼 의료혜택을 받지 못하는 것은 어불성설"이라며 분통을 터뜨렸다.

구 대표는 이들에게 희망을 주기 위해 지원방안을 찾기 시작했다. 그중의 하나가 이들을 도울 후원자를 모집하는 것. 그는 자신이 아는 최고경영자CEO급 지도층 인사들에게 이들을 돕자고 호소했다. 최소한 100명의 후원회원들로부터 매달 5만 원을 받고, 자신이 100만 원씩 낸다면 한 달에 한 명의 학생들에게 의안을 착용하게 해줄 수 있다고 했다. 그는 후원자를 200명 이상으로 늘릴 것을 추진 중이다. 이 경우 매달 2명에게 삶의 희망을 찾아주는 셈이다. 이 같은 후원 구상에 많은 지도층 인사들이 적극적인 참여의사를 밝혔다. 유인촌 전 문화체육관광부 장관 등이 흔쾌히 동참의사를 보내왔다. 구 대표가 속한 한국경비협회 사장단도 돕기로 했다. 모 중소기업 사장은 10명의 학생을 후원하겠다는 의사를 밝히는 등 각계각층의 지원과 관심이 확산되고 있다.

구 대표는 "후원회 조직이 마무리되면 8년 안에 이 학교의 모든 학생들의 눈을 고쳐줄 수 있을 것"이라고 내다봤다.

그는 "매달 5만 원 내는 것은 큰 부담이 아닙니다. 수술비 지원은 힘든 삶을 이어가는 어린 학생들에게는 커다란 희망을 줄 수 있다."며 "말로만 복지를 강조하지 말고 정작 도움이 필요한 장애 아이들에게 사랑과 관심을 갖는 것이 절실하다."고 말했다.

권오현 삼성전자 대표이사 부회장

IT시대의 반도체 역할과
발전방향

SAMSUNG www.samsung.com

    권오현 부회장은 삼성전자에 반도체 부문 연구원으로 입사해 현재 최고 자리라 할 수 있는 삼성전자 부회장직을 맡고 있는 입지전적인 인물이다.

    그는 서울대를 졸업하고 카이스트와 미국 스탠퍼드대 대학원에서 줄곧 전기공학을 전공한 후, 77년에 카이스트에 있던 한국전자통신연구소 연구원으로 사회생활을 시작해서 80년까지 근무했다. 미국 유학 생활은 그의 삶에서 전환점이 되었는데, 박사학위를 따고 미국 삼성반도체 연구소에 들어가면서 삼성과 처음 인연을 맺게 된 것이다. 이후 연구원을 거쳐 반도체 부문 이사, 메모리본부 상무, 시스템LSI본부 전무와 부사장 등을 차례로 역임했다. 이어 시스템LSI사업 부사장, 반도체사업부 사장, DS사업총괄 부회장을 거쳐 2012년엔 마침내 삼성전자 대표이사 부회장 자리에 올랐다.

삼성에 입사한 지 27년 만이었다.

2006년 그가 삼성반도체를 책임질 때 양병무 원장과의 인연으로, 우리 연구원에서 「IT시대의 반도체 역할과 발전방향」이란 주제로 강연을 하게 되었다.

"요새 신문지상에 많이 나오는 이야기가 IT, NT, BT 등의 반도체 이야기인데 IT란 인포메이션 테크놀로지의 약자이다. 나는 오늘 IT시대에서의 산업의 특징은 어떤 것인가, IT시대에서의 반도체 역할은 무엇인가, 어떻게 해야 반도체가 성공할 것인가, 앞으로 한국 반도체는 어떻게 해야 할 것인가에 대해서 말하려 한다.

IT산업이란 말이 나오기 시작한 지 20여 년 정도 되는데 IT산업이란 디지털화된 정보를 처리 가공하거나 유통시키는 산업이다. 그것에 따른 엔터테인먼트, 전자상거래, 전자자동화, 또 이와 관련된 하드웨어를 만드는 것도 다 포함한다고 보면 된다. 요새 신문에 계속 나오는 것이 '한국은 IT강국이다.' 하는 것인데 과연 그런가? IT를 보면 수집, 가공, 유통 등이 있는데 그것을 분류해 보면 하드웨어, 통신 네트워크, 소프트웨어, 콘텐츠 산업, 사용자 등으로 나눌 수 있다. 그런데 우리나라는 유독 하드웨어 측면이 강하다. 다시 말해서 휴대폰을 만든다든가, 텔레비전을 만든다든가, PC를 만든다든가 이런 것에 대해서는 우리들이 굉장히 잘 만들어서 수출도 하기 때문에 강국이라고 볼 수 있다. 또 사용자도 굉장히 강국이다. 왜냐하면 젊은 사람들은 새로운 기기가 나왔다 하면 세계 어느 국가보다도 굉장히 빨리 적응하고 그것을 쓴다. 초고속 인터넷도 세계 1위, 휴대폰도 더 좋은 것이 나왔다 하면 금세 바꾸고 하는데 사실 이런 것들이 잘되어 삼성 등의 기업이 큰다.

그런데 가만히 보면 이런 것은 소비·지출하는 것일 뿐 외화를 벌어들여서 외국에 충격을 줄 수는 없다. 우리나라에 있는 SK도 크고, KT도 크지만 다 국내형으로만 되어 있다. 사실 국내 소비자들을 위해 서비스를 잘하는 것도 중요하지만 우리가 수출하거나 외국 나가서 부를 창출하는 것도 중요한 것이다. 엄밀한 의미에서는 우리나라가 IT강국처럼 보이지만 자세히 들여다보면 아직도 가야 할 길이 멀다고 볼 수 있다. 하드웨어는 잘 만들지만 그것의 핵심 부품은 수입을 많이 하기 때문이다.

얼마 전 신문에서 보니까 '전자제품의 경우 사실은 일본이 뒤에서 돈 다 번다.'라는 내용이 있었는데 사실이다. 우리나라의 경우 핵심부품은 일본에서 수입을 많이 한다. 그래서 통신서비스나 소프트웨어 쪽을 빨리 키워 나가야 하는데 이런 것이 얼마나 가능성이 있을까? 최근 들어서 진대제 정보통신부 장관께서 DMB 하면서 선전을 많이 한다. 이런 것들을 빨리 외국에 전파해서 회수를 한다면 우리도 진정한 의미의 강국이 될 것이다.

그럼 왜 최근 들어서 IT산업 얘기를 많이 하는 것일까? 디지털 기술이 발전함으로써 전자제품이 향후 5년 후에 어떤 것이 나올

지는 아무도 예측하지 못할뿐더러 지금 계속해서 굉장히 빠른 제품군들이 나오고 있다. 그러면서 거기에 따른 회사들이 많이 생긴다. 예를 들어 미국의 '구글'을 보면 생긴 지는 얼마 안 됐지만 시가총액은 엄청나다. 옛날 같으면 정보를 서비스해서 강화해 주는 그런 회사는 상상도 못 했었다.

또 다른 기기들도 보면 영화를 보는 휴대폰이라든지, 상상도 못 했던 기기들이 IT산업의 발달로 인해 계속 나오고 있다. 이런 점으로 미루어 볼 때 앞으로 나올 상품들을 잘 예측할 수 있다면 사업이 잘될 것이다. 한국도 거기에 따른 기기들을 예측하고 많이 만들어서 수출했다. 그래서 돈을 많이 벌었지만 이제는 거기에서 한 단계 더 나아가야 한다고 생각한다.

한국이 반도체 강국으로 남을 수 있을지 생각해 보자. 우리나라는 미국이나 일본보다 역사가 짧다는 취약점이 있다. 그래서 원천기술력이 약하고 이에 대해 상당히 많은 특허비를 내고 있다. 빨리 이것을 극복해야 한다. 특허비를 지불하려면 돈이 엄청나게 나가기 때문에 어떻게 하면 특허권을 잘 만들고 등록하느냐를 연구하기 위해서 삼성 내에 CPO^{Chief Patent Officer}가 생겼다. 또 삼성뿐만 아니라 대학도 열심히 지원해야 하는데 실제로 이공계를 제대로 지원해 주지 않고 있고, 인프라도 취약하다. 이것들을 극복하지 않으면 시간이 갈수록 불리해진다. 중국 같은 경우 이공계를 졸업한 인력만도 500만 명에 육박한다고 한다.

그렇다면 어떻게 하면 좋은가? 테크놀로지 R&D를 해야 한다. 정부도 길게 보고 필요한 것을 투자해 줘야 한다. 지금 보면 옛날 같이 금방 표시 나는 것을 하려고 하는데 그것은 금방 끊긴다. 학교 같은 경우 지금처럼 하면 경쟁력이 절대로 없다. 평준화는 좋지만 우수한 인력이 거의 없다. 이공계 출신 인력도 부족하다. 진짜 문제다.

또한 우리나라같이 폐쇄적인 곳이 없다. 외국 인력들이 일하러 오는 경우 그들의 부인들이 '이렇게 살기 힘든 나라는 처음이다.'라고 하면서 먼저 본국으로 가버리고 그러면 따라서 그 외국 인력도 가버리는 경우가 많다. 우리나라 정부도 외국인이 와서 살 수 있게 교육시스템을 만들어 줘야 한다. 이제는 한국사람 가지고 할 수 있는 분야가 너무 적다. 그렇기 때문에 인적·물적 자원, 인프라 등이 정상적인 방법으로 발전할 수 있도록 노력해야 한다."

이 강연에서 권 부회장이 우리나라 반도체산업의 현실과 전망, 삼성이 치열한 세계경쟁에서 살아남을 수 있는 해법들을 이해하기 쉽게 풀어주어 참석자들로부터 큰 호응을 얻었던 기억이 있다.

김영철 바인그룹 회장

기업경쟁력 강화를 위한
여성인력 개발

www.vinegroup.co.kr

김영철 바인그룹 대표는 우리 연구회의 회원으로서, 대학교 때까지 유도선수였다가 부상 때문에 그만둔 후 무작정 상경하여 인쇄공장에 취직하였는데, 그것을 발판으로 독자적인 교육사업에 뛰어들어 동화세상 에듀코를 설립, 오늘날 10개의 계열사를 보유한 바인그룹을 만든 입지전적인 인물이다.

사업을 하는 데에도 직원 성장의 교육이 필요하다는 그의 신념 덕분에 우리 연구원과도 인연을 맺게 되어, 2010년 「기업경쟁력 강화를 위한 여성인력 개발」 특별 세미나에서 강연을 하게 되었다. 구성원의 자기성장을 통해 회사성장을 구현하는 비전 프로세스를 가지고 있는 분이다. 그가 교육을 통해 직원이 성장하고 회사도 성장한 이야기를 중심으로 소개한다.

동화세상 에듀코 설립 당시 김영철 대표의 슬로건은 "성공자는 남다르다."였다. 운동선수가 메달을 목표로 하며, 상대방을 꺾기 위해 치열하게 경쟁하고 결국 목표를 성취하듯, 기업도 같은 방식으로 운영했다. 하지만 경영은 운동과는 달리 상대를 먼저 잘되게 해주기 위해서 져 주기도 해야 한다는 사실을 깨달았다. 이후 김영철 대표는 꾸준한 독서와 교육을 통해 목표보다는 가치에 중요성을 두었다.

그리고 현재 김영철 대표의 사명은 "한평생 끊임없이 수양하여 자신을 누리며 남들에게 기쁨이 되어 주는 삶을 살아가겠다."이다. 교육을 통해 사람의 '잠재력'에 대해 깨닫게 된 것이다.

경영을 하다 보니 부족한 것을 많이 느껴 교육을 받으러 다녀 보니 자신도 모르는 능력이 나왔다고 한다. 그중 인간개발연구원도 큰 도움이 되었다고 하니 감사한 일이다. 이러한 교육기관들이 오늘날의 그를 만들어 주었고, 오늘날 그의 회사를 만들어 준 것이라고 김영철 대표는 지금도 얘기한다. 그의 교육에 대한 열정은 본인에게 국한되지 않고, 직원들에게까지 뻗어 나갔다.

교육을 받으니 사람의 재능이 나오기 시작했다. 안에 내재된 능력이 나오기 시작했다. 인간관계가 무엇인지, 경영이 무엇인지, 조직관리가 무엇인지 답이 나오기 시작했다. 사람이 교육만 받으면 누구나 자신 안의 잠재력이 나올 것으로 믿는다. 알라딘 램프

안에는 동화처럼 지니가 있지만 자신 안에는 정말 살아 있는 잠재력이 있다는 것을 알게 되었다.

그것을 알고부터는 직원들을 차별하지 않았다. 학력, 경력이 어떻든 기본 기준만 넘어가면 입사 후 똑같이 대했다. 훈련만 하면 능력이 길러진다고 믿었기 때문이다. 사람은 누구나 긍정적인 생각과 자신감만 가지고 학습하고 훈련만 받으면 무한히 발전할 수 있다는 것을 깨닫게 된 것이다.

그는 생각했다. 직원들은 우리 회사에 왜 입사했을까? 사람은 누구나 행복해야 하고 성공해야 하고, 꿈을 이뤄야 한다. 사람의 목적이 그것이다. 그럼 나는 뭘까? 나를 채워주고, 회사를 키워준 그 직원들을 행복하게 하고 성공할 수 있도록 힘이 되어줘야 한다.

그래서 생각한 것이 교육 프로그램이었다. 세계적인 리더십 교육인 7habits, 피닉스리더십 교육을 시작하여 현재 10개의 교육 프로그램을 도입하고, 오랜 인연을 함께해 온 브라이언트레이시인터내셔널과 대한민국 독점 라이선스 계약을 체결하며, 전 세대를 아우르는 질 높은 교육을 제공하게 되었다.

교육을 받은 직원들이 조금씩 변화하면서, 현재 회사는 직원을 성장시키고, 직원은 회사를 성장시키는 선순환 시스템이 구축되었다. 그렇게 바인그룹이 출범하였다. 선한 인재를 양성하는 100년 기업의 여정이 시작된 것이다.

바인그룹의 바인^{vine}은 포도나무를 의미한다. 그리고 바인그룹의 CI는 개인과 조직, 고객의 자기성장을 의미하는 열매, 올바른 신뢰의 관계를 의미하는 커뮤니케이션 줄기, 글로벌 그룹을 향한 도전정신과 잠재력을 의미하는 뿌리를 모두 포함한다. 이것에는 김영철 대표의 성장과 그룹의 발전이 담겨 있다.

직원이 성장하면 회사는 따라서 성장을 한다. 김영철 대표는 직원들에게 항상 말한다.

"스스로 생각하는 것보다도 '나'라는 존재는 크고 대단하다."

뜻하지 않은 부상으로 좌절한 유도선수에서 신화적 존재가 된 영업사원 시절을 거쳐, 4,500여 명의 직원과 10개 계열사를 운영하는 바인그룹의 오너로 성장한 김영철 대표가 지금까지 지녀온 생각이다.

사실 이렇게 성장할 줄은 그 자신도 몰랐다고 한다. 하지만 끊임없는 학습과 교육으로 그는 정상에 올랐다. 그리고 사람의 잠재력을 믿으며, 학습과 교육의 중심을 직원에게 맞추었다. 바인그룹이 앞으로 대한민국의 미래를 이끌 리더들을 배출해 나갈 것을 기대한다.

김 대표는 교육은 백년대계百年大計라는 신념을 가지고 있다. 그의 집무실에는 100년 달력이 붙어 있다. 100년 달력에는 창립연도인 1995년부터 100년 후인 2094년까지의 달력이 빼곡하다.

100년 기업을 향한 그의 염원은 "기업의 존재 이유는 사회에 선한 영향을 미치는 리더를 키워내는 데 있다."는 설명에 잘 나타나 있다.

　김 대표는 금년 1월 100년 기업을 향한 비전 선포식을 했다. 2021년에는 포도나무 한 그루에 줄기를 뻗어 알알이 맺히는 포도 열매처럼 현재 10개의 계열사를 넘어 각국으로 20개 이상의 계열사, 3만 명의 인재를 양육하여 매출액 1조 원이 넘는 글로벌 그룹으로 키운다는 목표를 세웠다. 김영철 대표는 "바인그룹의 첫 번째 가치는 직원 성장이고, 둘째는 고객의 성장이며, 세 번째가 회사의 이익이다. 회사의 성장이 조금 더디고 이익이 덜 나더라도 개인의 자기성장 가치만큼은 잃어서는 안 된다."고 강조한다. 사람을 중시하는 김영철 대표의 경영철학이 바인그룹을 더욱 발전시키리라는 기대를 해본다.

김재철
동원그룹 회장

나의 사업과
인생 이야기

Dongwon 동원그룹 www.dongwon.com

　　김재철 동원그룹 회장의 집무실에는 '거꾸로 건 세계지도'가 걸려 있다. 이 지도를 보면 한반도는 동북아 지역의 끝에 있는 작은 나라가 아니고, 태평양을 향해 있는 부두 모양을 하고 있다. 전 세계로 뻗어 나갈 수 있는 중심적 출발점이 되는 것이다.

　　김 회장은 전남 강진에서 태어나 부산수산대^{현 부경대}에 진학했다. 23세에 국내 최초의 원양어선인 '지남호'를 탔고 3년 만에 선장이 됐다. 이때 모은 1천만 원을 자본으로 1969년 동원산업을 창업하여 국내 최대의 원양어업 회사인 동원산업을 이끌어온 한국 원양어업의 개척자이자 우리나라를 세계 원양강국으로 키운 주역이다. 스스로 "바다가 인생의 고향이요, 큰 스승"이라고 할 만큼 바다에 대한 무한한 애정을 과시한다.

　　이와 함께 올림픽, 월드컵과 함께 세계 3대 국제행사로 꼽히는

2012 여수세계박람회 유치위원장으로 활동하며 530일간의 유치 대장정을 성공적으로 이끌었다.

나는 2008년 김 회장을 찾아가 사업, 인재관, 자녀교육 등에 관한 이야기를 들었다.

Q. 20대 초반 원양어선을 탔던 것이 지금의 동원그룹을 탄생시켰는데요. 사업 초기 이야기 좀 해주시겠습니까?

A. 1969년 동원산업을 창립할 당시 제 나이 35세였습니다. 고려 원양이라는 회사에서 근무하고 있을 때 주변 업계나 외국 업계로부터 "그만한 능력이 있는데 왜 독립해서 사업을 하지 않느냐?"며 독자적인 회사를 운영해 보라는 권유를 여러 차례 받았어요. 그때 외국 업체나 국내 업체에 쌓았던 신용을 바탕으로 동원산업 창업을 구상하게 됐죠. 그래서 69년 4월, 1천만 원을 자본금으로 해서 동원산업 주식회사를 설립했습니다. 또한 당시에 국내외에 쌓아둔 신용 하나로 외국차관 37만 달러를 정부의 지불보증 없이 얻어낼 수 있었습니다. 이 자금으로 500톤급 연승선, 동원31호와 동원33호를 도입해 사업을 시작했죠. 그리고 '정상 외외화결제 방식'이라는 차관을 일본으로부터 끌어들이는 데 성공했어요. 이는 외국으로부터 먼저 어선을 들여오고, 배값은 나중에 고기를 잡아 갚겠다는 내용입니다. 외상으로 들여온 배를 밑천으로 설립된 동원산업의 탄생은 월등한 어로기술과 신뢰성으로 이루어진 실로 전무후무한 예라고 할 수 있습니다.

Q. 조직원들을 대하는 회장님의 인재상 또한 남다를 것 같습니다. 인재상은 무엇인가요?

A. 동원 직원들에게 동원 정신이 무엇이냐고 물어보면 모두 열성과 도전, 창조라고 말합니다. 제가 생각하는 인재상은 이러한 동원 정신을 갖춘 사람이죠. 동원의 경영철학은 '무대경영론'과 '범재경영론'으로 대변할 수 있습니다.

무대경영론이란 기업을 하나의 무대라고 봤을 때, 오너는 무대를 제공한 사람일 뿐이고 연출자는 경영자이고 연기자는 종업원이며 관객은 고객이라는 의미의 경영철학입니다. 경영자와 핵심간부들은 동원이라는 기업무대를 이끌어 가는 연출자로서 더욱 치밀하게 연출력을 가다듬어야 하고, 직원들은 각자가 맡은 역할에서 최고의 연기를 수행할 수 있도록 끊임없이 실력을 연마해야 한다는 것이 무대경영론의 요지입니다. 범재경영론이란 한 사람의 천재보다 힘을 합칠 수 있는 여러 사람의 범재가 필요하다는 의미의 경영철학입니다. 물론 범재경영론이라고 해서 천재가 필요 없다는 말은 아닙니다. 범재는 훈련 여하에 따라 천재가 될 수 있다는 뜻도 포함되어 있는 거죠.

Q. 장남인 김남구 한국투자금융 부회장은 입사 전 6개월 동안 원양어선을 타는 등 혹독한 훈련을 거쳤다고 들었습니다. '동원식 자녀교육법'이 화제가 되고 있는데 어떤 내용인가요?

A. 사람들은 교육과 훈련 여하에 따라 크게 달라질 수 있다고 생

각해요. 그래서 저는 자식들에게 남의 윗자리에서 일하려면 강인한 단련이 필요하고, 최전선에서 또 가장 저변의 경험을 쌓아야 한다고 가르쳤습니다.

그런 면에서 맏아들인 김남구 부회장은 대학을 졸업한 후에 6개월간 배를 타게 했어요. 멀리 베링해까지 나가 하루 16시간씩 일을 하면서 동원산업의 근간인 바다와 배를 배우도록 한 거죠. 91년 동원증권에 들어갈 때도 마찬가지였습니다. 대리로 입사해서 첫 부서도 여의도 본사가 아니라 지점으로 발령을 내어 지점과 채권영업, 기획실을 거치며 업무 능력을 쌓도록 했습니다. 둘째 아들도 마찬가지예요. 97년 경남 창원 참치통조림 공장에서 생산직 근로자로 시작해서 이후 동원산업 영업부 평사원으로 시내 백화점에 참치 제품을 배달하는 일도 했습니다. 작은 일을 모르면 큰일을 할 수 없는 법이죠. 부모가 자녀에게 주기 싫지만 반드시 주어야 할 것이 '고생'입니다. 요즘 2, 3세 기업인들은 죽기 살기로 뛰었던 창업자 세대와는 달리 여유가 있어 좋기는 하지만, 한편으론 오만과 나태에 빠질 가능성이 있어요. 세상에는 지름길과 아스팔트 길만 있는 것이 아니라는 것을 자식들에게 깨닫게 해주고 싶었습니다.

김재철 회장은 인재육성을 위한 사내 교육프로그램인 '동원 목요세미나'를 1974년부터 매주 진행해 오고 있다. 목요세미나는 동원그룹의 역사와 함께한 기업문화로 김 회장의 경영철학인 '범재 경영론'을 바탕으로 시작됐다. 한 달에 한 번 정도 외부 강사를 초빙하고 나머지는 사내 임직원들이 강사로 참여한다.

김 회장은 원양어업과 함께 한국투자금융지주를 창업하여 금융업에서도 성공을 거두었다. 얼마 전 공병호경영연구소의 공병호 박사가 『김재철 평전 : 파도를 헤쳐 온 삶과 사업 이야기』를 발간하여 화제가 되었다.

연구원에서는 2016년 공병호 박사를 경영자연구회에 초청하여 『김재철 평전으로부터 배우는 100년 기업의 지혜』라는 주제로 강연을 듣고, 김재철 회장의 삶과 경영철학을 공유하는 시간을 가졌다.

김종갑

지멘스(주) 대표이사,
한독상공회의소 회장

한국의 속도와
독일의 철저함의 절묘한 만남

SIEMENS
Ingenuity for life www.siemens.com/kr/ko/home.html

　김종갑 한국지멘스 회장은 산업부차관으로 재임 중일 때 처음 만났는데 인상이 무척 좋은 분이었다. 현재는 하이닉스 회장을 거쳐 한국지멘스 회장을 맡고 있다. 지멘스는 "미국에 GE가 있다면 독일에는 지멘스가 있다."라고 할 정도로 세계적인 회사이다.

　나는 세계인의 신뢰를 받고 있는 지멘스의 경영비법을 공유하기 위해 제주포럼에 캐조 지멘스 회장을 꼭 초청하고 싶었다. 그래서 김종갑 회장에게 얘기를 꺼냈는데, 그가 두말없이 교섭을 해주어 일을 성사시켰다. 그 무렵은 그렇게 신용 좋기로 소문난 독일의 폭스바겐 이미지가 땅에 떨어질 때여서, 지멘스가 폭스바겐을 젖히고 독일을 대표하는 기업으로 올라서 있었다. 제주포럼에 참석한 캐조 회장은 기대한 대로 지멘스가 어떤 회사인지, 어떤 비전을 갖고 있는지 강연하면서 세계적 기업의 리더로서의 진면목을 보여주었다.

김 회장 또한 지멘스코리아 대표이사의 자격으로 초청받아 강연하면서 세계의 기업환경을 비교 분석, 그 비전을 제시한 바 있다. 김종갑 회장은 한국의 신사인 동시에 모범적인 관료 출신이다.

우리 연구원에서는 2016년 「한국의 속도와 독일의 철저함의 절묘한 만남 − 지멘스 코리아 혁신스토리」라는 제목으로 강연을 했다.

"젊은 시절 정부에 있을 때부터 인간개발연구원과 인연이 많았는데 종합상사 지멘스에 와서 벌써 5년이 되었다. 3, 4년 전만해도 모든 포럼에서 '독일에서 배우자.'가 유행이었다가 폭스바겐 사건 이후 의심의 눈이 생기며 좀 주춤해졌다. 같은 독일 브랜드이다 보니 준법 윤리에 관해서 더욱 철저하게 마음가짐을 다잡고 있다.

정부든 단체든 간에 앞으로 어떤 상황이고 어디로 갈 것인지를 예측하는 것이 중요한 과제이다. 큰 기업도 미래 예측을 한 치 앞도 못 볼 때가 있다. 지멘스는 2050년을 예상하고 있지만 상당히 어려운 일이다. 어떤 때는 전혀 예측하지 못한 곳으로 흘러간다.

정부에서도 5개년, 10개년 계획을 세우지만 힘들다. 트렌드를 수시로 파악하고 포트폴리오를 해결하는 데 어떤 솔루션을 제공할지 계속해서 해나가야 한다. 4차 산업혁명, 인구변화, 기후변화, 도시화, 세계화가 종전에 알던 방향과는 다른 방향으로 진전되는 것 같다. 글로컬리제이션으로 가던 것에서 쉘 가스가 다시 미국으로, 아디다스가 다시 독일로 해외생산 기지를 바꾸고 있다. 디지털화가 가져오는 새로운 추세이다. 메가트렌드 기준으로 2050년을 예측한다 해도 또 다른 패러다임을 계속 예측해야 하는 과제가 있다.

GE는 M&A를 잘하는 기업이다. 문화적 융합을 잘 이루어내지 못한다면 다른 기업들이 쉽게 할 수 있는 일이 아니다. 전에 있던 하이닉스도 실리콘밸리 회사를 인수해서 결국 한국식 경영에서 실패했다. 사람이 전부인데 그 나라의 문화·관습에 맞지 않는 경영을 하면 붙어 있을 수가 없다. 지멘스는 내부성장 중심으로 왔다면 대표적으로 GE는 M&A의 탁월한 능력으로 개방적 혁신을 이루어냈다. 지멘스와 GE를 비교·분석하면 경영의 사례로 도움이 될 것이다. 폐쇄적 개방적 혁신 소스 코드를 공개해서 시장을 키울 것인가, 쉐어를 늘릴 것인가, 혼자서 할 것인가, 협업을 할 것인가 등등.

독일과 한국은 언뜻 보면 비슷한데 자세히 보면 아주 다르다. 독일의 경우 정확성, 완벽성, 철저함, 이런 것이 너무 철저해서 오히려 문제가 될 때가 있다. 독일식 경영을 내가 '돌다리경영'이라고 이름 붙여보았는데, 돌다리를 두들기고도 안 건너가는 경우가 있어 답답하다. 안 건너가려면 두들겨보지나 말든지.

거기 비하면 우리는 스피드가 있다. 스피드는 아무나 낼 수 없는 것이어서, 소중한 우리의 경쟁요소를 어떤 식으로 활용해 부가가치 창출과 생산성을 높이는 데 기여하고 성장할지가 과제다. 철저함을 줄이고 속도는 높여서 양자를 결합할 수 있느냐가 현재 맞이하고 있는 도전이다.

디지털 시대는 속도가 더 중요하다. 어떤 상황이냐 하면 우리나라를 인터넷 강국이라고 했는데 절반은 맞고 절반은 틀리다. 사람 인터넷 강국이다. 사물 인터넷이란 말만 안 만들었을 뿐이지 우리나라에서는 최근에 이 말이 나왔다. 한국은 과잉투자가 되었다. 통신사 라인도 겹치게 깔려 있어서 우리가 생산적으로 자원을 쓰는 데 좀 손실이 있었다고 생각한다.

여기 있던 직원이 독일에서 인터넷 신청은 8주 걸렸단다. 우리는 하루면 되는 나라이다. 행정 민원서류도 전화하고 팩스번호 알려주면 1분 만에 나온다. 사전투표도 아무 데서나 되던데 이런 나라가 있을까? 우리는 민원서류를 어디서 검토하는지 다 알 수 있다. 이런 것을 산업적으로 응용하는 것도 과제이다.

기술혁신은 메모리 반도체 수준에서는 최고 수준의 기술이다. 한국이 다 할 수 있고 속도가 중요하다. 일본은 매뉴얼로 하고 사고를 치지 않는다. 한국 기술자들은 계속 새로운 시도를 해서 나중에 큰 사고를 안 칠 길을 미리 터득한다. 독일 키몬다가 쓰러졌다. 베리드게이트라는 삼성과 하이닉스가 가지지 못한 우수한 기술이 있었다. 정말 좋은 제품을 가져다드릴 테니 두 달만 기다리라

고 했는데 시간을 못 맞추었다. 제품 출시를 앞둔 기업들은 기다
릴 수가 없었고 이 때문에 실패하게 된 것이다. 기술개발과 대량
생산이 가능해야 하고 팔 시장 확보에 성공해야 하는 죽음의 계곡
을 다 넘어야 하는데 속도는 정말 중요한 과제이다.

　사용 용도에 대해서 일부 사람 인터넷에 대해 치우쳐 있다는
점을 고쳐야 하지만 우리나라가 이 정도 갖춘 것도 충분히 자산
이다. 한국정부와 제조업3.0 전략은 잘 만든 작품으로, 2020년
까지 1만 개 회사 공장을 디지털화한다고 했다. 상당히 이 분야로
가야 한다. 무조건 디지털에만 투자하라는 것보다 안전 환경과 연
관된 투자도 늘려야 한다. 길게 보면 큰 부담으로 돌아오고 회사
의 생사가 걸려 있는 문제이다. 그것은 비용이 아니라 투자이다.”

　한국지멘스의 김종갑 회장은 산업부 차관을 지낸 관료 출
신이다. 그는 2007년 경영 위기를 겪고 있던 하이닉스반도체
를 4년여간 맡아 경영을 정상화시켜 SK그룹이 하이닉스를 인수
하도록 토대를 만든 주역이다. 그는 또 한 번의 도전에 나섰다.
2011년 한 번도 한국인을 대표이사로 임명하지 않은 한국지멘스
의 대표이사 회장을 맡아, 이후 한국지멘스는 아시아지역본부 2
개를 한국에 유치하고, 한국 투자를 크게 늘리는 등 공격적인 경
영을 이어가고 있다.

김홍국
하림그룹 회장

차별규제 없애야
기업생태계가 살아난다

하림 (주)하림 www.harim.com

김홍국 회장은 재밌는 이야기가 많다. 하림그룹은 병아리 10마리를 시작으로 국내 최대 양계 생산과 식품유통 그룹으로 우뚝 선 기업이다. 김 회장은 11세 때 축산업과 인연을 맺었다. 그는 외할머니에게 선물 받은 병아리 10마리를 정성껏 키운 후 그것을 판 돈으로 100마리를 다시 구입해 이를 되팔았다. 그런 식으로 해서 고등학교 때 이미 닭 4,000마리, 돼지 30마리를 길러 사업가로 성장했다. 지난 1978년 육계농장을 차려 꾸준히 성장해 1986년 지금의 (주)하림을 설립했다. 이후 육가공 부문 국내 최대 기업으로 성장과 성장을 거듭하면서, 천하제일사료 인수, NS홈쇼핑 설립 등 사업을 점차 확대해 나갔다. 닭고기와 육류부분으로 꾸준히 성장해 온 하림은 지난해 팬오션을 인수해 덩치를 한 번에 키웠다. 팬오션 인수는 유통망 확보와 비용 절감은 물론, 특히 하림이 절

대적으로 필요한 옥수수와 대두박 등 사료의 원료 공급을 원활히
하기 위한 전략에서 김 회장이 의지를 갖고 추진한 작품이다.

병아리 10마리로 시작해 하림식품을 설립한 지 30년 만에 계열
사 58개를 거느리는 대기업으로 성장한 김홍국 회장. 그의 신화
적인 이야기를 듣기 위해 우리 회원 중 장태평 전 농림수산식품부
장관의 주선으로 2016년 인간개발연구원에서 「차별규제 없애야
기업생태계가 살아난다」란 주제로 강연을 진행했다.

"올해 하림그룹이 대기업 집단에 편입되면 공정거래법 등 20개
법률에 걸쳐 35개 규제를 새로 받게 된다. 기업 규모에 따라 차별
적인 규제를 하는 현 상황에서는 기업가정신이 발휘되기 어려워
성장을 마냥 즐겁게만 볼 수 없는 상황이다.
중소기업이 중견기업으로 성장하면 58가지 지원이 중단되면서
동시에 16가지의 규제를 받고, 다시 대기업으로 성장할 때 35개
규제가 더해진다. 이 같은 상황에서는 기업의 규모를 키우기보다
는 현실에 안주하려는 '피터 팬 증후군'이 확산될 수밖에 없다."

하림이 2015년 해운업체 팬오션을 인수하며 자산이 증가하여
2016년 처음 재계 서열 38위로 대기업 집단에 포함됐을 무렵이었다.
오히려 하림그룹 내부에서는 '대기업 집단' 새내기가 되는 것에 대
해 우려의 시각이 짙었다. 대기업 집단으로 지정되면 일감 몰아주기,

상호출자 및 채무보증 금지 등 새로운 규제를 받게 되고, 당장 내부거래 비중도 줄여야 하기 때문이다.

"자유무역 협정 등 자유로운 교역환경을 조성해 주었으면 한다. 기업에 대한 규제도 경쟁국가와 동등한 수준으로 낮춰야 기업 간에 공정한 경쟁이 이뤄질 수 있다. 외국 기업이 받지 않는 규제를 자국 기업에만 가하게 된다면 결과적으로 경쟁국의 기업들이 국내 시장을 자유롭게 공략하도록 문만 열어주는 것이다.
우리나라는 중소기업에 대해서는 지원이 많고 대기업에는 규제가 많은 나라이다. 이 같은 차별규제가 기업 생태계를 교란시키고 기업들의 경쟁력을 떨어뜨린다."

김홍국 회장의 따끔한 지적이었다. 그는 이날 강연에서 기업가정신을 강조했다.

"한국에서 기업가정신이 사라져 가고 있다. 한국경제는 기업가정신 되살리기에 달려 있다. 차별규제가 사라져야 기업의 생태계가 건강하게 정상 작동되고 이를 토대로 기업가정신이 자생할 수 있다."

얼마 전 김홍국 회장이 프랑스 오세나 경매소에서 나폴레옹이 쓰던 모자를 26억 원에 낙찰받아 화제가 된 적이 있다.

그에게 어떻게 된 일이냐고 물었다.

"저는 '항상 안전지대에서 떠나는 사람'이라고 할 수 있다. 익숙한 현재에 머물지 않고 항상 미래를 향해 도전의 모험 길을 떠난다. 26억이라는 돈이 큰돈이기는 하지만 그 모자에 담긴 가치에 비해서는 싸다. 우리 회사는 나폴레옹의 도전정신을 샀다.

나폴레옹이 알프스를 넘을 때 식량이 닭고기와 계란이었다. 모자 모양과 닮은 수탉은 프랑스의 상징이다. 그런 인연도 있다. 모자 경매 일주일 전에 차 안 라디오에서 나폴레옹 모자를 경매한다는 소식을 들었다. 듣는 순간 '어, 저거 내가 사야 하는데…'라고 단순하게 생각했다. 복잡한 게 없다. 모자를 사다 놓고 '끊임없는 도전과 개선'의 정신을 늘 새롭게 하자고 다짐하기 위해서다. 사회적으로도 좋은 일이라고 판단했다. '마피아식 나눠 먹기', '규제 만들기' 때문에 도전의욕이 사라진 사회에 나폴레옹이라는 도전의 아이콘이 절실하다고 본 것이다. 세계 언론도 우리가 나폴레옹 모자를 샀다는 것을 집중 보도했다. 우리가 6개 나라에서 사업을 하는데 위상이 엄청나게 올라갔다. 모자를 새 사옥에 전시할 생각이다. 젊은이들, 학생들이 와서 보고 꿈을 갖는다면 돈으로 환산할 수 없는 기부가 되겠다고 기대한다."

그는 "이 세상은 기본적으로 경쟁이고, 경쟁하는 가운데 창의력이 나오고 발전한다. 뭔가 보장해 주면 좋을 것 같지만 보장과 보호 속에 창의력과 경쟁력은 없어진다. 자식이 어렸을 때는 업어줘야 한다. 예쁘다고 걸을 수 있는 나이가 됐는데도 업고 다닌다면 환갑 때도 못 걷는다. 동반성장을 이야기하지만 친형제 간에도 보장을 통한 동반성장은 실패할 가능성이 크다."라는 지론을 갖고 있다. 또한 항상 가족과 직원들에게 "단순하게 살라."고 강조한다.

"진리는 단순하다. 또 단순해야 효율이 나온다. 팔방미인은 없다. 우리 회사의 인사 철학은 적성과 훈련, 딱 두 가지다. 적성대로 배치하고 반복적으로 훈련한다. 그렇게 하면 모두 다 천재다."

김 회장이 기업을 하면서 가장 중요하게 여긴 것은 '인내'였다. 참고 극복하고 견뎌내는 것이었다. 무시당해도 참고 겸손해야 하며 어려움을 당할 때도 포기하지 말아야 하는 것이다.

김 회장의 인생을 살펴보면 정말 맞는 말이다. 11세 때 병아리 10마리로 시작해 오늘날 매출 7조 원이 넘는 굴지의 식품 대기업을 일군 그이지 않던가.

두상달

가정문화원 이사장,
한국기독실업인회
(CBMC) 회장

행복한 가정과
기업경쟁력

www.familyculture.net

    두상달 이사장은 섬유산업에 종사하면서 사업적으로도 성공한 분이다. 나와는 "대학생 선교회에 우리가 기여하자."라는 뜻을 같이하고, 1974년 필리핀에서 리더십 교육을 함께 받은 인연이 있다. 두상달 이사장과 부인인 김영숙 가정문화원 원장 모두가 인간개발연구원의 회원이다. 대한민국 1호 부부강사로 유명한 두 이사장은 사단법인 가정문화원을 세워 행복하고 건강한 가정을 만들어 가는 데 앞장서고 있는 가정행복 멘토다.

    이 부부의 강연은 만담 수준의 코믹함과 촌철살인으로 개그콘서트를 방불케 한다. 청중을 포복절도로 쓰러뜨리다가도 눈물 흘리게 하는 감동을 주는 강연으로 정평이 나 있다. 가정의 현실과 아픔 등을 실감 나게 이야기하며 시원한 해법을 전해 준다. 군부대, 대학의 젊은이들뿐 아니라 황혼 부부들까지 모든 세대에게 사랑받는 부부강사다. 기업특강 섭외 영순위 강사로 인생 후반기를 뜨겁게 살고 있다. 부부가 함께 결혼식 주례를 서기도 한다.

우리 연구원에서도 2004년 두 분을 초청하여 「행복한 가정과 기업경쟁력」이란 주제로 강연을 들었다.

"아파트광고에 '아내 같은 아파트, ○○아파트'란 말이 있다. 아내가 어떠한 이미지가 있어서 이러한 말을 광고에 쓰는 것일까? 과연 나의 배우자가 한마디로 나를 표현한다면 무엇이라고 표현할지 생각해 보라. 사모님들이 남편인 여러분에게 어떠한 이미지를 가지고 있을 것이란 생각이 드는가? '내 남편은 굉장히 자상해.', '정말 배려를 잘해줘.', '진짜 젠틀맨이야.' 이런 이미지를 가지고 있을 것인지, 아니면 '좁쌀 같고, 깐깐하고, 계속해서 잔소리만 한다.', '하루 종일 말도 없이 꿔다놓은 보릿자루 같다.'는 이미지일 것인지 생각해 보라.

일본에서는 '8기회'란 모임이 있다. 부도난 사람들이 '다시 한번 7전8기의 정신으로 일어나 보자.'라는 모임인데 모임을 열심히 하다 보니 공통적인 사실 한 가지를 발견했다. 부도나기 직전에 하나같이 각 가정에 심각한 문제들이 있었다는 사실이다. 그래서 이 사람들이 가정을 다시 세우는 운동을 하게 되었다.

내가 아는 후배 한 명이 벤처 기업을 아주 잘했다. 그런데 이렇게 잘나가던 회사가 몇 년 후에는 파산 직전에 이르렀다. 얘기를 들어봤더니 밤을 새우면서 제품개발을 하고 회사에 힘을 쏟은 덕분에 회사는 잘나가게 되었지만, 남편이 회사에서 매일 밤을 새우니 아내는 나름대로의 외로움에 가정을 돌보지 못한 것이다. 결국에는 가정이 파탄 났고 이 부작용이 회사에까지 미친 것이다. 창의성과 활력 등 모든 것을 잃어버린 결과 결국 회사가 부도에 이른 것이다.

지금 미국에서는 '건강한 가정이 기업의 경쟁력이다.'는 강의가 많이 이루어지고 있다. 그뿐만 아니라 건강한 가정은 나의 경쟁력도 되는 것이다. 아침에 아내로부터 키스를 받고 출근한 남편들은 보통의 사람들보다 연봉을 20~30% 더 받을 수 있다고 한다. 그만큼 정서적으로 안정되고 편안해지니까 창의력이 생기고 마음에 열심히 하겠다는 의지가 생기는 것이다. 내 마음이 행복하므로 이것을 여러 사람들에게 전해 줄 수 있고 그러다 보니 경쟁력이 높아진다는 것이다. 나이를 많이 먹은 사람들은 갑자기 아내가 키스한다면 생소하게 느껴질 것이다. 평소에 연습이 안 되고 습관이 안 된 탓이다.

『가정을 다시 시작한다』는 책이 있는데 지금까지 살아온 방법을 되풀이하는 것이 아니라 그중에 몇 가지는 바꿀 것이 있는 것이다. 20년 이상 살아온 부부들에게 '다시 태어나도 지금의 배우자와 다시 결혼해서 살겠는가?'란 질문을 했다. 재미있는 결과가 나왔다. 남편들은 80% 정도가 다시 살겠다고 한 반면에, 아내들의 80~90%는 다른 사람과 결혼하겠다고 했다. 아내들은 무언가 아쉽고 불만이 쌓여 있는데 남편들은 둔감하게 이것을 알지 못하고 있는 것이 한국 부부들의 현실인 것이다."

* 두상달 : 아내에게 하루에 세 번쯤 사랑한다는 말을 해주어라. 피곤에 지치고 짜증이 나다가도 남편에게 사랑한다는 말을 들으면 모두 사라지는 것이다. 우리는 작은 일의 중요성을 놓치고 지나갈 때가 많다. 때로는 갑자기 사 들고 들어온 장미 한 송이에 아내들은 감격한다. 나이 들어서 꽃을 들고 다니는 것을 쑥스럽게 생각하지만 여자들은 무척이나 좋아하는 것이다.

* 김영숙 : 한번 해 보라. 여러분 자신의 마음도 따뜻해질 것이다. 중요한 것은 아내에게 진정한 대화의 상대가 되어주는 것이다. 아내들은 커다란 것을 원하는 것이 아니라 조그마한 것이라도 표현해 주길 원한다. 표현하며 살자. 사랑한다는 표현을 자주 하길 바란다.

여러분은 여러분의 일생 가운데 가장 황금기를 살고 있다. 오늘보다 더 젊은 날이 있는가? 여러분의 일생 가운데 지금, 바로 오늘이 가장 젊은 날이다. 내 남편은 이 말을 젊어서 지금까지 계속해서 하고 있다. 여러 가지 어려움도 많았지만 이러한 격려로 인해서 오늘날까지 온 것이다.

기업을 경영하는 CEO이자 기아대책기구, 한국기독실업인회 등 여러 NGO 단체에서 봉사하고 있는 두상달 이사장은 늘 강조한다.

"기업 경영처럼 가정도 경영해야 한다. 행복한 가정이 개인의 경쟁력이고 회사의 경쟁력이다. 직원들이 행복해야 창의력이 나오고 아이디어가 생긴다. 생산성이 높아지고 능률도 오른다. CEO가 행복해야 직원들이 행복하다. CEO의 부부관계는 직원의 행복과도 직결되는 것이다. 직원들이 즐겁게 일하는 일터가 부흥한다. 그런 회사는 성장할 수밖에 없다. CEO들이 직원들의 가정을 챙겨주는 이유가 여기에 있다. 사회를 구성하는 최소 기본단위는 '가정'이다. 사회에서 성공의 시발점은 가정이다. 가정은 삶의 휴식처일 뿐 아니라 힘의 충전소다."

한국기독실업인회를 이끌고 있는 두상달 회장은 2017년 제44차 한국대회를 충남 논산훈련소에서 개최하여 주목을 받았다. 두 회장은 "대한민국을 지키는 방패이자 한국교회의 미래를 이끌어 갈 청년세대를 품기 위해 이번 대회를 육군훈련소에서 진행했다."면서 청년들에 대한 사랑과 관심을 보여주었다.

문국현

한솔섬유 사장,
전 유한킴벌리 사장

창조한국의
기회와 과제

HANSOLL *textile*
Tailoring to Your Comfort   www.hansoll.com

  유한킴벌리 신화의 주인공인 문국현 사장은 유한킴벌리를 이끌며 파격적인 4일 근무제와 300시간의 양질의 교육과정, 상향식 경영철학, 8개 사업분야 시장점유율 1위라는 금자탑을 쌓아 올렸다. 그는 항상 "강한 기업의 비결은 다름 아닌 사람 존중"이라는 신념으로 평생교육제도를 만들어내고, 유한킴벌리를 가장 근무하고 싶은 직장으로 키워냈다. 실제로 유한킴벌리는 노조와 정보공유, 평생학습, 투명경영으로 사람존중 경영을 실현했다. 직원들이 즐겁게 일하면서 생산성이 자연스럽게 올라가니 강한 기업이 될 수밖에 없었다.

  문 사장은 우리 연구원과도 각별한 인연을 맺고 있는데 2001년, 2007년, 2009년 총 3회에 걸쳐 「기업의 사회적 책임과 경영혁신」, 「창조한국의 기회와 과제」, 「미래의 한국사회를 위한 드러커 솔루션」 등을 주제로 강연했다.

기업의 사회적 책임과 경영혁신

기업이 커뮤니티와 가치를 공유할 때 인적자원에 의한 지식경영 못지않은 사회적 지지를 받을 수 있다. 유한킴벌리가 이를 위해 해 온 일이 바로 "우리강산 푸르게 푸르게"라는 캠페인이다. 이 사업을 처음 시작한 이후 10년간 우리는 정부에 벌금을 내왔다. 정부 땅에 나무를 왜 심느냐 하는 것이 그 이유였다. 그에 대한 비용처리를 해주지 않았던 것이다.

그 후 1994년 김영삼 정부가 들어서고 NGO의 역할이 증대되면서 손비산입이 되기 시작했다. 그 운동이 1998년 '생명의 숲 국민운동'으로 변화되었다. 아직도 3만여 명의 사람들이 숲 가꾸기 공공근로 사업에 참여하고 있다. 그리고 동북아 산림포럼, 평화의 숲 국민운동, 생태산촌 만들기, 녹색자금, 자연신탁 국민운동 등 여러 형태의 사업을 하고 있다.

이 운동을 위해 우리 회사에서는 연간 40~50억 원 정도의 돈을 지원한다. 이 정도의 자금으로도 사회 구석구석에 환경에 대한 세계적인 관심을 유도하는 역할을 할 수도 있다.

숲이 저절로 된 나라는 한 곳도 없다. 독일의 흑림도 1806년 보불전쟁 이후 조성된 것이다. 미국의 주립공원들도 대공황 이후 시민자연보존단ccc에 의해 만들어질 수 있었다. 얼마나 많은 사회지도층이 함께해 주는가의 여부가 성공의 열쇠라고 생각한다.

창조한국의 기회와 과제

34년 동안 정들었던 유한킴벌리, 유한양행, 유한학원, 그리고 킴벌리클라크 등 많은 사업체를 떠나오기가 사실 쉽지 않았다. 특히 킴벌리클라크의 아시아 사업들은 이제 막 성장하는 중이었다. 내가 맡은 이후로 중국 사업본부의 경우 과거 마이너스 성장에서 연 40%씩 성장해서 매출액이 4배가 됐다. 마이너스 성장을 하던 기업을 맡아서 매년 40%씩 성장하니까 중국에 정말 기회가 많구나, 전략만 잘 세우면 중국에서 1조 매출액 올리는 것은 쉽겠다는 생각을 하면서 중국, 러시아, 일본 등에 매달려 있었다. 1년에 120~150일을 주로 해외에서 보냈다.

부패는 우리 대한민국을 미래로 나가지 못하게 하고 고립시키는 가장 큰 죄인이라고 생각한다. 부패를 이제 더 이상 우리가 용납하지 않는다면 한국에 큰 기회가 있을 것이다. 사람은 3대 기회 즉 일자리 기회, 학습의 기회, 가장 값싸고 효과가 큰 문화·복지의 기회만 있으면 참을 수 있다고 한다. 꿈을 가질 수 있기 때문이다.

사람 중심의 진짜 경제를 여러 선생님과 함께하고 싶다. 나도 얼마 전까지 여러분들과 함께 기업에서만 일하고 싶었다. 특히 유한의 유일한 박사님의 후계자로 유한고등학교와 대학을 맡고 있었기 때문에 유한을 떠나오는 것은 정말 어려운 결정이었다. 킴벌리클라크의 아시아 회장을 하면서 15억 5천 명의 소비자와 뒹굴던 아시아시장을 내놓는 것도 사실 한국인으로는 드문 일이었기 때문에 아쉬운 일이었고, 34년간 정든 유한을 떠나는 것은 정말 하기 싫은 일이었다. 그러나 젊은이들의 절규, 고립화되어 가는 대한민국, 이제 중국화가 급속히 진행되고 있는 북한, 더 이상 북한을 중국의 손에 놔둔다는 것이 얼마나 큰 위험일 수 있는지, 한국에 얼마 남지 않은 기회를 버리게 되는 일은 아닌가 걱정을 많이 했다. 여러 CEO와 함께, 우리 국민과 함께 대한민국을 재창조해서 전 세계가 존경하는 품격 높은 새로운 대한민국을 창조하고 싶다.

미래의 한국사회를 위한 드러커 솔루션

흩어져 있던 우리 경제 주체들을 누가 하나로 뭉칠 것인가? 기업의 지식을 가지고 지속적인 혁신을 해나가는 그런 대한민국을 만들어야 한다고 본다. 그러기 위해서는 국회와 정부가 과감히 혁신을 해야 한다. 그러려면 독일의 앙겔라 메르켈 수상이 말했듯이 '창조적 정부론'이 사회적으로 받아들여져야 한다. 정경유착이나 학연, 혈연, 지연에 의존하는 경제가 아니라 그것을 완전히 버린 투명한, 그리고 정정당당한, 책임 있는 창조적인 정부와 국회를 만들어 갈 때, 그것을 가능하게 하는 사회적 대타협을 이뤄 나갈 때, 이 3섹터가 결국은 지식을 공유하고 비전을 공유하고 가치를 공유하면서 이 사회를 변혁시켜 나갈 것이다.

결국 모두가 변해야 한다. 부모님이 바뀌면 자녀들이 바뀌고 부모님들의 걸음걸이, 목소리를 자녀들이 이어받듯이 사회적 유전자라는 것은 지도층에 의해서 좌우된다. 우리 사회에 지도층들이 군림하는 자세에서 벗어나고 환경과 어떤 사회적 투명성, 책임성에 가장 앞선 사람들이 학습을 통한 지속적 혁신의 선봉장이 될 때, 결코 학연이나 지연 등 유착에 의지하지 않고 정정당당하게 학습과 지속적 혁신, 기업가정신, 창조적 경제를 이뤄나갈 때 우리 지도층도 존경받고 우리 대한민국의 일자리에 대한 희망, 또 젊은이들이 가정을 꾸릴 수 있는 희망, 지속 가능한 사회가 가능해지리라고 본다.

문국현 사장은 지난 1974년 유한킴벌리에 입사한 후 1995년부터 2007년까지 대표이사 사장을 역임했다. 유한킴벌리의 CEO로서, 34년간 NEW WAY 운동을 통해 유한킴벌리를 가장 존경받는 기업이자 세계적 경쟁력을 갖춘 기업으로 변화시켰다.

이후 자신이 지닌 모든 에너지를 대한민국을 바꾸는 일에 헌신하고자 유한킴벌리의 CEO에서 내려와 지난 2007년 17대 대통령 선거에 출마했으며, 다음 해 18대 국회의원에 당선된 바 있다. 현재는 다시 경영에 복귀하여 한솔섬유 사장으로서 열정을 불태우고 있다.

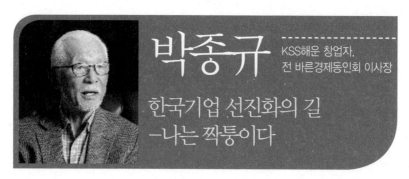

박종규 KSS해운 창업자,
전 바른경제동인회 이사장

한국기업 선진화의 길
－나는 짝퉁이다

㈜ KSS 해운 www.kssline.com

　바른 경제의 선구자이자 외고집의 소신파인 박종규 회장. 이분
은 일찍부터 비자금 한 푼 만들지 않고 투명경영을 실천해 오면서
모든 기업인의 귀감이 된 분이다. KSS해운 창업 과정에서부터 리
베이트 없고 비자금 없는 투명·정도경영 정신을 강조해 온 그는,
자녀에게 기업을 물려주지 않고 전문경영인 체제를 약속해 실천
해 오고 있다.

　나는 박종규 회장의 정직하고 원칙과 윤리를 지키는 기업가정
신을 존경한다. 내가 그분 회사에서 강연을 한 적이 있었는데 그
때 강연료 대신 받은 주식을 아직도 갖고 있을 정도이다. 이런 인
연으로 박 회장을 2010년 인간개발연구원에 초청하여 「한국기업
선진화의 길 － 나는 짝퉁이다」라는 주제의 강연을 들을 수 있었다.

"나는 어렸을 때부터 우상을 가지고 자랐다. 초등학교 때에는 교육자 페스탈로치가 우상이었다. 고등학생이 되어서 슈바이처의 위인전을 읽으며 슈바이처 같은 의사가 되어 아픈 사람을 고쳐줘야겠다고 생각했다. 대학생이 되어서 하루는 신문을 봤는데, 유일한 박사에 관한 기사였다. 그 당시에 탈세가 없고, 사주조합을 두어 종업원이 모두 주주이고, 경영도 자식에게 물려주지 않는 모범적인 경영인이라는 생각을 가졌다. 그때부터 유일한 박사를 흠모하게 되었다. 내가 만약에 사업을 하게 된다면 유일한 박사의 10분의 1이라도 해야겠다는 마음을 먹었다. 그렇게 마음을 먹고 해운공사에서 10년 동안 월급쟁이를 했다.

이후 사업을 하게 되면서 1970년 내 나이 35세 때 지금의 (주)KSS해운을 만들었다. 그리고 내가 존경하는 유일한 박사처럼 기업을 크게 만들어 많은 사람을 고용하고, 돈을 벌어서 국가에 납세를 충실히 하고, 남은 돈이 있으면 사회에 환원해야겠다고 결심했다. 그래서 그분이 하던 것 중 종업원 지주제도를 정부가 법제화하기 전에 시작했다.

나는 처음에 석유화학 운반선 업체를 시작했다. 당시 70년대는 우리나라에 석유화학 운반선이 없었다. 특수한 배가 필요한데 우리나라에는 그런 배가 없어 일본의 배를 이용하고 있었다. 당시 한일합섬이 큰 화주였기 때문에 우리가 한일합섬의 수주를 하지 못하면 우리 배가 존재할 필요가 없었다. 한일합섬에 5년간 장기

계약을 하자고 하였다. 일본이 7달러를 달라고 하니 우리가 6달러 50센트를 하자고 했다. 한일합섬 실무진은 회장님이 결정을 안 하시니 나더러 회장을 직접 만나서 담판을 지으라고 했다. 그때의 나는 35세 나이에 사업을 한다고 배 한 척 빌려놓고, 국내의 재벌 회장에게 화물 계약을 하자고 덤벼드는 판이었다.

한일합섬 회장을 만나 일본 배보다 저렴하고 화물 테스트에도 합격했으니 저희 배를 이용해달라고 말씀드렸다. 묵묵부답이던 그가 일본에 리베이트를 받고 있는데 운임이 같다며 같은 조건으로 해달라고 하였다. 유일한 선생님의 원칙이 무너질 상황이었다. 나는 큰맘을 먹고, 회장에게 운임을 깎아드릴 테니 리베이트는 없애자고 하였다. 그러면서 '내 회사는 직원까지 주주이다 보니 우리 중역 모르게 리베이트를 줄 수도 없고, 중역이 알면 직원이 알고, 현장 직원이 알게 되면 회장이 리베이트 받는 것을 모든 직원이 알게 될 것이다. 그러면 회장의 체면이 어떻게 되겠느냐?'고 하였다. 그래서 운임을 더 깎아드릴 테니 리베이트 없이 가자고 하였다. 당시 해운회사는 리베이트가 존재하는 세상이었다. 결국 설득당한 회장이 얼마에 해주겠냐고 물어 6달러 20센트에 하자고 했더니, 바로 계약하라는 지시를 내렸다.

덕분에 우리 회사는 장기계약을 하게 되었다. 나는 당당하게 회사에 돌아와 오늘부터 우리 회사는 리베이트라는 것은 용납 안 하겠고, 영업을 하더라도 현금은 가져다주지 말라고 하였다. 중역들은 난리가 났지만, 내가 장기계약을 체결했기 때문에 앞으로도 회사 운영방침은 리베이트 없이 가겠다고 하였다. 당시 우리 회사의 중역은 해운공사에서 왔는데, 대부분 리베이트 문화에 젖어 있었다. 그래서 여러 가지 방법으로 리베이트 주려는 것을 자꾸 못 하게 하다 보니 시간이 흐르면서 리베이트 주지 않는 문화가 정착하게 되었던 것이다.

사업이라는 것은 인사권 문제와 자금권 문제가 핵심이다. 그래서 자금 문제를 어떻게 하느냐가 제일 중요하다. 그것을 할 수 있는 사람만이 사장을 할 수 있다. 은행에 가서 신용으로 몇십 억원 정도 받을 수 없는 사람에게는 사장을 물려줄 수 없다고 생각했다. 그래서 나는 은행에 절대 가지 않고, 부사장에게 은행에 가도록 지시했다. 적자가 나서 40억 원이 부족할 당시 담보도 없이 은행을 다니며 꾸어오는 미션을 주었었다. 부사장이 그런 문제까지 해결하는 능력을 파악하고 나이 60이 되는 해에 나는 회장이라는 타이틀로 물러났다.

내가 유일한 선생의 짝퉁 노릇을 하려고 애를 썼지만 하나 못한 것은 유일한 선생처럼 큰 회사를 만들어 많은 사람을 고용하는 것인데, 나는 작은 회사로 끝냈다. 그리고 지금도 작은 회사이다. 하지만 상장은 시켰다. 그리고 또 하나는 작은 회사여서 많은 돈을 못 벌어 사회 환원을 할 수가 없었다. 그래서 나는 내가 가지고 있는 회사 주식의 대부분을 회사에 남겨주기로 결심했다. 그렇지 않으면 세금으로 대주주가 없어져 경영권이 위험해지기 때문이다. 깨끗한 회사가 더럽혀지면 안 되니까."

박 회장은 1993년에 30명의 회원을 모아 재경부 산하 사단법인 바른경제동인회 창립을 주도했다. 당시 박 회장이 초대 이사장을, 조순 전 경제부총리가 초대 회장을 맡았다. 김재철 동원그룹 회장, 김정문 알로에 회장, 윤창의 광림기계 회장, 풀무원 이승우 회장, 이맹기 대한해운 회장, 최태섭 한국유리 회장 등 기업인들이 다수 참여했다. 창립 이후 24년째 바른경제동인회가 안팎의 유혹에 흔들리지 않고 제 몫을 하고 있는 데는 창시자인 박 회장의 역할이 절대적이었다고 해도 과언이 아니다.

코스피 상장사인 KSS해운은 가스화물과 케미칼화물 운송에 집중해 해운업의 불황에도 흑자경영을 하고 있는 알짜 기업이다. KSS해운은 여느 기업과 다른 제도가 많다. 사장 입후보나 선거운동이 없다. 그리고 노사분규가 없다. 또 하나, 이익공유제에 의한 임직원 배당금제를 도입했다. 비자금 안 만들고 노사분규 없는 KSS해운을 창립하고 지금까지 바른경제동인회를 이끌어온 박종규 회장은 일찍부터 투명경영과 경영권 상속배제를 실천해 온 윤리경영의 선구자격이다.

손경식
CJ그룹 회장,
전 대한상공회의소 회장

창의와 혁신으로 만들어가는 글로벌 경쟁력

 www.cj.net

손경식 회장과 내가 알고 지낸 것은 그의 삼성그룹의 안국화재 CEO 시절부터였다. 결정적으로 가깝게 지내게 된 것은 손 회장께서 한·러친선협회 회장을 맡게 되면서다. 유종하 회장^{전 외교부장관}께서 적십자 총재직에 취임함에 따라 손 회장을 후임으로 모시고, 나는 이사장직을 연임해서 맡게 되었다.

그 후 지금에 이르기까지 러시아의 이스타통신 이그나텐코 사장^{러·한친선협의회}이 중심이 되어 교류해 왔고, 한·러친선협회가 한국 삼보연맹^{회장 문종금}을 후원하여 한·러 간의 삼보스포츠대회 행사를 추진해 왔다. 또한 러시아의 푸틴 대통령의 가까운 친구인 서스티코프 회장을 중심으로 러시아 지도자들과 교류하며, 민간 차원에서 한·러 관계를 깊게 하는 데 함께 노력해 오는 중이다.

손경식 회장은 68년 삼성전자 근무를 시작으로 삼성화재 이사를 거쳐 77년 삼성화재 사장에 취임하면서 CEO의 길을 걷기 시작했다. 삼성화재 부회장과 CJ 부회장을 거쳐 95년 CJ그룹 회장에 취임해 오늘에 이르는 동안 40년간 CEO로 활동 중이다. 2005년부터 2013년까지 대한상공회의소 회장으로 활동하면서 한국기업의 성장과 발전에 기여했다.

이러한 인연으로 2010년 인간개발연구원 강사로 초청되어 「우리나라 중소기업의 나아갈 방향」이란 제목으로 강연을 한 바 있고, 얼마 전에는 나와 직접 「창의와 혁신으로 만들어가는 글로벌 경쟁력」이란 주제로 대담을 나누었다. 글로벌 경제위기를 돌파할 방법과 함께 위기 이후를 대비하는 경영의 지혜에 대해 나눈 내용을 소개한다.

Q. 세계적인 경기침체로 기업들의 어려움이 큽니다. 이런 때일수록 기업의 위기대처 능력이 필요한데, 어떤 점에 중점을 둬야 할까요?

A. 위기일수록 CEO가 탁월한 리더십을 발휘해야 합니다. 국내외 경제동향이나 관련 산업의 시장동향을 파악하고, 그 변화를 예측해서 전략적으로 대응해 나갈 수 있어야 하죠. 아울러 원가절감과 생산성 향상, 구조조정 등을 통해서 기업의 경쟁력을 강화해야 합니다. 재무구조의 건전성을 유지하는 것도 필요합니다. 특히, 어려운 때일수록 새로운 제품과 서비스를 끊임없이 개발해 나가는 창의와 혁신의 조직문화를 이루는 것이 중

요합니다. 위기라고 해서 R&D를 소홀히 해서는 안 됩니다.

Q. 회장님께서도 40년간 CEO를 역임하시면서 힘들었던 시기가 있었을 것 같은데, 어떻게 극복하셨습니까?

A. 나이가 많든 적든 기업, 그리고 CEO는 항상 새로운 것을 찾아 나서야 합니다. 과거에 했던 것만 고집해서는 발전할 수 없어요. 늘 그런 마음으로 살다 보니 어느새 40년이라는 세월이 흘렀네요. 물론 1998년 외환위기가 왔을 때 CJ에도 어려움이 많았습니다. 하지만 현금 중시 경영과 기업 구조조정을 하면서 어려웠던 시기를 잘 극복했던 것 같아요. CJ그룹은 지금도 늘 새로운 분야를 개척하기 위해 노력하고 있습니다. 엔터테인먼트 사업 분야가 대표적이라고 할 수 있죠.

Q. 최근 쌍용자동차 사태가 일단락되긴 했지만 노사문제가 늘 기업경쟁력 강화에 걸림돌이 되고 있습니다. 노사안정을 위한 제언 한 말씀 해주시죠.

A. 우리 기업이 발전하고 글로벌 경쟁력을 갖추기 위해서는 무엇보다 노사문제를 안정적으로 해결해야 합니다. 이를 위해 CEO는 노사관계에 있어 원칙을 지켜나가는 게 가장 중요해요. 경영권에 대한 침해나 무노동 무임금 원칙에서 벗어나는 노조의 부당한 요구에 양보해서는 안 됩니다. 원만한 노사관계는 노사 간의 상호이해와 신뢰에서 나옵니다. CEO는 필요하다면

회사경영 상태를 근로자들이 이해할 수 있도록 경영정보를 공개하고 근로자가 협조할 수 있도록 유도하는 것이 필요해요. 근로자도 회사 발전을 위해 협조할 것은 협조해야 합니다. 정부도 폭력이나 불법파업, 정치파업에 대해서는 법과 원칙을 엄정하게 적용함으로써 바람직한 노사관행 정립을 위한 제반 환경을 조성하는 것이 중요하다고 생각합니다.

Q. 청년실업이 심각합니다. 대학진학률은 세계 최고 수준인데, 양성된 인력을 사회가 흡수하지 못하고 있습니다.

A. 청년실업이 심각한 사회문제이긴 한데, 사실 그전에 무조건 대학을 나와야 한다는 우리의 생각이 바뀔 필요가 있습니다. 물론 쉬운 일은 아니죠. 하지만 제도적으로도 그렇고 대학을 나오지 않아도 우대받는 문화를 만드는 데 노력해야 합니다. 대학들도 그 학교만이 가지고 있는 특성 있는 대학으로 거듭나야 해요. 모든 대학이 다 똑같을 필요는 없는 겁니다.

Q. 회장님께서는 저희 연구원 활동에 관심을 갖고 발전을 위해 많은 도움을 주고 계십니다. 연구원 모토이기도 한 '인간개발'에 대한 고견과 함께 연구원에 대한 제언 한 말씀 부탁드립니다.

A. 지난 6월 1,600회 인간개발경영자연구회 조찬강연회를 맞이해서 축하의 자리에 참석했던 기억이 새롭네요. 인간개발연구원이 오랜 세월 동안 기업인들의 능력개발과 교류를 위해 애

써온 점은 우리나라에서도 매우 드문 일이며, 그 업적은 높게 평가받아 마땅합니다. 현역 CEO, 임원들에게 새로운 시야를 열어주고, 시대적 문제 제기와 방향을 제시하는 일은 정말 대단한 일입니다. 오늘날과 같은 지식기반 사회에서 기업경쟁력의 원천은 핵심인재이며, 인재를 발굴하고 육성하는 것이 무엇보다 중요하다는 점을 강조하고 싶어요. 이를 위해 연구원이 지금까지 해온 것처럼 앞으로도 우리 기업인들이 끊임없이 혁신하고 발전할 수 있는 기회를 지속적으로 마련해 주시기 바랍니다.

손경식 회장은 CEO라면 늘 새로운 것을 추구하고, 정확하게 상황을 분석하고, 미래를 전망하고, 기회를 활용할 줄 알아야 한다고 강조한다. 창의와 혁신의 조직문화를 만드는 것도 중요하다. 그런 CEO가 리더십을 발휘할 때 기업의 경쟁력도 확보된다는 것이 손 회장의 지론이다.

신창재 교보생명 회장

변화혁신과
비전경영

KYOBO 교보생명 www.kyobo.co.kr

　신창재 회장은 서울대 의대 교수에서 보험사 경영자로 변신해 18년째 교보생명을 이끌고 있는 특이한 경력의 소유자이다. 예정 밖의 경영 참여였으나, 성과는 놀라웠다. 신 회장은 외환위기와 글로벌 금융위기라는 두 번의 험난한 파고 속에서도 교보생명의 내실 성장을 주도하면서 100년 장수기업의 토대를 탄탄히 다졌다. 취임 당시 2,500억 원이 넘는 적자를 기록했던 교보생명을 흑자경영으로 전환시키고 생명보험 업계에서 금융 전문기업으로서 두각을 나타냈다. 2016년 총자산이 92조 원을 기록하면서 100조 원 달성을 눈앞에 두고 있을 정도로 성장했다. 철저한 리스크 관리와 생명보험업의 특성을 중시한 안정적인 자산운용, 고객 중심 경영의 결과였다. 이런 공로를 인정받아 신창재 회장은 10번째로 100대 CEO에 선정되는 위업을 달성했다.

나와는 특별한 인연을 갖고 있는데 2005년 일본 암보험협회 오다케 요시키 회장을 비롯한 관계자들이 한국을 방문했을 때 신 회장을 초청하여 「변화혁신과 비전경영」이란 주제로 교보생명의 앞으로의 비전을 설명하는 자리를 마련하게 되었다.

"이 자리에 초청된 것을 영광으로 생각한다. 나는 산부인과 의사를 하다가 보험 경영 쪽으로 접어든 희한한 케이스이다. 대기업의 회장이라는 역할은 성과를 만들어 내야 할 책임이 막중하다. 책임이 있기에 주어진 권한 또한 막강하다. 그래서 회장의 일거수일투족이 중요하다. 한 가지의 의사결정이 잘되면 긍정적인 효과와 파괴력이 있지만, 잘못하면 회사가치를 파괴하고 조직원 간의 신뢰를 깨뜨리는 심각한 부작용을 초래한다.

교수사회에서 농담 삼아 하는 말로 '교수와 거지는 비슷하다.'는 말이 있다. 교수가 늘 손에 무엇을 들고 다니는 것이 거지와 비슷하다는 것이다. 거지와 교수는 한번 되기가 어려워서 그렇지 되기만 하면 그럭저럭 먹고산다는 공통점도 있다. 또 하나의 공통점은 얻어만 먹고 감사할 줄 모른다는 점이다. 박봉이라 얻어먹는 게 습관이 되어 있다는 뜻이다. 또 이직과 전직이 어렵다. 직장을 바꾸거나 업을 바꾸었을 때 실패할 가능성이 크다는 말이다.

나는 업을 바꾸고 직장도 바꾸었다. 엄청나게 힘들었고 실패도 많이 했고 공부도 많이 하려고 했다. 공부하는 것은 힘들지 않았는데 내가 교수라는 직업을 가지고 있었기 때문이다. 그러나 워낙 새로운 분야였고 그래서 배우려는 노력을 많이 했지만 실패도 많이 하였다. 그 모든 것들이 여러분들에게 전달하고자 하는 내용이다.

교보생명의 변화·혁신 과정을 이야기하겠다. 변화·혁신이라고 하는 것은 변화 관리를 통해서 잘해야 한다. 우리가 2000년에 변화·혁신을 시작했다. 그리고 우리가 도달하고자 하는 것은 생산성이 더 높아진 회사가 되는 것이었다. 즉, 계속 생산성이 높아진 상태로 성장 발전하는 회사가 되는 것이었다. 변화·혁신을 시작하면 항상 초기에 갈등이 있고 슬럼프가 있다. 그래서 변화·혁신을 안 할 때보다 생산성, 성과 내는 것이 떨어지는 단계가 온다. 변화 관리를 잘하지 못하면 통곡의 계곡으로 빠져서 회사가 망하는 수가 있다.

예를 들어 외과 의사가 병든 조직을 떼어낸다고 여러 군데를 떼고 보니까 수술은 잘됐는데 환자가 죽었네 하는 변화·혁신을 하면 안 된다. 수술은 떼어내는 것 자체가 목적이 아니라 환자를 빨리 회복시키는 데 있다.

변화·혁신도 과거의 모든 걸 뒤집는 자체에서 끝나면 되는 게 아니라 그것을 통해서 빨리 바닥을 치고 그 조직체의 건강을 빨리 회복시키는 데 있다. 즉 생산성을 빨리 개선시키는 데 있다. 우리 사회의 많은 변화·혁신을 보면 생산성을 향상시키는 데 중점이 있지 않고 판을 엎는 데 중점이 있지 않나 걱정을 많이 한다.

그래서 변화 관리의 궁극적인 모습은 교보생명이 지금보다 더 생산성이 높은 회사가 되는 데 있다. 모든 회사, 모든 조직이 다 그렇다.

비전은 회사가 무엇을 보존하고 무엇을 변화시켜야 하는가에 대한 기준이다. 우리가 달성하고자 하는 미래의 모습이다. 따라서 비전은 추상적인 외침도 일방적으로 제시되는 지침도 될 수 없다. 모든 구성원이 인정하고 공유하는 가치여야 한다. 교보인의 비전 만들기 작업은 전 교보인의 참여 속에 3단계로 진행되었다.

첫 단계는 비전의 필요성 인식이다. 먼저 사원, 대리, 지점장, 본사팀장을 대상으로 재충전 아이디어 미팅을 실시하여 285개의 기초어휘를 발굴하고 비전의 무한방향을 설정하였다. 두 번째는 개념의 이해 단계, 비전의 개념과 필요성, 참여의 중요성을 설명한 VTR 교재를 각 조직 편의별로 시청하고 의견을 수렴하는 시간을 가졌다.

세 번째는 비전을 구체화시키는 단계로 회사의 존재 이유와 교보인이 가져야 할 자세를 놓고 고민한 조직단위가 있다. 비전안 수립 토론회를 전사적으로 진행하여 전 임직원의 보다 심도 깊은 이해와 참여를 바탕으로 한 교보인의 비전이 되기 위해 연 376회에 걸친 1차 비전 간담회를 실시하였다.

비전이라고 하는 개념은 기업이 나아갈 바, 그리고 기업의 장기목표를 직원들과 투자자들, 고객, 기타 지역사회, 정부 등 이런 모든 이해관계자와 함께 공유하고 약속하는 개념이다. 특히 핵심

목적, 즉 우리 회사의 업의 본질이 무엇이냐 하는 것을 정의해야 한다. 교보생명인이라면 반드시 지켜야 할 우리의 신조를 밝혀야 한다. 그리고 회사가 미래에 어떤 회사가 되어 있어야 한다는 것을 확실히 밝혀야 한다. 이런 체계를 만들었고 이것을 전 조직원들 간에 공유하기 위해 노력하고 있고 2001년 말부터 계속 공유해 왔다."

2017년 교보생명 창립 59주년을 맞이한 신창재 회장은 올해 경영방침을 "반걸음 앞서가는 상품·채널 혁신"으로 정하고 생명보험 본연의 가치인 '고객보장'을 확대하는 데 역점을 두고 있다. '상품혁신'은 탁월한 가치경쟁력을 갖춘 상품·부가서비스 개발을, '채널혁신'은 모든 고객 접점의 서비스 역량과 품질을 혁신해 고객 만족도를 더욱 높이겠다는 의미다.

이에 따라 교보생명은 고객의 선택 폭을 넓히고 다양한 고객 요구에 부응할 수 있도록 건강·의료·장기간병 등 특화상품 개발에도 적극적이다. 자산운용 측면에서는 미국의 금리인상 등 금융시장의 불확실성이 커지는 만큼 시장변화에 대한 자산운용 대응력을 강화한다는 전략이다. 채권 등 기존 보유자산의 수익률 제고에 힘쓰는 한편, 해외 자산·수익성이 양호한 대체자산 등을 지속적으로 발굴해 나갈 계획이다.

심갑보
삼익THK 상임고문

평생 학습하는 CEO

 삼익THK www.samickthk.co.kr

젊은 시절 대학교수가 꿈이었던 심갑보 고문은 우연찮게 삼익 THK와 인연을 맺어 대표이사 사장과 대표이사 부회장을 지내고, 지금은 상임고문으로 재임하면서 평생의 과업이었던 노사문제 전문가로서 한국경총 부회장, (사)노사공포럼 공동대표를 역임하고 현재까지 중소기업의 노사관계, 인재양성 등 경영지도에 여념이 없다.

심 고문은 우리 연구원에도 열정적으로 참여하여 예리한 질문도 자주 하고 항상 메모하면서 공부도 열심히 한다. 그의 배움에 대한 열정은 뜨겁다 못해 데일 정도이다. 이러한 그를 찾아가 2003년 당시 양병무 원장이 「평생 학습하는 CEO」란 주제로 대담을 나누었다.

심갑보 부회장은 평생 각종 세미나를 열심히 쫓아가 녹화하면서 공부하는 '세미나광(狂)'이란 별명까지 얻은 원로 기업인이다. 심부회장은 40여 년간 이런 행사에 6천여 번 참석했다. 한 해에 1백 20번, 사흘에 한 번꼴이다. 그는 배움에만 부지런한 것이 아니다. 배운 것을 그대로 실천하는 것으로도 유명하다. 강좌나 세미나를 통해 얻은 지식이나 최신 정보를 흘려버리지 않고 회사경영에 그대로 반영, 교과서적인 정도경영을 하여 귀감이 되었다.

Q. 부회장님께서 몸담고 계시는 삼익THK는 경영인들 사이에서는 상당히 알려진 업체이지만 일반인들에게는 생소한 면이 있습니다. 삼익THK에 대한 소개 좀 해주시죠.

A. 저희 삼익THK는 1960년 대구에서 설립된 회사입니다. 초창기에 종업원 8명과 줄쇠를 가공하는 생산도구 생산을 시작으로, 70년대에는 당시 히트상품이었던 삼익쌀통을 생산하고 80년대에는 공장자동화 부품 메이커로 사업영역을 확장해 왔습니다. 지금은 일본의 THK(주)와 합작 및 기술도입을 통해 '직선운동 베어링'을 국산화했습니다. 현재 삼성전자, 현대자동차, 르노삼성자동차 등에 부품을 납품하고 있으며 인공위성이나 위성 발사 시 필요한 부품을 개발 중에 있어 향후에는 IT산업 분야의 핵심부품 공급자로서 확고한 위치를 견지한다는 계획입니다.

Q. 부회장님께서는 정치학을 공부하시고 졸업 후 대학강사로 재직하신 경험이 있으신데요. 어떻게 경영자의 길을 걷게 되셨는지 그 배경에 관해서 설명해 주시겠습니까?

A. 제가 처음부터 경영에 뜻이 있었던 것은 아닙니다. 대학에서 정치학을 공부하고 64년에 대학강사로 재직하면서 교수가 되고자 했습니다. 그런데 건설업을 하시던 부친의 갑작스러운 작고로 가업을 잇지 않을 수 없었습니다. 하지만 정치학을 공부한 제가 토목이나 건설에 대해 아는 것이 없었죠. 그래서 1년 만에 토목기술자 2급 자격증을 취득했고, 70년에 삼익THK의 전신인 삼익공업에 상무이사로 새 출발하면서 경영에 참여하게 되었는데, 이때부터 고대경영대학원에 입학하여 경영자로서 기초를 닦게 된 것입니다.

Q. 항상 학습하는 모습으로 경영에 임하시다 보니 많은 도움이 될 것 같은데요. 부회장님께서 공부하신 내용을 경영에 접목시켜 도움이 된 사례들을 소개해 주시겠습니까?

A. 여러 세미나에 참석하면서 공부를 하는데, 공부한 것만 가지고 그쳐버리면 학습할 필요가 없다고 생각합니다. 이것을 우리 기업에 어떻게 적용을 할 것인가 하는 것이 중요합니다. 물론 100% 우리 것으로 만드는 것은 쉽지 않습니다. 변형을 하고 가미를 해서 사용을 하는 것이죠. 현재 사용하고 있는 '채권관리기법'도 그렇게 힌트를 얻어서 사용하는 것이고, 삼익

THK가 업종 변경을 하게 된 것도 시대적 흐름에 따라서 노동집약적 산업은 경쟁력이 없다는 판단에서 비롯된 것입니다. 이 역시 공부를 하면서 얻은 지식이죠.

Q. 부회장님은 많은 공부를 하시다 보니 남다른 경영철학이 있으실 것 같습니다. 경영철학에 대해 말씀해 주시죠.

A. 뒷돈이나 비자금을 쓴 기업들은 결국 망한다고 생각합니다. '검은돈'을 썼다면 저희 회사도 여태껏 살아남지 못했을 겁니다. 경쟁력의 원천은 정도경영과 도덕성에 있다고 봅니다. 이것을 상실하면 안 됩니다. 저는 상무이사로 경영에 참여하면서 첫 번째로 '무자료 거래'를 금지했습니다. 세금 탈루를 목적으로 하는 무자료 거래는 많은 문제가 있어요. 경쟁사들이 비웃었지만 제 생각은 달랐습니다. 눈앞의 이익을 좇는 '비리경영'은 몰락의 지름길이라는 소신 때문이었습니다. 또 세무조사를 봐 줄 테니 성의를 표시하라는 요구, 납품업체들의 '떡값' 제안 등을 모두 거절했어요.

Q. 부회장님께서는 저희 인간개발연구원 회장단의 임원으로서 연구원 발전에 크게 기여하셨고 경영자연구회에 적극적으로 참여하심으로써 학습하는 경영자의 모범을 보여주셨습니다. 인간개발연구원에 대한 평가와 동시에 바람을 말씀해 주시겠습니까?

A 제가 인간개발연구원의 회원이 되어 꾸준히 활동한 지도 벌써

30년 정도 되었네요. 그동안 기억에 남는 좋은 강연들도 많았고, 개인적으로 공부하는 데 많은 도움이 되었어요. 그리고 매주 빠지지 않고 열리는 경영자연구회는 한 달 전에 미리 프로그램을 계획한다는 것이 큰 장점이죠. 또한 시대 조류에 맞는 강사진들이 자리를 빛내주시는 것은 다른 곳에서는 따라오기 힘든 인간개발연구원 40여 년의 역사에 대한 반증이라고 할 수 있습니다. 이렇게 인간개발연구원의 노력 덕분에 회원들은 정보와 지식을 전달받고 상호 간의 협조와 경험을 공유하면서 기업발전을 도모하는 것입니다.

그런데 우리나라 사람들은 어렸을 때부터 주입식 교육을 받았기 때문에 토론문화에 익숙하지 못하지요. 질문하는 것을 두려워하고 질문의 요지를 찾지 못하는 경우가 적지 않죠. 그래도 우리 회원들은 오랜 경험으로 인해서 연구회 때마다 토론의 분위기를 수준 높게 이끌어 가는 모습이 보기 좋습니다. 이처럼 좋은 모임이 앞으로 더욱 발전하길 빌면서 한 가지 바라는 것은 인간개발연구원의 경영자연구회가 우리나라의 토론문화의 정착은 물론 토론문화가 활성화되는 데 많은 기여를 해주셨으면 하는 바람입니다.

유상옥
코리아나화장품 회장

기업가정신과 정도경영

Coréana www.coreana.com

유상옥 회장은 1988년 55세에 코리아나화장품을 설립하여 화장품 업계에 도전, 창업 5년 만에 500대 기업에 올라 한국의 화장품 업계에 있어 전무후무한 대박을 터트린 분이다. 동아제약 공채 출신으로 동아제약 성장 발전에도 일익을 담당했으며, 이례적으로 공인회계사 자격증도 갖고 있는데 우리나라 화장품 산업을 발전시킨 화제의 인물이다.

유상옥 회장과 웅진그룹 윤석금 회장이 우리 연구원의 이종기 업동우회에서 만나서 뜻을 같이하여 차린 회사가 바로 코리아나화장품이었고, 이후 IMF를 맞아 유 회장이 독자적으로 경영하게 되었다. 유 회장은 여러 문화 활동에도 열정을 다하여 『화장하는 CEO』를 비롯한 7권의 경영서적을 출판하였고, 2003년 화장박물관과 코리아나미술관 스페이스 씨[space*c]를 만들었다. 또한 40여 년간 수집한 고미술품과 현대미술을 기반으로 각국에 문화재 전시도 하고 있다.

유상옥 회장은 55세에 정년퇴임한 후 코리아나화장품을 창업하였다. 1988년 자본금 1억 원에 4명의 사원으로 시작한 코리아나를 자본금 200억 원, 종업원 950명, 판매원 3만 5천 명에 4개의 계열사, 중국 현지회사를 가진 연매출액 3,800억 원, 부채 제로 경영, 세계 30개국에 수출하는 화장품 업계 초우량 기업으로 성장시켰다. 한국의 척박한 기업경영 환경에도 정도경영正道經營이 가능하고 산업화 시대가 끝나고 정보화 시대가 시작되는 서비스업에도 기업가정신Entrepreneurship에 의한 기업성장이 가능함을 입증했다.

2002년 당시 정진호 인간개발연구원 원장이 대담한 내용을 소개한다.

Q. 회장님께서 말씀하시는 정도경영의 초점과 기준은 무엇인지 말씀해 주십시오.

A. 요즘 기업경영은 투명경영이어야 한다는 얘기가 아닙니까? 과거에 기업인들이 여러 가지 산업화 과정에서 문제점을 야기하기도 하였지만 산업이 급속하게 성장한 것도 사실입니다. 공과가 다 있는데, 경제가 어려워지니까 잘못된 게 많이 나타났습니다. IMF 후에 엄청난 파장이 있었지요. 결국은 경영을 바르게 해야 합니다. 잘된 경영이 정도경영인데 그것을 투명경영이라고 합니다. 투명경영이 회계를 분명하게 하는 것이 아닙니까? 분석을 정확히 한다든가 있는 그대로를 나타내는 것입니다.

그것을 정도경영이라고 합니다. 경영의 성과를 거짓으로 분식
해서 잘 안 된 경영을 잘된 것처럼 꾸미면 죄악이라고 봅니다.
바르게 처리하고 납세해야지요. 감출 필요가 있느냐 하는 것
입니다.

Q. 코리아나화장품의 정도경영을 회장님은 어떻게 가르치고 계십니까?

A. 우리 코리아나 화장품에서는 제가 정도경영의 8가지를 다음과
같이 얘기하고 있습니다. 첫째는 좋은 상품을 만드는 경영, 둘
째는 좋은 사람을 기르는 경영, 셋째는 좋은 일터를 가꾸는 경
영, 넷째는 일을 바르게 처리하는 경영, 다섯째는 경영 기법에
앞서는 경영, 여섯째는 적정이윤을 창출하는 경영, 일곱 번째
는 법과 질서를 지키는 경영, 여덟 번째는 새로운 기업문화를
창출하는 경영인데, 이것을 실천하려고 노력하고 있습니다.

**Q. 회장님께서는 과거에도 납세에 관련된 상을 여러 번 받으셨고 기업
가로서 경영자로서 큰 상도 여럿 받으셨는데, 기업을 하는 사람이 회
사를 잘 운영하여 세금을 내는 것을 하나의 명예로 생각하시게 된
계기는 무엇입니까?**

A. 제가 경영 삼락三樂을 얘기하려고 합니다. 좋은 화장품을 많
이 만들어서 많은 여성들이 쓰고, 여성들이 아름다움을 추구할
수 있게 하는 것이 첫 번째 즐거움이고, 제가 전국의 280개 오피
스를 오픈해 놓고 거기에 3만 5천 명의 주부인력들이 나와서 일

을 하고 있도록 한 것입니다. 이렇게 더 많은 여성들에게 일자리를 주는 것이 두 번째 즐거움입니다. 3만 5천 명뿐만 아니라 5만 명, 10만 명이든 취업이 어려운 시기에 취업이 안 되시는 분은 저희 회사에 와서 일할 수 있습니다. 그리고 세일즈라고 하는 것이 편한 직업이 아니고 월급제보다도 성과급제이니까 자기 능력에 따라서 수입을 많이 가질 수 있거든요. 그런 인력에게 일자리를 많이 제공하는 것입니다.

다음 세 번째는 납세보국, 즉 세금을 많이 내서 국가·사회에 이바지하는 것입니다. 우리가 금년에도 5백억 원에서 6백억 원을 세금으로 내고 있습니다. 제가 창업하기 전에 은퇴해서 회사경영을 안 하고 쉬고 있었으면 무슨 세금을 내겠습니까? 말하자면 세금을 제가 일해서 만드는 것 아닙니까? 세금을 만들어 내는 게 연간 5백억 원에서 6백억 원 정도지요. 옛날에 경부고속도로를 만드는 데 5백 30억 원 정도 들었습니다. 그럼 우리가 1년에 내는 세금이 적지가 않은데 이것이 정말 즐거움 아닙니까? 그래서 이 세 가지를 삼락이라고 합니다.

제가 회계 전공도 했지만 불투명경영이라든가 세금을 내지 않고 경영을 편하게 만들 생각은 조금도 없습니다. 법에 정해진 대로 계산해서 내고, 기업을 키우는 만큼 세금을 더 내게 되니까 그게 즐거움 아닙니까? 그래서 세금을 많이 낸다는 것은 기업이 잘된

다는 얘기가 되기 때문에 즐겁게 생각하고 있습니다. 국가재정
은 세수로 이루어지는 것이니 세금을 많이 내는 것이 국가를 발
전시키는 역할입니다.

Q. 회장님께서는 저희 인간개발연구원의 모범적인 회원이시기도 한데, 공부하는 자세라든가 기업인들이 갖추어야 될 중요한 성품 등을 직접 모범을 보이시고 가르치시기도 하십니다. CEO가 공부하는 것을 얼마나 중요하게 생각하십니까?

A. 공자님 말씀이 학교에서 공부한 것으로 평생 써먹는 게 아니고
때때로 익혀야 된다고 하십니다. 때때로 익힐 수 있는 기회라고
하는 것이 책을 통해서 하든가 새로운 경험 학습을 해야 되는데
저는 인간개발연구원의 조찬회가 하나의 경영자 학습장이라고 생
각합니다. 거기에서 새로운 정보나 학습을 할 수 있는 기회가 돼
서 아침에 나가서 참여하는 것이 즐겁고 하루의 일과가 되고 있습
니다. 연구원에서 얻은 정보나 여러 가지 학습이 결국은 기업경영
에 커다란 역할을 하고 있습니다. 아시다시피 저는 인간개발연구
원에서 많은 걸 얻은 사람 중 한 사람입니다. 거기서 윤석금 회장
님을 만나서 창업을 같이 했습니다. CEO가 경영능력이 있다 하더
라도 경영할 주체가 있어야 한다고 생각합니다. 회사를 이끌어 가
는 데 자본적인 뒷받침이 되었기에 제가 경영능력을 발휘할 수 있
었습니다. 인간개발연구원에 남다른 애정이 있다고 생각합니다.

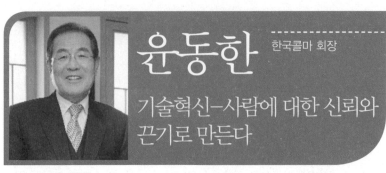

윤동한 한국콜마 회장

기술혁신-사람에 대한 신뢰와
끈기로 만든다

kolmar www.kolmar.co.kr

　　몇 년 전 일본에 있던 고려불화 수월관음도^{水月觀音圖}가 우리나라
로 돌아온 일이 있다. 이 보물을 구입해 국립중앙박물관에 기증한
이는 다름 아닌 윤동한 한국콜마 회장이었다. 기업가는 그저 이윤
을 창출하는 사람이 아니라 사회와 국가에 이바지하는 활동가라
는 사실을 윤 회장은 몸소 실천하고 있는 셈이다. '공부하는 CEO'
로도 유명한 윤 회장은 사람을 좋아하고, 일을 좋아하고, 배우는
일을 게을리하지 않는다. 윤 회장의 경영원칙은 느리지만 우직한
소걸음으로 천 리를 간다는 '우보천리^{牛步千里}'다. 이런 원칙 아래 한
국콜마는 놀라운 성장을 계속하여 주목받는 기업이 되었다.

　　윤 회장은 인간개발연구원의 이사로 있으면서 지금도 깊은 관
계를 유지하고 있다. 2008년 우리 연구원에서 「기술혁신 – 사람
에 대한 신뢰와 끈기로 만든다」라는 제목으로 강연했다. 그의 강

연은 늘 인간을 중시한다.

　한국콜마는 화장품과 의약품을 연구 개발, 제조하는 기업이다. 한국콜마의 기술로 탄생한 제품을 제조해 화장품 회사와 의약품 회사에 납품한다. 일반적인 비즈니스 모델과의 차이가 있다면 소비자를 대상으로 한 '직접 판매'가 없다는 점이다.

　한국콜마는 늘 우수한 품질의 제품을 생산하고자 기술 개발에 주력했다. 이런 노력을 인정받아 정부로부터 여러 개의 상을 받았지만, 2005년 4월 과학의 날에 과학기술유공자 훈장^{혁신장}과 2014년 국민훈장 동백장을 받은 것이 눈에 띈다.

　윤 회장에게 수상의 의미를 물어보았더니 "나는 과학을 하는 사람은 아니지만 과학을 하는 사람을 모시고 회사를 운영하다 보니 이 상을 준 것 같아 아주 귀중하게 생각한다. 우리 회사는 내가 만든 것이 아니라 사실은 연구원들이 만들었다. 한국콜마는 창립부터 지금까지 매출의 5%는 연구 개발에 투자하고, 직원의 30%는 연구원으로 채용하고 있다. 늘 새로운 기술 개발에 열정을 보이는 한국콜마 연구원들이 우리 회사를 먹여 살리고 있다."라고 말했다.

　윤 회장의 이러한 기술경영철학에 덧붙여 인재경영철학도 경영하는 후배들이 본받을 만하다. 그는 어느 산골에 있는 우편함을 보여주면서 이런 말을 했다.

　"늘 반가운 소식을 기다리는 우편함을 보면 경영자와 같다는 생각이 든다. 경영자가 사명처럼 꼭 해야 할 일이 혁신의 소식을 끊임없이 회사에 전달해야 하는 것이다. 나는 어떻게 하면 더 새로운 방법과 비전을 제시하며 같이 갈 수 있는가를 생각하며 사업을 하고 있다. 우리 한국콜마는 회사 매출을 늘리는 것만을 목표로 하진 않는다. 매출 높은 기업보다는 강한 기업이 더 좋다고 본다. 그리고 10년, 20년 가는 기업보다 몇백 년 가는 회사가 되자는 비전을 가지고 있다. 강한 기업, 오래가는 기업을 만들기 위해 유기농 경영을 강조한다. 유기농 농작물을 생산하기 위해 비료와 농약을 쓰지 않는 원칙을 지켜나가는 유기농법처럼, 인재경영에도 이것을 도입해야 한다. 유기농 경영처럼 원칙을 지켜 인재를 양성하는 것뿐만 아니라 윤리경영, 가치경영, 창조경영, 자주경영, 소통경영 등 수많은 경영을 해야 하는 것이 우리 경영자들의 역할이 아닌가 생각하고, 이 길을 위해서 앞으로도 지금 이 자리의 경영자들이 함께 갔으면 좋겠다."

인력관리에 관한 윤 회장 생각은 '마중지봉麻中之蓬'이란 말로 대신할 수 있다. 마중지봉은 삼밭에서 자라는 쑥이 붙들어 주지 않아도 곧게 자라듯, 사람도 주위 환경에 따라 선악이 다르게 될 수 있음을 뜻하는 한자성어이다. 혹시 '반휴'를 들어봤는지 모르겠다. 자리에 옷만 있고 사람이 없어 물어보면 개인적인 사정으로 잠깐 자리를 비웠다고 한다. 하루 종일 휴가를 낼 만한 일은 아니지만 그래도 몇 시간은 볼 일을 봐야 하는 일이 생기면 직원들은 의자에 옷을 걸어두고 슬며시 외출하곤 한다. 윤 회장은 당당하게 자리를 비울 수 있도록 '반휴'라는 제도를 만들었다. 그는 글로벌 스탠더드에 제일 약한 부분이 '정직성'이라고 생각한다. 우리가 보기에는 형식적으로 논리만 맞으면 맞는다고 생각하지만 글로벌 스탠더드에 맞지 않는 경우가 많다. 처음부터 문화적 환경을 통해 거짓말하지 말고 하자는 취지다.

"천불생무록지인 지부장무명지초天不生無祿之人 地不長無名之草, 하늘은 녹이 없는 사람을 출생시키지 않고 땅은 이름이 없는 풀을 기르지 않는다."라는 말이다. 모든 사람은 독특한 능력이 있고, 모든 풀들은 독특한 효능이 있다는 의미이다.

윤 회장은 이 철학을 바탕으로 직원들에게 항상 좀 더 적극적으로 일할 수 있도록 독려하는 것을 잊지 않는다. 욕구와 자긍심을 채워주고 직원들이 '실패할 수 있는 기회', '도전할 수 있는 기회'를 주고 있다. 중소기업을 하는 사람은 있는 자원을 최대로 활용해야 한다. 그 사람이 가지고 있는 장점이 무엇인지를 끊임없이 찾아 쓸 수밖에 없다. 중소기업 환경에 맞게 인력을 관리해야 한다고 윤 회장은 항시 강조하고 있다.

한국콜마는 처음에는 OEM주문자 상표부착 표시생산에서 시작했지만 기술이 있어야 경쟁력 있는 기업이 된다는 생각으로 국내 화장품 업계에서는 최초로 ODM제조업자 개발생산 방식을 도입하고 R&D에 지속적으로 투자하고 있다. 제조전문 회사로, 기술경영을 중심으로 한길을 걸어온 한국콜마. 화장품에서 의약품, 건강식품으로 인류의 건강과 아름다움을 위해 굵은 밧줄을 엮어가고 있는 한국콜마는 윤 회장의 확고한 경영철학 덕분에 더 굵은 밧줄이 되어 오래가는 기업이 되리라 생각한다.

윤 회장은 강연을 통해 "100년 콜마를 위해서 우리는 고객의 가치를 우리가 만든 토양 위에서 장미꽃처럼 피우라는 의미에서 준비하고 있다. 조동성 교수가 '찔레와 장미' 이야기를 하는데 장미를 우리 밭에서 키워보자는 생각에서 준비하고 있다."고 소개했다.

'사람이 오래 머무는 기업', 한국콜마의 저력을 느낄 수 있는 대목이다. 사람을 사랑하고 한번 믿으면 끝까지 믿고 맡기는 윤 회장의 리더십은 경영계에 큰 귀감이 되고 있다.

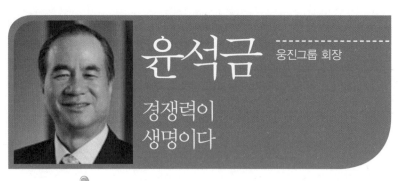

윤석금 웅진그룹 회장

경쟁력이
생명이다

woongjin
www.woongjin.com

　브리태니커 백과사전 영업사원으로 사회생활을 시작한 윤석금
회장은 '세일즈맨의 신화'라 불린다. 세일즈맨으로 일할 때 전 세
계 54개국 세일즈맨 중 가장 높은 실적을 올려 '벤튼상'을 받았다.
초고속 승진을 하여 브리태니커 한국지사의 판매상무 자리에 올
랐다. 그러던 중 안정적인 직장을 나와 1980년 웅진씽크빅을 설
립했다. 이후 윤석금 회장은 지속적으로 사업을 확장했다. 웅진코
웨이, 웅진식품, 코리아나화장품을 잇따라 설립하면서 웅진은 그
룹사로 발전해 나갔다.

　인간개발연구원에서는 2001년 조찬모임에 윤석금 회장을 초청
해 「경쟁력이 생명이다」라는 주제로 강의를 들었다. 이후 윤석금
회장 사무실로 찾아가 당시 정진호 인간개발연구원 원장이 대담
을 가졌는데 그 핵심내용을 살펴본다.

Q. 윤석금 회장님은 21년 동안 웅진씽크빅 사장으로 직접 경영을 하셨지요? 웅진씽크빅은 『어린이 마을』을 개발해 엄청난 성공을 거두었습니다. 『어린이 마을』의 성공으로 우리나라 최고의 출판사로 자리를 잡았고요. 이렇게 커다란 히트상품을 개발할 수 있었던 비결은 무엇입니까?

A. 『어린이 마을』이 1984년에 나왔어요. 그 당시 우리나라 어린이 책들은 일본이나 미국에서 들여온 내용을 여과 없이 번역해, 저렴한 비용으로 인쇄한 조악한 형태였지요. 어린이 책의 그림도 문제였어요. 주인공이 한국사람임에도 불구하고 코가 크고, 목이 길고, 얼굴이 흰 서양사람의 얼굴이 그려져 있었어요. 그러다 보니 아이들은 서양의 문화는 우월하고, 우리의 문화는 열등한 것으로 인식했어요.

『어린이 마을』은 얼굴이 둥글둥글하고, 코가 납작하고, 머리는 새까만 가장 한국적인 아이들을 이야기의 주인공으로 삼았어요. 동물도 외국에서 온 코끼리, 코뿔소, 하마가 아니라 우리나라에서 흔히 볼 수 있는 소, 닭, 돼지를 사진으로 실었습니다.

서구화, 산업화의 급격한 물살을 타면서 '우리 것'을 잃어가던 1980년대에 '우리의 문화, 자연, 풍습'을 담은 책은 오히려 큰 인기를 끌었습니다. 그때 『어린이 마을』을 700여만 권을 판매해 450억 원의 매출을 올렸으니 엄청난 성공을 했습니다.

Q. 회장님은 2001년 인간개발 경영자 연구회에서 「경쟁력이 생명이다」라는 제목으로 강의를 해주셨습니다. 웅진이 IMF 경제위기를 창의력으로 극복했다고 말씀해 주셨지요. 창의력이 경쟁력의 근원이라고 하셨는데, 회장님께서 말씀하시는 창의력은 무엇입니까?

A. IMF 경제위기 때 무척 힘들었습니다. 15개 계열사로 사업을 확장했는데 IMF 경제위기가 닥치니까 매출이 반 토막이 났습니다. 계열사를 7개로 줄이고 뼈를 깎는 고통 속에서 경영을 했습니다. 특히 웅진코웨이가 가장 힘들었어요. 경제 위기가 오니까 아무도 정수기를 사지 않는 거예요. 그때만 해도 정수기가 생활필수품으로 자리 잡기 전입니다. 공장을 멈출 수는 없어서 가동은 하는데, 날마다 재고가 쌓였어요. 창고가 꽉 차서 더 채울 수 없을 상태에 이르렀습니다.

그때 제가 아이디어를 냈습니다. "어차피 창고에 쌓아놓을 거면 저렴한 비용으로 정수기를 빌려주자."라고 했어요. 가격은 월 27,000원으로 정했지요. 어떤 근거를 가지고 가격을 정한 것이 아닙니다. 중산층 가정에서 깨끗한 물을 마시는 데 월 27,000원쯤은 부담 없이 낼 것 같다는 감각으로 정했습니다. 창의력은 머리가 좋다고 나오는 것이 아닙니다. 생각하고 또 생각하는 과정에서 나옵니다. 아이디어만 좋다고 성공하지도 않습니다. 아이디어를 뒷받침해 줄 실행 아이디어가 있어야 합니다. 정수기 렌털 서비스도 정수기를 관리해주는 코디 제도 도입, 기능은 유지하면서 생산 비용은 절감한 필터 개발 등 후속 아이디어가 연달아 나왔기 때문에 성공할 수 있었습니다. 정수기 렌털 서비스가 성공하면서 웅진은 IMF 경제위기를 넘을 수 있었습니다. 때로는 고통과 위기가 새로운 희망과 기회를 가져다주는 것 같습니다. 그 열쇠는 창의력으로 경쟁력을 만드는 것에 있고요.

Q. 강의 중에 "디자인으로 경쟁력을 만든다."는 말씀도 하셨습니다. 어떤 의미가 있는지 설명해 주시겠습니까?

A. 사람들이 명품 브랜드를 좋아하는 이유는 디자인 때문입니다. 책도 디자인이 가치를 결정합니다. 웅진이 만든 어린이 책이 오랫동안 사랑받는 이유가 내용도 좋지만, 공들인 디자인 때문입니다. 웅진에서는 그림의 색깔, 작은 배경까지 아이들에게 커다란 영향을 미칠 수 있기 때문에 세심하게 디자인합니다. 글과 그림이 조화를 이루도록 배치하는 것은 물론이고요.

제품 디자인이 기업 매출에 얼마나 큰 영향을 미치는지 기업인이라면 누구나 알고 있을 것입니다. 웅진식품 과즙 음료들의 경우 '자연은'이라는 브랜드로 묶어 패키지 디자인을 바꾸고 나니 매출이 두 배로 뛰었습니다. 내용물은 똑같고 디자인만 달라진 것인데 사람들은 "'자연은'이 훨씬 맛있어졌다."고 합니다. 디자인이 주는 느낌 때문에 맛도 좋아졌다고 생각하는 것 같습니다. 앞으로 디자인의 중요성은 더욱 커질 것입니다.

그러기 위해서는 경영자가 디자인 경쟁력을 만드는 일에 꾸준히 관심을 갖고 투자해야 한다고 생각합니다.

웅진그룹은 한때 30대 재벌에 진입하여 주목을 받았으나 건설과 화학 등 다양한 분야로 사업을 확장하다가 자금관리에 발목이 잡혀 2012년 법정관리에 들어갔다. 하지만 웅진코웨이, 웅진케미칼, 웅진식품 등 핵심 계열사를 과감하게 매각해 2년 만에 법정관리에서 벗어났다.

윤 회장은 법정관리에 따른 채무를 조기에 완납하고 새로운 사업을 시작하면서 웅진씽크빅, 웅진에너지, 웅진홀딩스 등의 경영 정상화에 힘쓰고 있다. 또 화장품 방문판매 사업에 진출하고 정수기 렌털 사업을 준비하는 등 새로운 사업을 통해 그룹의 재기를 시도하고 있다.

국내외 패션의 선두주자인 휠라의 뿌리는 신발산업부터 시작되었다. 신발산업은 사양산업이라고들 말한다. 좁은 국내시장적인 발상에서 본다면 그렇다. 그러나 글로벌 마케터의 눈으로 본다면, 신발산업은 여전히 성장이 기대되는 유망 스타산업이다. 오늘의 휠라코리아의 뿌리인 라인실업을 경영하면서 에이전시의 역할을 하던 윤윤수 회장은 미국에서 휠라의 신발 라이선스를 갖고 있는 호머 알티스와의 만남을 갖게 되며, 이 만남이 휠라코리아 글로벌 경영의 초석이 된다. 이탈리아 휠라는 그동안 휠라라는 신발 브랜드를 키운 공로로 호머 알티스에게 3천만 달러라는 역 로열티를 지급했고, 신발에 대한 라이선스 계약은 윤 회장에게 넘어갔으며, 그 결과 1991년 휠라코리아가 설립된 것이다. 이탈리아 휠라는 휠라코리아가 휠라 의류 및 스포츠용품을 전량 수입·판매하던 (주)엑심

을 인수할 때도 그동안 한국에서 휠라의 브랜드 이미지를 개척한 공로로 수입상에게 응분의 보상을 해주었으며, 이는 윤 회장에게도 똑같이 적용돼 세계무대에서 휠라 신발이 갖고 있는 명성에 걸맞은 대가를 지급했다. 이러한 일들은 비즈니스의 좋은 선례라고 할 것이다.

윤 회장은 2008년 우리 연구회에서 「미래에 대한 끊임없는 도전, 휠라코리아FILA KOREA」라는 주제로 강연을 하였다.

"휠라와 첫 인연을 맺은 것은 1984년 신발 에이전트 일을 시작하면서였다. 그리고 1991년 휠라코리아를 창설하고 휠라코리아 사장으로 취임하면서 직접적인 인연을 맺게 되었다. 나는 한국에서 계속 살아왔지만 기본적으로 내 사업영역의 기반은 외국시장이었다. 평생을 비행기를 타고 각국을 오가며 쌓은 마일리지가 500만 마일이 넘는다.

2006년 10월 말 휠라글로벌 전체를 인수하는 과정에서 두드러지게 차별화되는 몇 가지 특징을 말씀드리겠다. 눈에 보이지 않는 자산을 기반으로 자금을 동원했다. 특히 나에게는 실물자산이 하나도 없었다. 그러나 나는 IPIntellectual Property만을 가지고 한국에서만 4,500억 원의 자금을 끌어모았다. 그리고 그 돈을 다시 해외에서 끌어들여 한국에서 동원한 자금을 모두 갚았다. 국제 비즈니스 사회에서 나는 '윤윤수'가 아닌 '진윤^{Gene Yoon}'으로 통한다. 돈을 벌고자 하는 사람치고 진윤을 모르는 사람이 없을 정도로 국제사회에서 나는 꽤 유명인사가 되었다. 1984년 이전에는 본래 휠라에 신발라인이 없었다. 테니스 의류라인이 주요 제품이었다. 그러다가 내가 신발라인을 추가해서 중요한 비즈니스 카테고리로 성장시키는 데 결정적인 역할을 했다.

처음에는 쌍용 정세균 씨를 만나 자금을 동원해 휠라 펀드라인을 구축했다. 그리고 이를 통해 나는 미국시장에서 휠라 신발 사업을 성공적으로 키웠다. 이에 대한 공로로 이태리 사장이 나를 휠라코리아 사장에 임명했는데 그것 때문에 내가 유명해졌다. 처음 의도는 휠라 신발을 개발하고 생산관리만을 맡기려는 것뿐이었다. 그러나 나는 휠라코리아 사장을 역임하는 동안 내수사업을 잘 키워서 엄청난 돈을 로열티로 이태리에 보냈다. 십몇 년간 이태리에 보낸 로열티가 총 2억 5천만 달러가량 된다. 십여 년이 지난 지금 이태리 정부에서 고맙다며 훈장을 준다고 연락이 올 정도다.

휠라글로벌을 인수할 당시 휠라의 주인은 미국계 사모펀드회사인 서버러스였다. 사모펀드 업계에서는 세계 5위로 굉장히 큰 회사이다. 사모펀드들의 특징이 돈밖에 없어서 회사를 인수는 해도 운영하는 법을 모른다는 것이다. 그래서 회사를 인수하려면 반드시 오퍼레이터와 손을 잡아야 했다. 서버러스는 그 일환으로 나를 오퍼레이터로 뽑았다.

사모펀드들의 또 다른 특징이 회사를 사면 투자금을 제일 먼저 회수하려고 한다는 것이다. 그래서 그들은 일반적으로 회사를 인수하면 3년 이상 보유하지 않는다. 서버러스도 마찬가지였다. 투자금을 회수하는 판단 기준은 그 회사가 잘될 때 판다는 것이다. 잘 안 되는 회사는 팔아봐야 제값을 못 받기 때문이다.

　　당시 휠라 사업을 하는 곳 중에서 휠라코리아가 실적이 제일 좋았다. 그래서 2004년 말 서버러스가 휠라코리아를 팔려고 내놓으면서 나를 최적임자로 지목해서 협상을 시작하게 되었다. 그러나 2005년 말 서버러스는 휠라코리아 매매가로 1억 7~8천만 달러를 써냈다. 나에게는 그만한 돈이 없었다. 그래서 사모private placement, 공모public placement, 댓 파이낸싱, 은행융자, 종업원지주제 등 돈을 빌릴 수 있는 방법을 총동원했다. 종업원지주제는 직원들의 퇴직금을 활용한 투자프로그램인데 직원들은 나의 얘기를 듣고 하루 만에 투자에 응해 주었다. 부연설명을 하자면, 앞서 언급한 다섯 가지 방법을 동원했지만 그럼에도 불구하고 여전히 4~5천만 달러가 모자랐다. 그래서 모자라는 부분에 대해서는 로열티를 지급하는 방안을 제안했다. 그것은 반드시 로열티를 7~8%를 다 줄 필요 없이 잘라서도 지급이 가능하다는 것이었다.

　　나는 이 힌트를 휠라글로벌을 인수할 때 이용했다. 로열티를 잘라서 협상을 한 콘셉트는 내가 처음이다. 전 세계에서 이러한 거래가 없었다. 휠라가 라이선스 사업을 할 때 가장 중요하게 보아야 할 것은 반드시 7~8%의 로열티를 요구한다는 것이다. 이것이 일반적인 콘셉트였다. 그런데 내가 살려니 어마어마한 돈이 필요했다. 그래서 그것을 조달하는 방법으로 라이선스들에게 4%의 로열티만 내게 하고 나머지는 선불을 일시불로 받아서 꾼 돈을 갚을 수 있지 않겠나 하는 기발한 생각을 하게 되었다. 생각은 그렇게 했는데 이 생각이 아귀가 맞게 일이 진행될지는 의문이었다.

왜냐하면 첫째 나는 실물자산이 없었다. 그럼에도 한국의 유수한 메이저 은행들이 내가 제시한 플랜을 믿고 돈을 빌려주었고 이 기발한 생각은 현실이 되어 글로벌휠라를 인수할 수 있게 되었다. 지금도 감사하게 생각한다."

항상 '혁신과 고객 만족은 낡은 얘기'이며 특별한 것이 아니라는 윤 회장은 휠라코리아의 창업과 동시에 이 문제의 해답을 제시한다. 우월한 디자인과 월등한 품질을 전제조건으로 최고의 상품기획력이 첫 번째이며, 냉철한 상점의 선별, 철저한 A/S, 모든 매장의 전산화, 신속한 의사결정, 경영의 유연성 등 빠르게 변하며 국가개념이 희박해진 경제에 미리 대응한 윤 회장과 휠라코리아의 경영철학은 패션뿐만 아닌 모든 산업계에 적용이 가능할 것이다.

기본에 충실하자는 기업 모토로 "사업을 올바르게 키우려면 옆길을 가면 안 된다."는 윤 회장의 경영방침과 함께 국가개념이 없는 세계경제에 우뚝 선 휠라코리아의 앞으로의 행보도 기대해 본다.

이채욱

CJ그룹 대표이사 부회장,
전 GE코리아 회장

한국기업의 세계화 전략과
GE 이멜트 회장의 경영전략

www.cj.net

　이채욱 부회장은 어릴 적 어려운 가정환경 탓에 읍내 철공소를 다닐 뻔했다. 그런데 뜻밖에 장학생으로 선발되어 고등학교에 갈 수 있게 되었고, 이때부터 자신을 행운아라고 여기는 '행운아 마인드'를 품게 되었다고 한다. 그는 삼성물산에 입사한 뒤 40여 년 동안 기업의 CEO로 활약했다. 삼성물산 해외영업 출신으로 GE코리아 회장과 인천공항공사 사장 등을 거쳐 한국의 대표적 전문경영인이 되었다. 인천공항공사 사장으로 일한 4년 4개월 동안 국제공항협의회ACI가 주관하는 공항서비스평가ASQ에서 7년 연속 1위를 차지했다. 국내 공기업 사장 최초로 하버드대학 아시아 비즈니스 컨퍼런스에 초청을 받아 리더십 특강을 하기도 했다.

　이 부회장은 우리 연구원의 회원이기도 한데 2003년 「최고기업 GE와 삼성에서 체험한 글로벌 비즈니스 경영이 시사하는 한국기업의 세계화 전략과 GE의 신임 제프리 이멜트 회장의 경영전략과 방향」이라는 주제로 강연을 했다.

"나는 삼성에서 26년을 근무했고, GE에서 15년을 근무했다. 그중 10년은 양쪽 회사에 오버랩이 되어 있다. 최근 GE의 일선 현장에 다니면서 실제 변화를 주도하는 내용을 소개함으로써 이 중에 한두 가지라도 여러분들이 참고할 수 있는 것이 있으면 하는 바람을 가지고 감히 이 자리에 섰다. 전반적으로 GE의 잭 웰치 회장과 제프리 이멜트 신임회장이 펼쳐왔던 여러 가지 시책이 어떻게 변화하고 있는지 소개하겠다.

GE는 광고, 홍보를 전혀 하지 않는다. 그렇기 때문에 이런 기회가 사실은 GE를 홍보할 좋은 기회라고 생각한다. GE에는 13개의 비즈니스 사업체가 있다. Power Systems, Consumer Products, Industrial Systems, Transportation Systems, Specialty Materials, Aircraft Engines, Medical Systems, Plastics가 있고, 캐피털 부분이 Consumer Finance, Commercial Finance, Insurance, Equipment Management로 4개다. 캐피털 부분이 GE에 45~50%의 이익을 낸다. 그리고 방송으로 NBC, CNBC, MS-NBC가 있다. 방송국이 GE로서는 굉장한 하나의 수익원이 된다. 최근에는 유니버셜스튜디오를 130억 달러에 인수해서 NBC에서 관리하는 형태로 하고 있다. GE는 세계에서 가장 존경

받는 기업으로 선정되어 많은 수상을 한 바 있다. GE는 2002년 약 165조 원의 수익이 있었고, 금년에는 1,400억 달러로 예상하고 있다. 2003년 정부예산이 115조 원 정도가 되니까 165조 원이면 어느 정도인지 상상이 될 것이다.

1976년 출범한 GE코리아의 역사는 강석진 회장의 역사라고 할 수 있다. GE코리아 외에 22개 한국 내 현지법인 및 지점에서 약 1,200여 명의 임직원들이 약 4조 원 정도의 영업을 하고 있다. 여담이지만 제프리 이멜트 회장과 이건희 회장이 오찬을 하는 자리에서 이건희 회장은 이병철 회장이 워낙 유명해서 후계자로 취임한 후 4~5년이 걸렸다고 말하면서 제프리 이멜트 회장에게도 잭 웰치가 유명하니 여러 해가 걸릴 것이라고 했다. 마찬가지로 한국에서도 강 회장이 많은 것을 이뤄서 나도 같은 입장이 되어 있다.

제프리 이멜트 회장은 아주 젊은 사람이다. 1982년 하버드대 MBA를 졸업하고 GE플라스틱에 입사했다. 잭 웰치 회장은 엔지니어 공학도로서 연구소, 제조 생산 쪽에 주로 경험을 가졌던 분으로 나중에 회장이 되었다. 하지만 제프리 이멜트 회장은 세일즈맨에서부터 시작해서 마케팅 쪽에 주로 있었고, 플라스틱, 메디컬 등의 다양한 경험을 갖고 있다. 1997년 GEMS 사장으로 취임 후 3년 이내에 매출이 40억 달러이던 것을 약 80억 달러로 끌어올리면서 엄청난 성장을 이룬 마케팅 세일즈 전문가다.

제프리 이멜트 회장의 취임 후 경영환경을 둘러보면 잭 웰치와 크게 비교된다. 잭 웰치 회장은 세계 경제가 아주 호황인 시절이었지만 이멜트 회장은 취임 후 9·11사태를 겪었다. 잭 웰치가 플라스틱 사장으로 있다가 회장이 되니 플라스틱 출신들이 GE의 요소요소에 중요한 역할을 하게 되었다. 마찬가지로 메디컬 출신들의 축제 분위기가 있었다. 다음 날 아침에 회의를 하러 가기 위해 호텔 앞에서 차를 기다리고 있는데 TV를 보니 9·11사태가 발생한 것이다. 회장 취임 후 그다음 날 9·11사태가 났다.

이멜트 회장이 얼마나 불운한가. 그러나 이멜트 회장은 이런 불운을 극복하고 GE의 새로운 도약을 위해 고군분투하고 있다. 그는 잭 웰치 전임 회장으로부터 물려받은 생산성과 효율성 중심의 GE를 성장성 중심의 GE로 변혁시키고, 직원들의 상상력과 창의성을 끌어올리고, 뛰어난 기술력에 기반을 둔 신제품 개발, 고객중심의 마케팅 혁신 등을 펼치고 있다. 또 친환경 기술과 제품을 통한 새로운 성장동력의 확보, 사회와의 상생 등을 추구하고 있다.

GE는 노사분규가 없는 기업으로도 유명하다. 그만큼 구성원들을 소중히 여기면서 소통이 잘되고 있다는 것을 의미한다.

경영은 발이 땅에 닿아야 한다. 많은 경영자가 때로는 발이 땅에 닿지 않고, 구름 속에서 보고서만 통해서 아는 경우가 많다. 옛

400

날에는 여러 사람을 거쳐서 검토되고 결재가 되어서 윗사람은 사인하기가 쉬웠다. 그런데 지금은 결재 라인이 짧으니 분명히 모르면 안 된다. 발이 땅에 닿고 내용을 파악하고 있어야 한다.

라운드 테이블을 통해 직원과 가까이 지내면, 노사분규가 그런 데서 축소될 수 있는 것이다. 많은 경영자를 보면 보고를 통해 듣고, 정확하게 현장을 모르면서도 결정은 또 그분이 다 한다. 발이 땅에 닿는 것이 필요하다. 여러 가지로 경영환경이 어려운데 멀리 보면서 비전을 가지고 보는 안목을 갖기를 바란다.”

이채욱 부회장은 인천공항공사 사장을 연임한 후 2013년 CJ그룹 부회장으로 영입됐다. 영입제의를 받자 그는 “남들이 은퇴할 이 나이에 또 기회가 찾아오다니 나는 행운아”라고 소감을 피력했다.

이 부회장은 CJ대한통운 부회장을 맡은 뒤 ‘글로벌 톱5 물류기업’, ‘수도권 1일 2배송’ 등을 목표로 세웠고, 2014년 지주회사인 CJ의 대표이사 부회장을 맡으면서 그룹에서 실질적 의사결정권자 가운데 한 명으로 자리매김했다.

MIDAS IT
마이다스아이티 www.midasit.com

　이형우 대표는 건축공학을 전공한 공학도로 건설 분야 공학기
술용 소프트웨어로 세계를 평정한 기업인이다. 포스코에 근무하
다가 자기 뜻을 펼치기 위해 2000년 마이다스아이티를 설립하여
8개 해외법인을 포함해 총 600여 명의 직원을 거느린 중견기업으
로 키웠다. 마이다스아이티는 연봉이 대기업 못지않은 데다 최고
의 복리후생을 제공하는 것으로 널리 알려진 기업이다. 덕분에 신
입사원의 입사경쟁률이 500대 1에 이를 정도로 인기가 높다. 또
한 세계시장 점유율 1위를 차지하고 있는 구조설계 소프트웨어 기
업이다. 세계에서 가장 높은 건물인 160층의 아랍에미리트 '부르
즈 칼리파', 버드네스트Bird's Nest로 알려진 베이징 올림픽 주경기장
'냐오차오', 베이징 국제공항, 세계 최장 사장교斜張橋인 중국 양쯔
강 '수통대교', 비틀린 형태의 독특한 건축미를 자랑하는 46층 규

모의 '모스크바 시티 팰리스 타워' 등이 이 기업의 작품이다. 즉 마이다스아이티의 건축·설계 소프트웨어인 '마이다스 패밀리 프로그램MIDAS Family Program'을 이용해 설계된 건축물들이다. 마이다스 패밀리 프로그램은 지진, 바람, 열 등 구조물에 영향을 미치는 다양한 변수들의 위험성을 예측하는 시뮬레이션 프로그램으로 설계 초기부터 건축 과정에서의 문제점을 보완할 수 있는 장점이 있다.

세계적인 글로벌 강소기업인 마이다스아이티의 성장을 이끌고 있는 이형우 대표에게는 남다른 경영철학이 있다. 인간 본성과 자연의 이치에 대한 과학적 이해를 토대로 인간과 세상의 행복을 추구하는 '자연주의 인본경영'이다. 이는 "사람이 답이다."라는 모토를 갖고 있는 우리 연구원과도 깊은 관계를 갖고 있다. 이 대표 또한 인적자원의 중요성을 알고 회사 경영에도 이를 접목시켰다.

이 대표의 경영철학에 따라 이 회사에는 승진심사도 없고 정년도 없다. 인사부서에는 교육이 아닌 육성담당자가 있고, 주기적으로 직무의 성공경험을 사내 구성원들과 공유하는 성과발표 시간을 중요시한다. 또한 직원들 식사를 호텔 수준으로 대접한다.

무엇보다 사장은 직접 모든 직원을 코칭한다. 신입사원도 직접 결재서류를 들고 사장 방을 노크하고, 사장은 이들에게 하루 시간의 대부분을 할애한다. "사람을 양성하는 것이 곧 경영"이라는 경영철학을 그대로 실천하는 것이다.

우리 연구회에서는 2017년에 이형우 대표를 초청하여 「본질기반경영 - 사람이 답이다」라는 주제로 강연을 들었는데 그 핵심을 살펴본다.

"나는 사람을 키웠고, 그 사람들이 커서 성과를 만들어 냈다."

이 대표는 이렇게 강의를 시작했다. 그가 사람을 얼마나 소중히 여기는지를 함축하는 말이다. 왜 사람이 답이 될 수 있을까? 조직에서 효용을 생산하는 주체도 사람이고, 세상에서 효용을 평가하고 구매하는 주체도 사람이기 때문이다. 축록자불견산 확금자불견인逐鹿者不見山 攫金者不見人, 사슴을 쫓는 자 산을 보지 못하고, 돈을 쫓는 자 사람을 보지 못한다는 뜻이다. 바람직한 경영 성과를 얻기 위해선 경영의 핵심인 사람을 먼저 이해하고 적절한 환경을 제공하는 것이 중요하다.

이형우 대표는 "소통의 주체는 뇌이기 때문에 뇌의 메커니즘에 대한 이해가 성공적인 소통의 기반이 된다."면서 "성공적인 소통을 하려면 먼저 신뢰부터 열고, 그다음에 감정을 열고, 머리를 열어야 한다."고 설명했다. 사실 조직에서 구성원들이 자발적으로 움직이지 않는 이유는 지식이나 기술이 부족해서가 아니라 조직이나 리더를 신뢰하지 않고 동기가 주어지지 않기 때문이다. 결과적으로 신뢰의 정도가 인재의 수준과 성과의 수준을 결정하는 것이다. 특히 직속 리더에 대한 신뢰는 구성원의 성과 중심적인 행동에 직접적인 영향을 미친다. 리더를 신뢰하지 않으면 구성원은 자기가 생각하는 범위 이상의 일을 하지 않는다. 따라서 조직의 크기는 리더의 크기를 넘어설 수 없다는 것이 이 대표의 생각이다.

이 대표는 "누군가 나에게 마이다스아이티가 어떤 회사냐고 묻는다면, 나는 주저 없이 '사람에 목숨을 거는 회사'라고 말하겠다." 라고 강조했다. 실제로 그는 인사가 만사이고, 채용이 전부이며, 육성이 목적이라는 확고한 믿음을 가지고 있다.

이형우 대표의 인사정책 중 주목해야 할 것은 평가체계이다. 팀장, 실장, 부문장 등 마이다스아이티의 모든 리더는 매월 1회 구성원 개개인의 성과현황, 열정상태, 신상정보를 반영한 리포트를 작성하여 CEO와 공유한다. 그러다 보니 리더는 평소 구성원의 상태를 세심하게 관찰하게 되고, 면담과 코칭 등의 과정에서 상호이해와 신뢰강화라는 부수적 효과를 얻게 된다. 자연스럽게 리더가 '사람을 키우는 사람, 구성원의 행복을 책임지는 사람'이 된다.

이렇게 작성된 리포트는 현장에서 어떻게 활용되고 있을까? 이 대표는 리포트에 반영된 구성원들의 열정상태와 신상정보를 파악하여 일상 속에서 다양한 형태로 동기를 부여한다고 설명했다.

예컨대 부산지사 이○○ 과장의 신상정보에 "아내가 유산 후 다시 임신했는데, 9개월째 아이가 잘 자라고 있음. ○월 ○일 출산 예정"이라고 적혀 있으면 비서실에 꽃바구니를 보내도록 지시한다. "장인이 사고 후에 ○○○병원에 입원 중"이라고 적혀 있으면 병원

원장에게 안부전화를 걸어 환자를 한 번 찾아봐 달라고 부탁한다. "○월 ○일 판교 본사 출장 예정이니 관심과 격려 요청"이라고 적혀 있으면 잊지 않고 있다가 식당이나 엘리베이터에서 만날 경우 해당 직원의 이름을 불러주며 "팀장이 자네 업무능력이 뛰어나다고 엄청 칭찬해서 내가 피곤하다."고 농담을 슬쩍 건네준다.

이형우 대표는 강연의 결론을 이렇게 내렸다.

"경영의 핵심은 사람이다. 사람이 원하는 것은 행복이다. 따라서 경영의 목적은 사람의 행복을 돕는 것이 되어야 하고, 나아가 세상의 행복 총량을 늘리는 것이 되어야 한다."

이 대표의 '자연주의 인본경영' 강연은 인기가 대단하다. 요즘 외부 강연요청이 쇄도해 사내 강의를 포함하면 그가 연단에 서는 횟수는 연간 60회에 이른다. '자연주의 인본경영'은 그가 사람을 이해하기 위해 뇌과학에서 출발해 생물학·생화학·물리학 등을 독학으로 섭렵하며 나름대로 체계화한 경영이론이다.

전순표 세스코 회장

3D업종을 첨단기업으로 만든
세스코의 세계화 전략

CESCO
세스코   www.cesco.co.kr

전순표 회장은 농과대학을 졸업하고 농림부 공무원이 되어, 1961년 당시 정부가 관리하는 식량 창고를 돌아보다가 깜짝 놀랐다고 한다. 쥐들이 많아 매년 쌀 재고의 20%가 줄어들 정도였는데, 그때 쥐를 없애는 것이 바로 식량 증산에 기여하는 길이라는 생각을 하게 되었다.

전 회장은 2년간 정부 장학생으로 영국에서 쥐를 연구했다. 귀국 후 모교인 동국대에서 쥐 방제를 연구한 논문으로 박사학위를 받았다. 그 후 공무원을 그만두고 본격적으로 쥐잡기사업을 시작했다. 처음 회사명은 전 우주를 방제하자는 뜻인 '전우방제'였고 이후 2000년에 회사명을 '세스코'로 바꾸었다. 전 회장이 아들 전찬혁을 경영에 참여시키면서 회사 시스템이 업그레이드됐다는 평가를 받는다. 아들은 전 회장의 노하우를 첨단산업과 접목시켜 첨단서비스 기업으로 끌어올렸다.

전순표 회장은 2005년 경영자연구회에서 「3D업종을 첨단기업으로 만든 세스코의 세계화 전략」이란 주제로 강의를 했다. 강의의 전반부는 전 회장이, 후반부는 아들 전찬혁 당시 부사장이 진행함으로써 부자가 함께 강의를 하여 박수를 받았다.

전순표 회장

20여 년 전 인간개발연구원에 회원으로 가입할 당시, 나는 직원 30명을 거느린 작은 회사의 대표로서 국내 유일무이했던 쥐잡기 사업을 위해 열심히 뛰어다녔다. 그때의 작은 회사가 지금 아시아 최대의 해충박멸 회사로 성장해 머지않아 세계 1위 기업에 등극할 정도의 위치에 도달해 있다. 사업을 개척할 당시만 해도 국내에서 쥐잡기 사업은 그야말로 황무지였다. 그렇기에 더욱 열심히 개척하고자 노력하였다. 20여 년을 그렇게 참고 견디며 노력하다 보니 어느새 이 분야에서는 최고의 회사를 만들 수 있게 되었다. 현재 회사는 수백 명의 직원과 많은 수의 거래처들을 확보하고 있다. 그리고 이제 '세스코' 하면 많은 사람들로부터 해충방제 분야에서 가장 독보적인 기업으로 인정받고 있다.

그렇지만 나는 앞으로는 지금과 같은 시스템으로는 부족하다는 것을 느꼈다. 그래서 그때부터 적극적으로 2세를 경영에 참여시켰고 지금은 거의 2세에게 경영을 맡기고 있다.

사실 내가 경영을 맡았던 20년은 말 그대로 3D업종의 한 회사였다. 그런데 그것을 2세가 참신한 아이디어와 새로운 발상으로 첨단기업으로 탈바꿈시켰다. 특히 이에 주도적인 역할을 한 사람이 아들인 전찬혁 부사장이다. 강연을 위해 많은 준비를 하였으나 목 상태가 많이 좋지 않은 관계로 부득이하게 아들이면서 세스코 부사장인 전찬혁에게 맡기게 되었다. 그러나 내 곁에서 세스코의 성장과 역경을 함께하였고, 여러 유명 대기업에서 강연을 많이 한 경험이 있기에 오히려 나보다 더 좋은 강연이 될 것이라고 믿는다.

전찬혁 부사장

2002년 월드컵이 한창이던 어느 날이었다. 아침에 임원들과 전략회의를 하는데 갑자기 전산실장이 다급한 목소리로 보고를 해왔다. 회사 홈페이지에 방문자가 폭주한다는 것이었다.

전산실장이 알아본 결과 부산에 있는 한 대학생이 1년 전부터 꾸준히 회사 홈페이지에 들어온 것이 밝혀졌다. 이 대학생이 매일 우리 회사 홈페이지에 들어와 게시판에 올라온 질문과 답변을 읽고 그중 마음에 드는 3개를 골라 부산대학교 홈페이지에 올렸다는 것이다. 첫 번째 질문은 어느 여학생의 것으로 내용은 다음과 같다. "나는 바퀴벌레를 먹는다. 나는 흰 쥐와 키스도 해봤다. 거미와 개미는 나의 최고의 마른반찬이다. 그런데 세스코 아저씨, 이런 것들을 먹어도 되나요?" 이 질문에 우리 연구원이 이렇게 답변을 해주었다. "물론 해충은 고단백 영양덩어리로 드셔도 상관은 없습니다.

그러나 병균이 많이 있을 수 있으므로 사전처리를 잘 하신 후 드시길 바랍니다."

한편 "바퀴벌레를 24개 국어로 무엇이라고 합니까?"라는 질문에 어떤 연구원은 새벽 4시까지 야근을 해서 답변을 해주기도 했다. 이처럼 회사가 재밌고 재치 있게 답변한 것을 보고 호감을 가진 부산대학교 학생들이 각 포털 사이트 유머란에 퍼 날랐고, 그리고 이를 본 네티즌들은 정말 이 같은 질문과 답변들이 진짜인지 가짜인지를 알아보기 위해 회사 홈페이지에 몰려들었던 것이다.

나는 오너 아들이라는 신분을 숨기고 서비스맨으로 4년을 일하면서 현장 밑바닥을 경험했다. 일단 회사에 출근하면 중간관리자들이 하루를 욕으로 시작하면서 반말로 업무지시를 했다. 그렇게 한번 회사에서 당하고 고객 회사에 나가면 또 반말을 들어야 했다. 아마도 벌레를 잡으러 다니니까 백정보다도 못한 사람 정도로 생각한 것 같았다.

나는 이 과정을 전부 기록했다. 그리고 정식 직원이 되어 회장님께 기획실을 만들어 줄 것을 부탁드렸다. 이후 기획실에서 테스크포스팀을 만들어 경영개혁을 했다. 서비스 혁신도 강력하게 추진했다. 직원들을 내부고객으로 생각하고 직원만족부터 실천했다.

그다음으로 준비한 것은 브랜드마케팅이다. 직원들에게 자긍심을 심어주기 위해 TV 광고를 시작했다. 서비스맨으로 현장에서 체험한 4년이 회사를 혁신하는 데 큰 도움이 되었다.

회장님과 나는 회사의 조직도도 바꾸었다. 바뀐 조직도를 보면 본사 시스템과 회장님이 제일 밑에 있다. 그리고 제일 위에 세스코맨이 있다. 세스코맨이 고객과 제일 가깝기 때문이다. 이렇게 세스코맨에게 자긍심을 심어준 결과 대부분이 고졸이던 사원은 현재 80%가 대졸 사원으로 바뀌었다. 세스코맨들은 자신들이 가진 자긍심을 다시 고객에게 전달했다. 앞에서 말한 세스코의 인터넷 게시판이 그토록 화제가 될 수 있었던 밑바탕에는 바로 이러한 세스코맨들의 서비스 정신이 있었기에 가능했다.

전순표 회장은 연구개발에 더욱 많은 금액을 투자하여 2,000여 가지 방제 시스템을 구축했다. 2003년에는 해외에 진출하여 중국 상하이에 법인을 설립하였고, 2010년에는 베이징에 법인을 설립하여 중국에서도 왕성한 활동을 하고 있다.

전순표 회장은 2014년 서울시 강동구 첨단산업업무단지에 지하 6층 지상 12층의 초현대식 신사옥을 건설하여 위상을 더욱 높였다. 이 건물에는 세계 최대 규모의 위생해충, 환경위생 R&D 센터를 비롯, 전국 1억 개의 구획별 해충 현황을 한눈에 파악할 수 있는 관제센터 등이 자리 잡고 있다. 전순표 회장은 전찬혁 부사장을 사장으로 승진시키고 업무를 총괄하도록 했다. 2016년 인간개발연구원 회원들을 신사옥에 초청하여 현장을 시찰하고 회사의 현황과 미래 비전을 함께 나누기도 했다.

정문술 전 미래산업 회장

카이스트에 300억 원을 기부한 이유

Mirae  www.mirae.co.kr

   '벤처 1세대', '벤처 업계의 대부'로 불리는 정문술 회장은 공무원 생활을 하다 1983년 경기 부천공단에 미래산업을 세운 보기 드문 기업인이다. 전북 임실 출신으로 군 제대와 동시에 5급 공무원으로 특채, "나는 새도 떨어뜨린다."는 중앙정보부에서 18년간 재직했다. 1980년대 강제 해직된 후, 퇴직금으로 '풍전기공'을 인수했으나, 거래업체의 횡포로 도산하고 1983년 반도체 제조장비 업체인 '미래산업'을 창업했다. 첫 개발품은 '이음새 없는 리드 프레임 매거진'으로 3개월 만에 국내시장을 석권했으나 '무인無人웨이퍼 검사장비'의 개발에 실패하고, 파산 위기에 몰려 가족 동반자살을 결심할 정도로 궁지에 몰렸다. 하지만 심기일전하여 '반도체 테스트 핸들러'의 개발에 성공하여 핸들러 국산화의 주역으로 성장했다. 이후 주식을 상장하여 '최단기간 최고 주가상승률'의 황제주

바람을 일으켰고, 핸들러 이후 차기 주력제품으로 'SMD 마운터' 개발에 착수, 과감한 투자로 3년 만에 성공을 이루었다.

2000년, 두루넷과 함께 국내 최초로 미래산업을 미국 나스닥에 상장시켰다. '코리아 디스카운트'의 악재에도 불구하고 미국 현지에서 1억 2천만 달러의 ADR^{미국주식예탁증서} 발행에 성공하여 벤처기업의 신화로 자리매김했다. '연세대 기업윤리자 대상', '조세의 날 철탑산업훈장'을 수상하고, 2001년 미래산업의 경영권을 직원들에게 물려주고 은퇴를 선언하여 화제가 되었다. 그리고 카이스트 KAIST에 바이오시스템학과 설립을 목적으로 사재 300억 원을 기부하여 우리 사회에 신선한 충격을 던져주었고, 국민은행 이사회 의장과 KAIST 이사장을 역임했다.

정문술 회장은 우리 연구원 발전에도 많은 기여를 했다. 나는 정 회장이 300억 원을 카이스트에 기부한 사실을 알게 되자마자 '자랑스런 회원'으로 선정하고, 그를 만나 베풂의 의미와 베풂의 방법 등에 관해 고견을 들었다.

Q. 먼저 왜 KAIST에 거금을 기부할 생각을 하게 되셨는지요.

A. 지난 1월 4일 저는 제가 만든 미래산업의 경영권을 전문경영인에게 넘기고 모든 경영 일선에서 물러났습니다. 그때 저는 우리 회사 임직원에게 앞으로 생산적인 기부모델을 만들어 보

겠다고 약속했습니다. 이번 일은 그 약속을 지킨 셈이지요.

Q. 생명공학 쪽을 선택하게 된 배경은 무엇입니까?

A. 경영 일선에서 물러난 후 저는 주변의 사람들에게 가장 효과적인 기부방법에 대해 많은 자문을 구했습니다. 우리나라에는 엄격한 의미에서 기부문화가 아직 정착되지 못한 상태였기 때문입니다. 사실 불쌍한 사람에게 적선하는 식의 일회성 기부에 그치고 있는 지금의 우리 기부문화를 저는 별로 좋아하지 않습니다. 기부한 돈이 종잣돈이 되어 스스로 불어나고, 이것이 다시 확대 재생산되는 방법이 가장 좋겠다는 생각을 했었지만, 구체적으로 실행하려니 뾰족한 수가 보이지 않았어요,

Q. 그래서 생명공학 인재양성 쪽으로 방향을 선회한 것입니까?

A. 맞습니다. 우리의 경제사회 발전상황을 고려하여 이쪽을 생각하게 되었습니다. 아시는 대로 지금은 IT^{정보기술} 혁명이 진행되고 있지요. 그러나 다음 단계는 BT^{바이오 기술} 혁명이 오게 됩니다. BT도 지금의 IT 못지않게 전통산업 구조에 혁명적 변화를 이끌게 될 것입니다. 더구나 유전자 지도의 발견 등으로 사람의 생명이 연장될수록 바이오 기술의 중요도는 더 증가되고 고도화될 것으로 전망됩니다. 물론 현재의 바이오 기술은 미국이 단연 앞서갑니다. 그다음 2류 그룹이라면 영국, 이스라엘, 일

본, 중국 등으로 그들은 선택과 집중을 통해 최고의 자리에 나가기 위해 안간힘을 쏟고 있지요.

그렇다면 우리는 어디에 서야 합니까? 메가트로닉스 기술로 정보와 전자, 기계를 융합시킨 복합기술을 갖고 있는 저희 미래산업의 경험에 그 해답이 있습니다. 반도체 검사장비 분야에서 세계적 기술력을 갖춘 미래산업이 처음 이곳에 뛰어든 것도, 이 분야에서 가장 앞서 달리는 미국과 일본의 틈새를 봤기 때문입니다. 같은 눈으로 우리나라 바이오 기술의 미래를 보니 이미 앞서 있는 선진국보다 우리의 여건이 더 좋다는 것을 알게 되었어요. 다시 말하면 기존 바이오 기술을 기반으로 전자, 정보, 기계, 화학을 통합하면 새로운 학문이 나오게 된다는 사실이 보였습니다. 그 새로운 분야의 길목을 지킬 새 학문을 만들고 관련된 고급인재를 양성하는 일이지요.

Q. 이번 KAIST 기부 건에 대해 만족하시는지요?

A. 그렇기도 하고 아니기도 합니다. 이유는 지금 제가 선택한 길이 최선이 아닌 차선책이기 때문입니다. 사실 나이가 들어가면서 노욕老慾과 고집이 자꾸 생기려고 해요, 저희 회사원들과 생산적 기부모델에 관해 약속을 했는데 시간을 끌다 보면 이 노욕과 고집 때문에 지키지 못할 수도 있겠다 싶은 생각이 들어서 막 서둘렀어요. 제 자신이 두렵기도 했다고 하면 이해가

될지 모르겠습니다.

Q. 회장님은 기업을 하면서 어디로부터 자양분을 얻고 있습니까?

A. 성경입니다. 저는 성경으로부터 경영이념을 많이 가져왔습니다. 최근 『최고경영자 예수JESUS CEO』라는 책을 읽어보았는데 저만 그런 것이 아니고, 많은 기업인들이 성경으로부터 배우고 있는 것을 알게 되었습니다. 제 자신이 열성 있는 기독교인이라고 말하기는 부끄럽습니다만, 그래도 저를 지탱해 주는 것은 언제나 신앙의 힘입니다.

KAIST에 가면 2003년에 세워진 '정문술 빌딩'이 있다. 그가 기부한 기부금의 일부로 지어진 건물이다. 2017년에 정문술 회장의 부인 이름을 딴 또 하나의 빌딩 '양분순 빌딩'이 세워졌다. 정문술·양분순 부부는 2014년 미래전략대학원 설립과 뇌 인지과학 인력양성을 위해 215억 원을 추가로 기부했고, 그 기금의 일부로 건물이 세워진 것이다. 정 회장은 연구에 방해된다는 이유로 두 번의 준공식에 모두 참석하지 않았다. 건물에 부부의 이름을 쓰는 것도 반대했던 정 회장은 "할 일을 한 것뿐인데 왜 생색을 내느냐."며 준공식에 나타나지 않았다. 대신 "완공된 건물 사진 한 장 보내 달라."고 학교 측에 요구했을 뿐이다. 정 회장은 우리 사회에 노블레스 오블리주를 실천하는 모델로서 기업인의 책무와 진정한 기부문화가 무엇인지를 보여주고 있다.

정재원 정식품 명예회장

의학박사 정재원의
베지밀 인생이야기

www.vegemil.co.kr

　'베지밀'로 유명한 정식품의 정재원 회장은 우리 연구원에서
101세의 최고령자이다. 정 회장은 어릴 적 열악한 환경 속에서
사환 생활을 하면서도 틈틈이 의학을 익혀서 19세에 의사면허를
취득했다. 1937년부터 소아과 의사로 출발한 정 회장은 아이들
이 모유와 우유 속에 들어 있는 유당 성분을 제대로 소화하지 못
해 고통받는 모습을 보고 관련 연구에 한평생을 바쳤다. 6남매와
부인을 뒤로한 채 뒤늦게 유학을 떠난 후 콩에서 그 단서를 찾고,
1967년 처음으로 베지밀을 개발해 허가를 받았고, 1973년 두유
전문회사인 '정식품'을 설립했다. 인간개발연구원에서는 2004년
정 회장을 초청하여 「의학박사 정재원의 베지밀 인생이야기」라는
제목으로 강연을 들었다.

"나는 1937년에 의사가 되면서 명동의 가톨릭 성모병원 소아과에서 일하게 되었다. 그 당시는 우리나라가 일제강점기였기 때문에 경제적으로 매우 빈곤한 상태였다. 대부분의 가정에서는 병이 생겨도 병원에 가지 못했다. 병원에 근무한 지 한 달 정도 되었을 때 아주 피골이 상접한 갓난아이가 한 명 왔었다. 엄마 젖을 먹였는데 계속해서 토하고, 설사하기를 반복한다는 것이다. 별로 희망이 없어 보여서 그냥 돌려보내려고 하자, 아이의 엄마가 절을 하면서 딸 다섯을 낳은 후에 얻은 아들이라면서 어떻게든 살려달라고 애원했다.

열심히 치료했지만 일주일 후 불행히도 아이가 사망했다. 비통해하는 아이의 어머니를 보면서 의사로서의 책임을 다하지 못했다는 마음에 안타까웠다. 병원에 있는 동안 그런 병을 가진 아이들이 계속해서 왔고, 병원에 와보지도 못하고 죽는 아이들이 상당수였다. 이후 1957년까지 20년 동안 노력해 봤지만 치료법을 찾을 수가 없었다.

1958년 동남아지역 '제1회 국제소아과 학회'가 열려서 우리나라의 대표로 참석을 하게 되었다. 홍콩, 싱가포르 등 여러 나라에서 논문을 발표하는데, 우리는 명함도 못 내밀 정도로 한국의 의학이 낙후되어 있다는 것을 느낄 수 있었다. 나의 의사생활은 1940~1950년대의 태평양전쟁, 6·25전쟁 등으로 외국과의 교류가 없었기 때문에, 1960년에 런던대학 소아과 대학원에 3년 반

동안 유학하면서 많은 공부를 했다. 미국에도 건너가서 1년 6개월 동안 공부했다. 영국과 미국에서도 간간이 그런 병을 가진 아이들이 있었으나 그들도 원인을 알지 못하고 속수무책이었다.

1964년 소아과 학회지에 '유당불내증'이라는 새로운 병명이 등장했다. '유당'이라는 성분은 어머니 젖이나 동물의 우유 속에 들어 있는 성분이다. '유당'이 우리 몸속에 들어오면 이것을 소화시키는 '락타아제'라는 유당분해 효소가 '글루토스'와 '갈락토스'로 분해하여 우리 몸의 에너지원으로 쓰인다. 그런데 어떤 아이들은 태어날 때부터 이 유당분해 효소가 없이 태어난다. 이러한 아이들은 어머니 젖에서 나오는 유당을 소화하지 못하고, 유당이 장내의 미생물과 결합하여 H_2, CO_2, 단쇄지방산 등 장내의 부산물을 생성하여 이것이 소장염, 대장염을 일으켜서 자꾸 토하고 설사를 하게 되는 것이다.

이 때문에 '유당'이 없는 대용식을 연구하게 되었는데, 콩 속에는 단백질이 40%, 지방이 20%, 탄수화물이 35%가 들어 있고, 우리 몸에 가장 좋은 3대 영양소가 모두 들어 있으면서도 '유당'은 없었다. 여기서 힌트를 얻어서 5년 만에 한국에 돌아와 소아과 병원 지하실에 동물실험실을 만들고, 3층에는 영양소를 측정하는 실험실을 만들어 조수 2명과 함께 실험을 했다. 맷돌에 콩을 갈아서 콩국을 만들어 쥐에게 실험을 하고, 다른 한편은 우유를 쥐에게 먹였다. 그랬더니 콩국을 먹은 쥐는 우유를 먹은 쥐에

비해서 절반 정도밖에 자라지 않았다. 그래서 여러 비타민과 칼슘을 보충한 가공두유를 먹였더니 우유를 먹인 쥐보다 성장이 월등히 좋았다. 이것을 가지고 여러 고아원의 아이들과 나의 손주들에게 임상실험을 한 결과 아무 부작용 없이 잘 적응하였다. 유당불내증에 걸린 아이에게 3시간에 한 번씩 이틀간 먹였더니 아주 건강한 모습이 되었다.

콩을 갈아 놓은 것은 이틀만 지나도 굳어버려서 장기간 보관할 수가 없었다. 보관법을 찾다가 고압소독을 15분간 하면 변질 없이 1년간 보관이 된다는 것을 발견했다. 지하실에 하루에 500병씩 생산할 수 있는 가내수공업 형태의 시설을 갖추었는데 점점 수요가 늘다 보니 부족하게 되었다. 당시에는 두유공장이 없었기 때문에 대량으로 생산할 수 있는 기계를 만들기가 힘들었고, 모든 것을 내가 직접 만들지 않으면 안 되었다. 결국에는 일본의 낙농회사와 연계를 맺어서 여러 가지 기계를 수입해 와서 하루에 10만 병을 생산할 수 있는 공장을 세우게 되었다. 하루 소비량은 1만 병이었는데 10만 병을 생산하다 보니 자꾸만 적자가 났다. 1975년에는 소비량이 늘어서 20~30만 병으로 증가하게 되면서 1980년에 청주에 새로 공장을 짓고 하루 100만 병을 생산하게 되었다. 우리나라 인구의 1% 정도가 유당불내증을 가지고 태어났기 때문에 이 아이들에게 소비되는 두유의 양만 해도 100만 병이 넘었다. 현재는 하루에 250만 병씩 생산하고 있다.

나는 40세에 심한 당뇨병에 걸렸었다. 여러 가지 치료와 인슐린 주사를 맞으면서 고생을 했고 고혈압까지 생겨서 도저히 살 수가 없었다. 관상동맥으로 혈관이 좁아진 곳이 6군데가 있어서 9시간에 걸친 대수술을 했다. 수술 후에 베지밀을 1년 정도 먹고 나니 검은 머리가 나고 주름도 펴졌다. 지금은 헤모글로빈의 수치도 정상 이하로 떨어지고, 당뇨증세도 많이 호전되어서 약을 먹지 않아도 된다.

정 회장은 매일 아침 베지밀을 마시는 것으로도 유명하다. 그는 임직원에게 두유 음료에 대한 자부심을 심어주기 위해 매년 1월 1일이면 개인 사진사를 불러 증명사진을 찍는다. 정 명예회장은 "베지밀을 매일 마셨더니 나이가 먹어서도 검은 머리가 난다."며 제품에 자부심을 갖도록 격려한다. 그는 늘 임원들에게 장사꾼이 되지 말라고 당부한다. 기업의 목적이 이윤추구인 것은 맞지만 그보다 소비자에 대한 진심이 우선 되면 좋을 것이라며, 소비자에게 돈보다는 건강을 중요하게 생각하고 맛보다는 영양을 우선한 기업으로 기억될 수 있도록 노력하자는 것이다.

정 회장의 콩에 대한 열정과 관심은 널리 알려져 있다. 2015년 국내 최초 콩세계과학관이 문을 열자 만 98세의 몸을 이끌고 직접 경북 영주까지 내려가 행사에 참석한 것은 유명한 일화이다.

정주영

찬스에 강한 응변, 세계 속의 현대로 혼신의 경영 40년

 現代 www.hyundaigroup.com

　1987년에 시작한 '전국경영자세미나'는 보람과 아쉬움을 동시에 남기기도 했다. 봄과 가을 1년에 두 차례 개최한 이 세미나에는 우리나라에서 내로라하는 기업인들이 대부분 참여하면서 연구원과 인연을 맺었다. 특히 제1회 세미나 때 정주영 현대그룹 회장이 강사로 초청된 것은 두고두고 기억에 남는 일이었다.

　초청할 당시 전국경제인연합회 회장직까지 수행하고 있어서 정회장을 초청하기가 대통령을 모시기만큼 어려운 형편이었다. 그런데 내가 강사로 초청하고 싶다는 뜻을 전하자 의외로 반가워했다. 정 회장은 인간개발연구원에 대해서 이미 많은 사전지식을 갖고 있었고 그전부터 연구원 모임에 참가하고 싶었다는 말을 전해 왔다. 약속을 하고 광화문 현대빌딩 정주영 회장의 집무실로 찾아갔다. 정 회장은 연구원 운영과 세미나에 대해 상세히 따져 묻고는 "대중강연 경험이 없어서…" 하면서 염려했다.

결국 1987년 당시 조선일보 최청림 편집국장과의 대담 형식으로 「찬스에 강한 응변, 세계 속의 현대로 혼신의 경영 40년」이란 제목으로 정 회장의 기업경영을 풀어 나가기로 했다. 정주영 회장 외에도 500여 명의 각계 지도층 인사들이 참가한 가운데 진행된 첫 세미나는 그야말로 질과 양에서 대성공이었다. 대담의 핵심내용을 소개한다.

Q. 한국 재계의 원로이자 지도자 정주영 회장님을 모시고 대화를 하겠습니다. 회장님은 은퇴도 없다 하시고 50년을 더 사신다고 말씀하셨는데 최근에 전경련 회장과 현대그룹 회장을 그만두신 이유가 궁금합니다.

A. 전경련 회장을 5기 연임하면서 10년을 수행했는데 그동안 한국경제와 정치에도 큰 변화가 있었습니다. 사회여건이 쉴 새 없이 변하고 마찰이 일어나고 있잖아요? 회원들이 회장을 임의로 선출하는데, 회장이 바뀌면 전경련 회원이 원하지 않는 방향으로 될지 모른다는 이유로 계속해서 연임을 요구했기에 이렇게 오래 하게 되었습니다. 통치자는 원하지 않는데도 장관들이 회장직을 임의로 요청하는 경우도 있다 보니 그만두는 데 10년이나 걸렸습니다. 근간 2세들이 창업주 시대에 못지않게 새로운 기술을 개발하고 새로운 조직 시대에 맞는 조류로 새 시대를 전개해 가고 있어 다행입니다. 창업세대는 물러

가고 창업 2세로 가장 모범적인 경영을 하고 있는 럭키금성의 구자경 회장을 만장일치로 추대하여 물러날 기회를 잡았습니다. 현대그룹은 국민의 성원과 동업자들의 사랑을 받고 잘 성장해 왔습니다. 거기서도 나는 물러서고 이제 새 시대의 교육을 받은 국제감각이 풍부한 사람이 맡는 것이 한국경제에 도움이 되겠다고 생각했습니다. 그래서 현대그룹 안에서 가장 적정한 인물로 넷째 동생인 정세형 사장을 선택했습니다. 장자계승을 왜 안 하느냐고 묻지만 세계적 기업으로 영속하려면 회장뿐 아니라 사장들도 가장 우수한 인재가 대표가 될 수 있는 체재로 만들려고 합니다. 국민에게 공개한 회사에서 자격 없는 사람이 회사를 지배한다는 것은 배임이나 마찬가지입니다. 이렇게 할 때 기업은 주주와 국민의 사랑을 받을 수 있습니다.

Q. **정주영 회장님은 '배짱경영'으로 유명합니다. 현대그룹의 경영방침, 성공이유, 경영철학은 무엇인가요? 기업경영에서 회장님의 직관력과 통찰력이 궁금합니다.**

A. 창업시대의 사람이라 적용되는 이야기인지 모르겠습니다. 기업에 성공의 비결이 있는 것이 아니라 몇 가지 성공의 원칙이 있습니다. 기업이 성공하기 위해서는 원칙이 더 중요합니다. 과거 일제강점기에 장사를 하면서 대기업에 대한 책을 읽었습니다. 지금 롯데호텔 자리에 '노구지'라는 회사가 있었는데 총독정치 10년간에 일본 최대기업 한국 최대기업으로 성장하여

경제발전에 기여를 한 사람입니다. 노구지가 기업의 원칙을 세운 것은 첫째, 기업은 기업인이 해결할 수 있는 범위 안에서 사업을 해야 한다. 자신의 힘으로 해결할 수 있는 원료를 조달하기 어렵거나 국가의 분쟁으로 문제가 되거나 하는 사업을 하지 말라. 둘째, 제조과정이 간단하고 많은 노동문제에 매달리지 않는 사업으로 해야 한다. 셋째, 판매와 정부의 힘을 빌려야 하는 사업은 하지 않는 것이 좋다. 자기 힘으로 사회가 필요로 하는 사업을 하라. 어린 나이이지만 나 역시 사업을 하게 된다면 이렇게 해야겠다고 다짐했습니다.

그러나 직접 창업을 해보니 내가 한 사업은 전부 그것과는 상반된 상황이었습니다. 노구지는 당시 수력발전소를 조선총독이 지원해 주었고, 머리가 비상해서 3분의 1의 자금과 융자로 기업들이 이익으로 출자하도록 해서 전부 성공했습니다. 원료 확보가 골치 아프지 않고 수문을 닫고 열다 보니 사람문제가 별로 없었고, 이후의 전기는 계약만 해놓으면 한전 등에서 팔게 되었는데 조선총독을 배경으로 가진 사람이나 가능한 일이었어요.

어떻게 하면 가장 자본이 조금 드는 사업이 있을까? 결론은 자동차 수리 공장이었습니다. 모든 사람이 자동차에 관한 상식이 없어서 고소득이 보장되었습니다. 그리고 해방 후 가장 쉽게 벌 수 있는 것이 건설업이었습니다. 머리만 가지고 크게 할 수 있는 사업이었지요. 물론 모두 다 건설업에 뛰어든다고 돈을 버는 것은 아니고 크게 망하는 사람도 많았지만요, 현장공사만 경쟁자보다 싸게 할 수 있다면 고생은 하지만 자본이 드는 일은 아니었습니다.

그러나 건설업처럼 힘든 사업도 없어요. 온 세계에 사람이 나가 있기 때문에 해외에 심복이 나가 있지 않다면 아주 큰 리스크를 가지고 있는 것이나 마찬가지입니다. 그래서 국내에서 성공한 종합상사들이 해외에서 수백억 수천억의 막대한 손해를 입기도 했습니다. 이런 의미에서 사업 중 정말 어려운 사업이라고 할 수 있어요. 해외에서 수많은 노동자를 데리고 그 어려운 문제를 해결하고 길을 닦고 해외건설업으로 성공해서 기업에 이익을 낸 사람은 어떤 일을 맡겨도 해낼 수 있습니다.

한번 사업을 잡으면 손해가 나든 이익이 나든 간에 성공을 시키고 손을 떼야 합니다. 일단 극복해서 이겨놓고서 다음 사업을 시작할 때 그 사람의 사업영역이 커지는 것입니다. 필생의 사업으로 좌절, 후퇴하지 않는 것이 사업가로의 원칙입니다. 현대가 사업을 잡으면 이익이 난다고 팔거나, 불리하다고 내놓는 일은 없습니다.

나는 인생을 살면서 사업가가 가장 어려운 직업은 아니라고 생각합니다. 인간의 삶에서 가장 어려운 것은 전쟁에 부딪힌 지휘관이 아닐까요? 사업가는 오늘 못 이룬 것은 내일 할 수 있어요. 사업가는 생명의 위협을 받는 일은 없으니까요. 일단 시작한 일은 어떤 어려움이 있어도 성공하고 다음 사업에 임하는 것이 중요한 원칙입니다.

조태권
광주요그룹 회장

가장 한국적인 것이
가장 세계적인 것이다
-한식문화의 세계화

KwangJuYo 廣州窯 www.kwangjuyo.com

조태권 회장은 대우에서 직장생활을 하다가 가업으로 ㈜광주요
를 물려받으면서 한국문화에 관심을 가지게 되었다. 전통 도자기
의 생활화, 민화를 이용한 벽지 개발, 고급 한식당 '가온' 오픈, 전
통 증류식 소주 '화요' 개발 등 전통을 현대에 걸맞게 창조하고 계
승한다는 철학으로 기업을 경영하고 있다. 아무도 한식 세계화에
관심이 없던 20여 년 전부터 세계 수출을 목표로 한 상징적 고급
한식문화를 고민해 왔다. 그리고 음식과 모든 문화요소들을 결합
하여 나라를 대표하는 세계적 상품을 창조한다는 사명감으로 식
생활문화를 연구, 실천하고 있다.

우리 연구회에서는 2009년 「가장 한국적인 것이 가장 세계적인
것이다 – 한식문화의 세계화」라는 주제로 강연했다.

"나는 88년 부친이 타계하고 가업 승계를 하면서 우리 문화에 눈을 뜨게 되었다. 내가 세계를 다니면서 본 것은 도자기와 음식, 음식과 술, 식문화와 술, 식문화의 숲과 국민의식, 식문화의 숲과 국력 등으로 이 사이에는 끊을 수 없는 불가분의 관계가 있다는 것을 발견했다. 식당이라는 그 자체가 한 나라의 문화와 전통이 집합된 곳이고, 그 국가의 품격과 브랜드의 가치를 높이고 확산시키는 중요한 전시관인 동시에, 문화 체험관이며 홍보관의 역할도 담당하는 장소가 된다는 것을 깨달았다.

그런 후 부모님께 받은 가업이 점차 숙명처럼 느껴졌다. 앞이 보이기 시작하면서 한 발짝 들어가고 결국에는 온몸이 빠져 들어가면서 대한민국 음식문화의 수준을 세계 수준으로 끌어올리는 것이 나의 목적이 되었다. 바로 나의 숙명이 된 것이다.

처음에는 음식을 1차적 생존수단으로 생각했지만 차츰 제사와 같은 상징으로서의 음식, '누구와 어떤 대화를 나누느냐?'라는 의미로서의 음식, 전쟁과 평화, 북한의 식량공급 등 무기로서 음식의 의미를 알게 되었다. 특히 문화 역량의 척도로서 어느 집에 초대되어 가면 집안의 분위기와 차려진 음식에서 그 집안의 문화를 감성적으로 느낄 수 있다. 음식은 그 집안 정체성의 보루다. 이는 음식을 통해 차별화된 나라의 문화적 정체성이 만들어져 나올 수 있다는 이야기다.

궁극적으로 가장 중요한 것이 교육으로서의 의미다. 우리의 미래인 자녀들의 인성교육은 밥상에서 시작한다. 그 자리에서 대화를 하면서 자신의 정체성, 집안의 정체성, 예절 등 모든 것을 규정하게 된다. 궁극적으로 국가의 정체성으로 정립된다. 21세기는 문화 자체가 생존수단이라는 인식이 보편적이다. 교육이 생존 수단의 핵심적 요소로 부각된 지 오래다.

그런데 과연 우리의 문화 수준은 세계인들이 인정하는 수준인가? 음식의 의미를 여러 가지로 분석해 보면서 우리 스스로를 되돌아봐야 한다.

음식이라는 것은 세계를 향한 수준이다. 한마디로 21세기는 세계인이 인정하여 즐겨 찾는 가치 경쟁의 시대이다. 우리의 음식 수준이 그런 가치를 가졌느냐는 것인데, 궁극적인 목적은 수출이다. 우리 음식이 수출상품이 되어 경쟁력이 있을 때 가치가 인정되는 것이다. 예전에는 현지에서 나는 생산물로 음식을 해 먹었지만 이제 지구촌이 되어 세계의 어떤 부재료도 우리의 국내산 식재료와 혼용해 쓸 수가 있다. 앞으로 세계의 중산층이 20억 명이 된다고 하는데 세계 식품산업은 1경 원, 즉 만조 원이라는 이야기다. 아직은 우리 시장은 미미하다고 본다.

그러나 앞으로 세계적 명성의 미슐랭 가이드의 스타를 획득하면 처음으로 세계로부터 한식문화의 가치를 인정받아 세계시장의 길이 뚫릴 수 있을 것이다. 한식의 세계화는 지금부터 그것을 목표로 시작해야 한다. 이제 우리 모두 정신을 가다듬고 다섯 가지 마음으로 세계적 수준의 의식을 기르기 위한 교육을 시작해야 한다.

첫 번째로 먼저 훈련된 마음disciplined mind을 습관화시켜야 한다. 음식을 산업화하자면 요리사만 관련 있다고 생각하지만 식의주食衣住가 다 동원되어야 한다. 차별화된 공간 디자인과 복식이 나와야 한다. 거기에 우리 도자기가 놓아지고 그에 어울리는 요리와 함께 즐길 수 있는 주류 또한 뒷받침되어야 한다. 또 모든 공예가 함께 조화를 이루어야 한다. 식의주와 관련한 수없이 다양한 분야의 사람들이 전부 참여하는 사업이 되어야 한다. 음식을 만드는 한 사람만의 작업이 아닌 우리 모두의 참여와 열정이 모여야 가능하다는 것을 깨달아야 한다. 앞으로 전문가들이 자기 나름대로 음식을 세계화할 수 있는 제안이 기대된다.

두 번째는 종합하는 마음synthesizing mind으로 모든 것을 편집하고 좋은 것을 고를 수 있는 혜안을 길러야 한다. 그러면 자연스럽게 국내외 고객들에 의해 상징적인 고급스러운 음식부터 차별화된 음식, 서민적 음식에서 패스트푸드에 이르기까지 다양한 가치가 선택될 것이다.

세 번째는 창조하는 마음creating mind으로 새로운 가치와 아이템을 만들어 내는 창의력이 쏟아져 나올 것이다. 네 번째로는 문화를 존중하는 마음respectful mind이 싹터 오를 것이다. 다섯 번째는 건강과 기아를 해결할 수 있는 윤리적인 마음ethical mind이다.

이런 5가지 마음으로 세계 일류 국가의 초석을 다질 수 있다.

여기 오시는 분들은 우리나라를 이끌어 가는 오피니언 리더 분들로서, 한국음식의 산업화와 세계수준으로의 의식 격상은 바로 여러분 손에 달려 있다고 해도 과언이 아니다. 양주도 마시고 세계 여러 나라의 음식도 먹겠지만, 동시에 우리나라 음식의 가치에도 제대로 값을 지불하는 것에 대해 생각해 봐줄 것을 부탁드린다. '우리 제품이 멀었구나.'가 아니라 키우면 제품이 될 수 있다는 자신과 믿음으로 여러분들이 키워주어야만, 우리의 식문화가 산업화는 물론 품격 있는 세계적 보편적 음식으로 자리 잡을 수 있다는 것을 말씀드린다."

조태권 회장은 2007년 미국 나파 밸리에서 국내외 미식가들을 초청해 광주요의 도자기와 가온의 요리, 화요의 전통주를 결합한 고급 한식을 선보였다. 이 만찬이 국내에 소개되면서 한식 세계화라는 화두에 불씨를 댕기는 계기가 되었다. 이후 수많은 강연과 화요만찬 등을 이어가며 자타가 공인하는 한식 세계화의 전도사로 통한다.

최규복 유한킴벌리 대표이사 사장

경영의 미래를 생각하다
—스마트워크와 CSV를 중심으로

www.yuhan-kimberly.co.kr

최규복 사장은 27년간 유한킴벌리에 몸담은 후 최고경영자에 오른 '유한킴벌리맨'이다. 전임 문국현 사장이 대통령 출마로 인해 회사를 그만둔 후 그의 뒤를 이어 2010년에 사장직을 맡았다. 어린이 목욕용품과 여성용 스킨케어 제품들을 새롭게 선보인 주역이며, 하기스 골드가 중국 프리미엄 기저귀 시장에서 30여 개 브랜드 중 1위를 하는 데에도 큰 역할을 했다.

기존 휴지, 생리대, 기저귀 위주의 사업에 머무르면 성장을 기대할 수 없다는 것이 그의 생각이다. 모든 연령층을 아우르는 종합 위생건강용품 기업으로 변신하겠다는 전략도 그래서 나왔다. 제품을 출시하기까지는 수많은 시장조사를 거쳐 조심스럽게 준비하지만, 한번 제품을 내놓으면 공격적으로 마케팅을 펴는 것이 그의 트레이드마크다.

2015년 최규복 사장은 「경영의 미래를 생각하다 - 스마트워크와 CSV를 중심으로」라는 주제로 강연했다.

"32년 전 유한킴벌리 신입사원으로 입사해서 마케팅 부문에서만 27년간 근무하여 개인적으로 마케터라고 이야기하고 다녔는데, 사장이 되고 나서 전체를 보니 조직에 활력을 일으키는 것이 중요하다는 생각이 들었다. 유한킴벌리는 유한양행과 미국 킴벌리클락의 합작회사이다. 유한양행은 가장 존경받는 기업 중 하나였고, 창업자 유일한 박사는 우리나라의 보석 같은 경영의 선배기업가이자 교육가이며 독립운동가였다. 킴벌리클락도 미국에서 145년 된 가장 존경받고 일하기 좋은 기업이다. 생활용품 회사이고 시니어케어를 위해 노력하고 있으며, 미래의 성장동력이면서 유니레버와 파트너십을 가지고 사업대행을 하며 수출도 하고 있다. 여러 제품군에서 성장하고 있는데 과거 회사는 30년 전부터 지속가능 경영활동을 해왔다. 많은 분이 알고 있는 "우리 강산 푸르게 푸르게"가 30주년을 맞이했다. 환경 캠페인의 시작이고 CSR^{Corporate Social Responsibility}의 효시이기도 하다. 사회적 책임을 시도하면서 새로운 트렌드를 만들어갔다. 90년대 혁신경영을 하면서 많은 글로벌 기업들과의 경쟁을 극복해 내었고, 공장에서 4조 2교대 평생학습 시스템을 제일 먼저 실천했다. 이는 2000년대 전임 문국현 사장님의 사람중심 경영과 가족친화 경영이 뒷받침되었기에 가능했다. 이러한 지속경영 활동 덕분에 전 사업권에서 확실한 1위를 하고 있고, 회사 성장의 발판이 되었다.

내가 2010년 취임하면서 이것이 계속 유지될 수 있을까 하는 고민을 했다. 전 세계적인 뉴노말 저성장 양극화 시대였기에 어떻게 어려움을 극복할까, 그리고 1조 중 수출시장 2,500억 원을 어찌 이끌지 고민이었다. 이때 앞으로도 "우리 강산 푸르게 푸르게"를 더 강화시켜 뉴비즈니스 모델이 되어야겠다는 생각과, 유한킴벌리가 저성장 시대에도 긍정적인 미래를 만드는 데 앞장서야겠다는 생각을 하게 되었다. 또 기업이 왜 지속가능한 성장을 위해 CSR과 CSV^Creating Shared Value를 해야 하는가 고민해 봤다. 그 분야의 대가 교수님이 내게 '유한킴벌리가 왜 그 길을 가는가?' 하고 물었다. 기업은 사회 속에서 운영되는데 우리 사회가 지속 가능하지 못하면 기업도 지속성장이 안 된다. 특히 대한민국의 현재 상황은 거의 성숙단계 사업인데, 성장하려면 제로섬 게임을 해야 한다. 새로운 방법으로 많은 기업이 사회를 지속 성장하게 만드는 데 앞장선다면 지속성장을 만들 수 있다고 생각한다.

우리나라 사회문제가 저출산 고령화이다. 저출산을 위해 가족 친화 경영을 해왔지만 사실 힘들다. 고령화에 맞춘 CSV도 시작했다. 고령화는 약점이지만 극복하면 좋은 기회가 나올 수 있다고 본다. 시니어 산업을 일으키고 시니어들의 어려운 점을 해결해 줄 것을 찾고 있다. 평균 퇴직연령이 54세이다 보니 소득이 없어지고 다른 직업을 가지기가 어렵다. 그런 분들에게 소득을 만들어 드리려고 하는데 쉽지가 않다. 이를 위해서 우리 사회 시니어들의 인식을 바꾸어 주어야 한다. 인식을 바꾸기 위해 '액티브 시니어active senior'라는 단어를 만들었다. 최근에 더 좋은 단어로 '친중년'도 있다. 일자리 창출을 통해 시니어 산업의 소비 주체로 변화될 수 있는 선순환 구도를 만들 것이다.

매년 베이비부머가 일 년에 백만 명 정도 은퇴를 하고 있다. 나는 이것이 우리의 자산이라고 생각해서 "시니어가 자원입니다."라는 캠페인을 했었고, 대기업이 참여하기 어려운 산업이기에 소기업이 시니어 산업에 참여하도록 사회적 기업 및 소기업 발굴을 하고 있다.

2010년 사장이 되면서 과거 문국현 사장님이 쌓아놓은 명성을 무너뜨릴까 봐 고민을 엄청 했다. 내가 무너뜨리면 정말 민망한 일인데 올해까지 존경받는 기업 리스트에 올라가서 다행이라고 생각하고, 여러분들께서 유한킴벌리를 아껴주는 것에 감사드린다.

앞으로도 노력하겠지만, 스마트워크의 키는 CEO의 의도도 있지만 설득을 어떻게 하느냐는 것이 중요하다. 인사평가 시스템이라고 되어 있는데 이제는 눈도장이 아닌 인사고과 정확도가 관건이 된다. 목표설정을 상사와 해서 일 년에 두 번 정도 인터뷰로 진도를 확인하고 연말에 평가한다. 업무 결과로 평가를 하는 것으로 바꾼 것이 기여를 했다. 사무실 공간을 바꾸는 것은 하드웨어가 아니라 문화혁신이라고 지도한 것이 정착에 도움이 되었다.

앞으로도 미래성장을 위해 계속적으로 진행하고 사회문화 변화에 노력할 것이다. 참고로 우리 회사 임원 중 여성인력 비율이 현재 23%인데 2016년까지 30%를 넘기려고 한다. 앞으로 여성인재 육성에도 많은 노력을 할 것이다. 그리고 글로벌 인재양성 또한 힘쓰고 있다. 40명 가까운 인원을 킴벌리클락 글로벌 마켓에 보내 일하게 하고 있다. 인재를 육성해서 해외에 수출하는 모양이 될 것이다. 킴벌리클락 대표와 이야기할 때 '킴벌리클락 대표를 유한킴벌리 출신이 하는 것이 꿈'이라고 말하기도 했다."

최규복 사장은 중국 시장에도 각별한 공을 들이고 있다. 유한킴벌리의 히트 제품인 하기스 골드는 P&G 등 30여 개 글로벌·현지 브랜드의 각축 속에서 중국 프리미엄 기저귀 점유율 70%를 고수하고 있다. 대형마트에 먼저 진출하지 않고, 유아용품 전문점부터 공략하는 그의 유통전략이 유효했다는 평가다.

유한킴벌리 제품이 40년간 소비자의 사랑을 받은 데는 전임 사장들을 비롯한 최규복 사장이 공들여 쌓아놓은 좋은 이미지의 기업이라는 무형자산의 힘이 컸다고 생각한다.

허진규 일진그룹 회장

어제보다 더 나은 한 걸음,
도전의 43년

ILJIN www.iljin.co.kr

허진규 회장은 1968년 서울 노량진 집 앞마당에서 주물가마 하나만 두고 직원 2명과 일진그룹의 모태인 일진전기를 창업하였다. 이후 48년 만에 12개 주요 계열사를 포함, 국내외 약 30개 법인이 속한 일진그룹으로 키워냈다.

그의 경영철학은 일진의 '일렉포일Elecfoil' 개발사례에서도 찾아볼 수 있다. 1984년 허 회장은 당시 전량을 일본으로부터 수입하던 일렉포일을 개발하기로 결심했다. 회사 내 반대에도 불구하고 반도체가 전자산업의 쌀이라면 일렉포일은 전자산업의 논과 밭이라며 임직원들을 독려했다. 이후 제품 불량을 모두 잡고 완벽한 제품을 만들어 내는 데 무려 13년이 걸렸다. 실패를 거듭하는 과정 속에서도 그는 절망하지 않았고 개발진들을 믿고 함께 고민하며 긴 시간을 기다렸다. 그는 "기술개발을 하다 보면 나는 더 기다릴 수 있는데 직원들이 먼저 중간에 포기하는 경우가 있다. 실패한 기술도 축적이 되고 다른 식으로 응용하면 훌륭한 기술이 되는 만큼 끝까지 최선을 다해야 한다."라고 강조하면서 고집을 굽히지 않았다. 이런 뚝심을 갖고 있는 진정한 공학도 허 회장을 2010년 인간개발연구원에 초청하여 「어제보다 더 나은 한걸음, 도전의 43년」이란 주제로 강의를 듣게 되었다.

"오늘 여러분에게 일진이 개발한 일렉포일전해동박 이야기를 기본으로 해서 그동안 해온 일과 내가 생각한 것들을 말씀드리겠다. 일진그룹은 1968년 1월 22일 명동에서 창립하였다. 공장은 문래동외 여러 군데에 있었고 서울사무소는 마포에 있었다. 2010년 현재 매출액은 2조 원 정도 된다. 오늘은 여러 회사 중 일진 Materials을 주로 소개하겠다.

나의 첫 직장인 한국차량기계제작소가 입사 1년 8개월 만에 부도를 맞았다. 그 당시 일본인 미야 하라宮原 공장장이 나를 참 좋아했는데 내게 "이직보다는 창업을 하라."는 충고를 해주었다. 대한민국이 일본으로부터 해방됐지만, 기술은 아직 그들의 식민지였다. '기술 국산화'만이 그들로부터 진정으로 해방되는 것이었다. 국내에 남아 공학도로서의 적은 힘이라도 보태야 한다고 생각했다. 이것이 대한민국 엔지니어의 사명이자 나의 사명이었다.

문래동에서 일진금속공업사를 창립할 때에도 달랑 2명이었던 직원에게 '일제강점기 때는 총칼로 싸우지만 이제는 제품을 만들고 기술로써 세계와 승부해야 한다.'고 이야기하곤 했다.

35세 때 만든 일진의 경영이념이자 사훈은 '능동能動'이다. 주인의식을 가지고 능력 있는 사람이 실천에 옮기는 것이 능동 정신이다. 난 엔지니어로서 누구 밑에서 일하는 것을 아주 싫어했다. 우리 회사 사람들은 능동적으로 일하고 사장들도 간섭을 많이 하지 않는다. 인재양성은 사람이 제일 핵심인데 당시는 인재가 없었다. 하루아침에 이루어지지도 않기에 양성하고 노력해야 인재가 되었다. 돈이 없으면 빌리면 되고, 기계는 사면 되지만 인재는 하루아침에 이뤄지지 않는다.

그다음으로 신제품 개발 없이는 기업의 수명에 한계가 있다. 꾸준히 시장을 이끌어 갈 신제품 개발은 필수다. 그러나 그것만으로도 안 된다. 구매, 연구, 관리 등 모든 직원의 1대 1 경쟁력을 강화하고, 하나로 응집해야 한다. 그것이 더 나아가 국가가 잘되는 길이라고 생각하고 있다.

일진그룹은 종합중전기 회사인데 케이블, 전선, 변압기 등 모든 제품을 생산한다. 계열사는 일진전기, 일진다이아몬드, 일진 Materials, 일진제강, 일진디스플레이, 일진반도체, 일진홀딩스, 전주방송 외 총 13개 회사이다. 일진다이아몬드는 세계 3대 공업용 다이아몬드를 생산한다. 그룹 계열 중 제일 잘되는 회사다. 일진제강은 용접 파이프가 아닌 스테인리스 파이프를 생산한다. 다른 곳에서는 잘 생산하지 않는 것을 많이 생산한다. 일진디스플레이는 세계 1위의 LED 사파이어 웨이퍼를 생산하는 회사이다.

최근에는 전자제품의 경박단소화가 이루어져 DRAM 반도체 크기의 혁명이 일어나 2009년 40나노급 1기가를 사용하고, 일렉포일 두께에도 혁명이 일어나 35μm, 18μm, 12μm, 10μm, 8μm, 6μm, 5μm, 3μm로 점점 얇아지고 있다. 사람의 머리에는 한계가 없다. 기능이 점점 늘어나면 휴대폰이 자동차 몸체만큼 커져야 하지만 크기를 유지하려면 점점 얇아져야만 한다. 사람은 정말 상상할 수 없는 일들을 만들어낸다. 특히 일렉포일 제조기술은 20세기 대한민국 100대 기술로 선정되었다.

일진 Materials은 또 다른 도전을 준비 중이다. 2차전지용 양극, 음극 주요 물질 개발을 완료하여, 재료비 비중을 대폭 줄일 계획이다. 또한 LED용 에피 및 칩 등 LED에 들어가는 모든 재료를 개발하고 있다. 삼성, LG가 하는데 왜 일진이 뛰어드느냐고 하지만 품질로서 승부를 걸고 도전했다. 일본에는 대기업이 아니라고 하더라도 교세라 등 부품소재로 강한 회사들이 많은데 우리나라는 프로야구 등만 봐도 너무 대기업만 강조된다. 우리는 기초소재가 있고 후공정도 하고 있으니 핵심을 더 해보자 마음먹었고, 대한민국 최초로 LED산업관련 부품소재 수직계열화를 완성했다.

2015년에는 매출 1조 5천억 원을 목표로 하고 있다. 보통 기업이 1조를 넘어가는 데 30년이 걸린다고 하는데 우린 40년이 걸렸다. 그러나 1조에서 2조는 2년 반이면 올라간다. 2조에서 3조는 1년이면 올라갈 것 같다. 다른 기업보다는 속도가 느리지만 앞으로 일진그룹의 목표가 잘 달성되리라 본다."

허진규 회장은 일진그룹을 창업하여 우리나라 부품소재 산업발전에 기여했고, 이공계 인재를 꾸준히 지원하고 있다. 취미가 '기술개발'이라고 말하는 허 회장이 기술개발에 대해 항상 직원들에게 하는 얘기가 있다.

첫째, 하이테크로 가라. 둘째, 남들이 하는 것을 따라 하지 말라. 셋째, 시장성이 있는 기술을 개발하라. 넷째, 쉽게 제품화할 수 있는 기술을 개발하라. 다섯째, 특허를 보호하라.

이 다섯 가지 원칙을 지켜낸다면 그가 추구하는 최고의 기업이 될 수 있을 것이다. 여기서 최고의 기업이란 기술개발과 제품생산에서 최고의 수준을 유지하는 기업이라는 의미로, 결국은 기술 우선주의를 전제로 하는 기업이라는 뜻이다. 4차 산업혁명 시대에도 허진규 회장의 기술 우선주의 철학이 더욱 돋보이는 이유이다.

나는 아직도 꿈을 꾸고 있다

"인간개발연구원에서 강의를 해야 명강사의 반열에 오릅니다."

연구원의 연륜이 쌓이면서 얻은 자랑스러운 평가이다. 강사 한 분을 찾기 위해서 온 힘을 쏟아온 것도 사실이다. 그리스의 철학자 디오게네스가 밝은 대낮에 등불을 들고 "나는 인간을 찾고 있다." 라면서 아테네 시가를 활보하며 현인을 찾아다녔듯이, 나 역시 훌륭한 강사를 찾아다녔다. 먼저 강사에 대한 모든 자료를 모았다. 강사가 쓴 책을 읽고 강사를 만나서 강의를 부탁한다. 강사 한 분 한 분을 정성을 다해 모시다 보니 강사들은 인간개발연구원 강의를 하고 나면 깊은 인상을 받는다. 강사들은 바쁜 경영자들이 강의를 듣기 위해 새벽부터 공부하는 모습에 감동하며 "우리나라가 한강의 기적을 이룩한 배경에는 새벽부터 공부하는 CEO가 있기에 가능했다."는 사실을 실감한다고 고백한다. 더욱이 강의 후에 쏟아지는 다양하면서도 수준 높은 질문에 다시 놀라게 된다.

이렇게 인간개발연구원의 목요일 새벽을 깨우는 경영자연구회는 연륜을 쌓아갔다. 1회, 100회, 500회, 1,000회, 1,500회, 1,600회, 1,700회, 1,800회, 1,900회를 넘어 2017년 10월 현재 1,954회를 기록하고 있다. 많은 분이 연구회의 역사와 전통에 강한 울림을 받고 '기네스북에 오를 일'이라며 앞으로도 인간개발연구원이 3,000회, 4,000회, 5,000회를 넘어 세계적인 학습명품 조직이 되기를 기원한다.

인간개발연구원의 조찬모임은 1995년 지방자치제가 시작되면서 전남 장성군의 '장성아카데미'에 그대로 옮겨져 매주 목요일 오후에 공무원과 주민들을 깨우며 22년 동안에 1,000회를 넘어 지자체 교육에 새 역사를 쓰고 있다. 장성군의 교육모델은 『주식회사 장성군』 책을 통해 전국 지자체뿐만 아니라 다른 조직에도 영향을 미쳤다. 육군본부와 공군본부의 군 지도자 아카데미, 기업체 교육, 경찰교육 등 다양한 교육형태로 인간개발의 꿈을 펼치고 있다.

나는 이렇게 각 분야에서 최고의 위치에 오른 분들을 만나서 강의를 요청하고 듣다 보니 좋은 사람, 아름다운 사람들을 만나는 게 일상이 되었다. 정치인, 기업인, 고위관료, 학자, 문화인 등 우리나라의 오피니언 리더들을 만나며 항상 배우고 기쁨을 느낀다. 공자가 말한 "학이시습지불역열호學而時習之不亦說乎, 배우고 제때에 익히면 또한 기쁘지 아니한가."를 매일 매일 고백하고 있으니 참으로 행복한 사람이 아닐 수 없다.

강사의 한 시간 강의는 강사가 평생 쌓은 모든 지식과 경륜을 집약하여 쏟아내는 시간이다. 강사의 실력과 인품도 함께 배우는 시간인 것이다. 또한 연구원의 회원 한 분 한 분도 대단하다. 훌륭한 강사는 훌륭한 청중이 없이는 탄생할 수 없기 때문이다. 공부하는 회원들은 다르다. 기업을 건실하게 운영하면서 정도경영을 추구하는 리더들이다. 회원 한 분 한 분은 정말 보물처럼 귀한 분들이다. 인간개발연구원이 '책글쓰기 학교'를 개설하여 CEO의 일생을 책으로 담아내는 과정을 운영하는 이유 역시 자랑스러운 경영자의 일과 삶을 기록으로 담기 위한 노력의 일환이다.

인간개발연구원은 지난 43년 동안 재정적 어려움 속에서도 비정치, 비영리, 비종교라는 '3비非정책'을 견지해 왔다. '좋은 사람 좋은 세상Better People Better World'이라는 인간개발연구원의 표어와 함께 인간성 회복, 세계평화, 인류의 번영, 인간의 행복 등을 목표로 삼고 인간개발연구원이 그동안 많은 프로그램과 프로젝트를 진행해 왔음을 자부심과 보람으로 느낀다.

"좋은 회사를 만들기를 원하는가? 먼저 사람을 바르게 만들어라!" 나는 이것을 '인간기술^{People Technology: PT}'이라고 부르고자 한다. 4차 산업혁명을 일으킨 IT^{정보기술}, BT^{바이오기술}, NT^{나노기술}, ET^{환경기술} 등에서 발전한 AI^{인공지능}, 빅 데이터^{Big Data}, IOT^{사물인터넷}, IOE^{만물인터넷}, VR^{가상현실}과 AR^{증강현실}보다 훨씬 차원 높은 첨단기술이 바로 PT^{인간기술}라고 생각한다. 인류의 미래는 오직 사람에게 답이 있다. 사람을 살리는 지혜의 인간학이 중심이 되는 시대가 올 것이다.

나는 매일 새벽에 일어나 한 시간 정도 명상을 한다. 마음을 차분하게 가라앉히고 기도로 하루를 시작한다. 그러고는 내가 구상하고 있는 계획들을 하나씩 짚어본다. 그중 하나가 사람에 투자하고 사람을 연구하는 문화재단을 만드는 것이다.

그래서 나는 'TPT^{Total People Technology} 100 Mentors 캠페인'을 준비 중이다. 문화운동을 펼쳐 나가고자 차원 높은 연구를 하여 인간개발연구원^{HDI}·TPT 문화재단을 설립하고 싶다. 이제 기업도 사람에 더 많은 투자를 하고 사람을 연구해야 할 때가 왔다. CEO 역시 공부해야 한다. 또 스스로 멘토가 되어야 한다. 다음 세대가 새로운 시대를 준비할 수 있도록 하기 위해서는 이런 멘토의 역할이 중요하다.

나는 사람을 살려내는 인생의 지혜를 담아 100멘토스 네트워크를 국내의 주요 도시로 확대할 계획을 갖고 있다. 'HDI·TPT 문화재단'은 사람을 잘 이해하는 리더를 기르는 곳이 될 것이다. 이 재단을 통해 미래사회를 번영시킬 지도자를 육성하는 것이 나의 꿈이다.

누군가 나에게 "이제는 편안히 쉬고 싶지 않으세요?"라고 물을 때마다 나는 웃으며 대답한다.

"피터 드러커도 96세, 마쓰시타 고노스케도 95세까지 활동하지 않았습니까. 그에 비해 내 나이 아직 80인걸요. 나는 아직도 가야 할 길이 많이 남았습니다. 나는 여전히 꿈을 꿉니다. 그 꿈에 늘 가슴이 설레요. 그래서 이 나이까지 건강하게 살 수 있는 것 같아요. 끊임없이 무언가를 생각해 내고 실천에 옮길 때가 정말 즐겁습니다. 즐거운 마음이 건강한 육체를 만든다는 말도 있잖아요."

또 하나의 바람이 있다. 기성세대들이 성장의 시대를 견인하여 왔다면, 우리 미래세대들은 기존의 방식에서 답을 찾지 말고 4차 산업혁명이라는 변혁의 시대에 걸맞게 담대한 도전정신을 가지고 전인미답前人未踏의 길을 개척하였으면 하는 것이다. 그것은 반도국가로서 대륙과 해양세력을 견인하는 지렛대 역할을 통해 한반도가 유라시아Eurasia 중심국으로 거듭나게 하는 것일 수 있고, 혁신과 융합을 주제로 독창적인 시대정신을 창출하는 것일 수도 있다.

어떤 것이 되든지 패기 있는 조국의 젊은이들이 번영과 공존의 미래지구촌 질서를 선도함으로써, 한반도가 더 이상 국제정세에 의해 좌지우지되지 않고 스스로 운명을 개척할 수 있기를 소망한다.

끝으로 인간개발연구원 설립의 근간이 되었고, 나의 정신적 동반자였던 미국 LMI 폴 마이어 회장의 성공철학을 함께 공유하고 싶다.

"생생하게 상상하라. 간절히 바라라. 깊이 믿으라. 그리고 열정적으로 실천하라. 그리하면 그것이 무엇이든지 반드시 이루어지게 된다."

출간후기

43년간 대한민국의 새벽을 열어준
조찬 학습문화의 원조,
인간개발연구원과 장만기 회장

| 권선복
도서출판 행복에너지 대표이사
대통령직속 지역발전위원회
문화복지 전문위원

> If you want to go fast, go alone.
> If you want to go far, go together.
> 빨리 가려면 혼자 가고, 오래 가려면 함께 가라. – 아프리카 속담

이보다 인간개발연구원과 장만기 회장을 더 잘 표현하는 문구
는 없을 듯싶다.

1975년 순수민간 비영리공익법인으로 설립된 인간개발연구원

은 모든 사람들이 자기 내면의 무한한 잠재능력을 개발하여 개인과 가정, 기업과 지역사회의 성공을 도와주고 인간 중심의 사회를 구현하는 것을 그 목적으로 하고 있다. 즉 개인만이 아닌 우리 사회 구성원 모두가 보다 양질의 삶을 살 수 있도록, 43년 동안 더디더라도 한 걸음씩 꾹꾹 눌러 밟으며 함께 달려온 것이다. 무엇보다 먼저 그 불굴의 신념과 용기에 박수를 쳐 드린다.

곰곰이 생각해 보면 인간개발연구원의 비전은 우리 민족의 사상적 뿌리이자 대한민국의 건국이념인 '홍익인간弘益人間' 정신과도 그 맥을 같이한다. 널리 인간을 이롭게 하는 것이다. 홍익인간이야말로 결코 편협하고 고루한 민족주의 이념의 표현이 아니라 인류공영이란 뜻으로 민주주의의 기본정신과 부합되는 이념이지 않은가.

나는 인간개발연구원을 방문하여 장만기 회장을 만나 뵐 때마다 늘 순수한 열정과 그를 통해 뿜어져 나오는 선한 영향력에 감동을 받았다.

사실 인간개발연구원이 설립된 1975년 당시 우리나라는 인간문제에 대해 불모지나 다름없었다. 생산량 증대, 수출증대 등 물량적 성장만을 강조하던 시절, 사람의 중요성을 강조하며 인간경영을 주창하기는 쉽지 않았을 것이다. 초창기 인간개발의 취지를 잘 이해하지 못해 "인간개발이 도대체 뭐냐?"고 묻던 사람도 있었으나, 장만기 회장은 '보다 많은 기업인에게 인간개발에 대한 인식을 새롭게 해주고 이들의 경영에 도움을 줘야겠다.'고 다짐하며 포기하지 않았다고 한다.

그 결과 1975년 2월 첫 번째 '인간개발경영자조찬회'가 열린 이후 이 모임은 '인간개발경영자연구회'로 발전하여 2017년 10월 현재 1,950여 회에 이르기까지, 단 한 주도 빠짐없이 한국 경영자들의 새벽을 깨우며 수많은 인사들과 유명인들이 거쳐 간 국내 최고의 조찬연구회로 자리 잡게 되었다.

말이 쉽지, 정치·사회·경제적 격변기 속에서 43년간 대한민국의 새벽을 열기가 어디 쉬웠겠는가. 수많은 역경을 이겨내고 대한민국을 리더들의 조찬의 나라로 만들어 글로벌 코리아로 도약하는 데 일조했기에 인간개발연구원의 존재가치가 더욱 빛날 수 있는 것이라고 생각한다.

사람을 깨우치는 궁극적인 목적은 오늘보다 더 좋은 내일을 만드는 일일 것이다. 인간개발연구원은 배움의 장이요 지성의 터전인 동시에, 다양한 분야의 사람들과 소중한 인연을 만들어 주는 곳이기도 하다. 이런 점에서 "인간개발연구원은 희망이다!"라고 단언해도 결코 넘침이 없을 것이다.

이 희망을 이어주는 데 가장 큰 몫을 담당한 분들은, 이 책에도 소개되어 있는 것처럼, 두말할 것 없이 강연자 분들이다. 각 분야에서 최고의 위치에 오른 분들이 들려주는 강연은 장 회장의 말처럼 "강사가 평생 동안 쌓은 모든 지식과 경륜을 집약하여 쏟아내는 시간인 동시에 강사의 실력과 인품도 함께 배우는 시간"인 것이다.

강연자 분들뿐만 아니라 연구원의 회원 한 분 한 분도 대단히 훌륭하다. 이런 분들이 함께 모여 한마음 한뜻으로 지혜를 나누고 평생 공부하며 오늘날의 인간개발연구원을 이룩해 놓은 것이다.

현재 인간개발연구원은 자기변화의 비전 개발에서 한 걸음 더 나아가, 조직변혁의 전략을 실천하기 위한 다양한 교육 사업을 전개하고 있다. 세계화Globalization와 지방화Localization 시대를 맞이하여 인간개발연구원은 연구원 설립목적을 지향할 수 있는 Giocalization 프로그램을 인간개발경영자연구회, 밀레니엄경영자포럼, 지방자치 아카데미 등을 통해 실행하고 있으며 인간경영, 윤리경영 및 환경경영을 통해 국가발전의 주춧돌인 기업이 번영, 행복, 평화를 추구할 수 있도록 돕고 있다.

공자는 "산을 움직이는 사람은
작은 돌을 나르는 것으로 시작된다."라고 했다.

1975년 장 회장이 나르기 시작한 작은 돌이 이제는 대한민국을 이끌어가는 리더들의 든든한 대들보로 성장하였다.

이러한 때에 인간개발연구원과 장만기 회장의 발자취를 오롯이 담은 뜻깊은 책 『아름다운 사람, 당신이 희망입니다』를 출간하게 됨을 무척 영광으로 생각한다. 더욱이 '책은 나의 창조적인 협력자'라고 할 만큼 책의 가치를 소중히 여겨주는 장만기 회장님과 이 책을 출판하기 위하여 성원과 지도편달을 아끼지 않은 양병무 교수님과 한영섭 원장님, 장소영 이사, 한영미 작가에게 감사와 존경의 마음을 전한다.

'좋은 사람이 좋은 세상을 만든다.'는 신념으로 세계의 평화, 인류의 번영, 인간의 행복이라는 단어에 함축된 인간개발의 꿈을 이루기 위해 노력해 온 장만기 회장님과 인간개발연구원. 그들은 오늘 이 시간에도 '미래는 사람에 달려 있다.'는 믿음으로 새로운 역사를 써 나가고 있다.

앞으로도 인간개발연구원이 우리 시대의 지킴이 역할을 다해 나갈 것으로 확신하며, 날이 맑든 궂든 언제나 묵묵히 자신의 자리를 지키며 사회와 국가를 위해 노력하고 있는 많은 분들께 행복과 긍정에너지가 팡팡팡 샘솟길 기원드린다.

'행복에너지'의 해피 대한민국 프로젝트!
〈모교 책 보내기 운동〉

대한민국의 뿌리, 대한민국의 미래 **청소년·청년**들에게 **책**을 보내주세요.

많은 학교의 도서관이 가난해지고 있습니다. 그만큼 많은 학생들의 마음 또한 가난해지고 있습니다. 학교 도서관에는 색이 바래고 찢어진 책들이 나뒹굽니다. 더럽고 먼지만 앉은 책을 과연 누가 읽고 싶어 할까요? 게임과 스마트폰에 중독된 초·중고생들. 입시의 문턱 앞에서 문제집에만 매달리는 고등학생들. 험난한 취업 준비에 책 읽을 시간조차 없는 대학생들. 아무런 꿈도 없이 정해진 길을 따라서만 가는 젊은이들이 과연 대한민국을 이끌 수 있을까요?

한 권의 책은 한 사람의 인생을 바꾸는 힘을 가지고 있습니다. 한 사람의 인생이 바뀌면 한 나라의 국운이 바뀝니다. **저희 행복에너지에서는 베스트셀러와 각종 기관에서 우수도서로 선정된 도서를 중심으로 〈모교 책 보내기 운동〉을 펼치고 있습니다.** 대한민국의 미래, 젊은이들에게 좋은 책을 보내주십시오. 독자 여러분의 자랑스러운 모교에 보내진 한 권의 책은 더 크게 성장할 대한민국의 발판이 될 것입니다.

도서출판 행복에너지를 성원해주시는 독자 여러분의 많은 관심과 참여 부탁드리겠습니다.

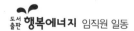
도서출판 **행복에너지** 임직원 일동

HUMAN DEVELOPMENT INSTITUTE

Better People
Better World

사람밖에는 없었습니다.

기술도 자원도 너무나 부족했을 때,

우리는 오직 사람에 희망을 걸었습니다.

인간개발경영자연구회는 1975년 그렇게 시작됐습니다.

인간자본의 중요성을 알리고,

인간의 무한한 잠재력 개발을 통한 인간성의 회복을

사회적 시스템으로 만들기 위해 시작한

경영자세미나가 어느덧 2000회를 바라봅니다.

시대의 리더들과 함께

정치 경제 경영 사회 문화 등

장르를 넘나드는 지식의 향연을

새벽마다 벌여왔습니다.

한국 리더들의 아침문화를 만들어왔다는 자부심으로

한국 사회의 새로운 어젠다를 만들어가겠습니다.

CEO MEMBERSHIP

- CEO 조찬세미나
- CEO 하계 FORUM
- 테마별 특별세미나
- 기업 친선교류 프로그램
- 정기간행물 발행
- 이종기업동우회
- 골프클럽 인경회

EDUCATION CONSULTING

- 국제포럼
- 기업 정기교육
- 정기관 정기교육
- 한마음 전직원연수
- 직급별 워크샵
- 직무별 워크샵
- 국내외 선진지견학

문의 : 인간개발연구원 ☎02-2203-3500
서울시 서초구 논현로 139 대흥빌딩 7층 | www.hdi.or.kr

하루 5분 나를 바꾸는 긍정훈련

행복에너지

권선복 지음 | 값 15,000원

책 『하루 5분 나를 바꾸는 긍정훈련 – 행복에너지』는 "긍정도 훈련이다"라는 발상의 전환을 통해 삶을 행복으로 이끄는 노하우를 담고 있다. 긍정적으로 세상을 보는 사람들이 삶에 대처하는 방식 그리고 저자 '도서출판 행복에너지' 권선복 대표이사가 실생활에서 경험한 구체적인 사례들을 바탕으로 이루어져 있다.

맛있는 삶의 레시피

이경서 지음 | 값 15,000원

『맛있는 삶의 레시피』는 암담한 현실을 이겨내게 하는 용기와 행복한 미래를 성취하게 하는 지혜 독자에게 전한다. 책은 각각 '맛있는 삶, 좋은 인간관계, 자신만의 꿈'이라는 커다란 주제 아래 마흔다섯 가지 에피소드를 다루고 있다. '행복한 삶은 무엇인가?'라는 화두를 독자들에게 던지고, 생생한 경험을 바탕으로 한 행복론論을 온기 가득한 문장으로 풀어낸다.

정부혁명 4.0 : 따뜻한 공동체, 스마트한 국가

권기헌 지음 | 값 15,000원

이 책은 위기를 맞은 한국 사회를 헤쳐 나가기 위한 청사진을 제안한다. '정치란 무엇인가?' '우리는 무엇이 잘못되었는가?'로 시작하는 저자의 날카로운 진단과 선진국의 성공사례를 통한 정책분석은 왜 정치라는 수단을 통하여 우리의 문제를 해결해야 하는지를 말한다. 정부3.0을 지나 새롭게 맞이할 정부4.0에 제안하는 정책 아젠다는 우리 사회에 필요한 길잡이가 되어 줄 것이다.

우리는 기적이라 말하지 않는다

서두칠, 최성율 지음 | 값 20,000원

책 『우리는 기적이라 말하지 않는다』는 1998년부터 시작된 '한국전기초자'의 경영 혁신 3년사(史)를 기록한 책으로, 당시 대우그룹에 소속되어 있던 서두칠 사장이 전문경영인으로 온 후 한국전기초자에 어떤 변화가 일어났는지 세세하게 담아내고 있다. 뿐만 아니라 증보판으로 다시 펴내면서, 한국전기초자에서 서두칠 사장과 함께했던 최성율 팀장의 '성공혁신 사례'도 싣고 있어 당시 어떤 식으로 혁신 운동이 전개되었는지 더욱 생생하게 알 수 있도록 하였다.